臺灣歷史與文化 研究輯刊

十 六 編

第 4 冊

台灣日治時期「同文同種」關鍵詞研究
——以《臺灣日日新報》與「日治時期
期刊影像系統」爲中心

林 淑 萍 著

花木蘭文化事業有限公司

國家圖書館出版品預行編目資料

台灣日治時期「同文同種」關鍵詞研究——以《臺灣日日新報》
與「日治時期期刊影像系統」為中心／林淑萍 著 — 初版 —
新北市：花木蘭文化事業有限公司，2019〔民 108〕
目 2+172 面；19×26 公分
（臺灣歷史與文化研究輯刊十六編；第 4 冊）
ISBN 978-986-485-848-4（精裝）
1. 民族主義 2. 文化研究 3. 臺灣
733.08   108011619

ISBN-978-986-485-848-4

臺灣歷史與文化研究輯刊
十六編　第四冊　　　　　　ISBN：978-986-485-848-4

台灣日治時期「同文同種」關鍵詞研究
——以《臺灣日日新報》與「日治時期期刊影像系統」為中心

作　　者　林淑萍
總 編 輯　杜潔祥
副總編輯　楊嘉樂
編　　輯　許郁翎、王筑、張雅淋　美術編輯　陳逸婷
出　　版　花木蘭文化事業有限公司
發 行 人　高小娟
聯絡地址　235 新北市中和區中安街七二號十三樓
　　　　　電話：02-2923-1455／傳眞：02-2923-1452
網　　址　http://www.huamulan.tw 信箱 hml810518@gmail.com
印　　刷　普羅文化出版廣告事業
初　　版　2019 年 9 月
全書字數　154247 字
定　　價　十六編 10 冊（精裝）台幣 20,000 元　　版權所有・請勿翻印

台灣日治時期「同文同種」關鍵詞研究
——以《臺灣日日新報》與「日治時期期刊影像系統」爲中心

林淑萍 著

作者簡介

林淑萍。眞理大學台灣文學系學士、國立台北教育大學台灣文化研究所碩士畢業。曾任第十三屆全國台灣文學研究生學術研討會評論人。研究領域爲日治時期台灣文學與文化認同。

提　　要

　　本文以《臺灣日日新報》與臺灣圖書館日治時期期刊影像系統兩者含有的同文同種內容爲分析對象，得知同文同種一詞刊載的時間介於 1898 年至 1940 年。

　　分析《臺灣日日新報》與臺灣圖書館日治時期期刊影像系統的同文同種內容，發現談論同文同種時指涉的對象主要爲日本與清國／中國，而且其中隱含了希望東亞和平的概念。在盧溝橋事變之前，同文同種的內容多與商貿相關。但盧溝橋事變後到第二次世界大戰時，同文同種的內容提及了中國與共產勢力合作。

　　此外，除了使用同文同種一詞來連結日中關係，更重要的是透過同文同種的文化與種族兩個概念，達到區別出東方文化與西方文化、黃種人與白種人的二分法。藉以形構出大東亞共榮圈的樣貌。

　　因此觀看台灣在日中兩國關係的位置，發現在同文同種具有的對外性質（中國）中其實包含著對內性質（台灣）。意即在台灣發表日本與中國同文同種時，其中也包含著日本與台灣同文同種。這種以日台關係作爲日中關係的根基，並且進行同文同種的敘述，顯示在日本的對外關係裡，將殖民地台灣視爲殖民母國日本的一份子，以達到連結日本與中國的關係。

　　日治時期台灣的同文同種除了本身涉及的議題有其複雜性之外，也因爲歷時的變化使得解讀同文同種一詞的意義有特殊性。透過本文探討日治時期台灣的同文同種，除了開拓一個檢視日治時期族群與空間關係的方向，也可以在檢視同文同種時，理解在日中政治關係下台灣的報刊言論。

謝　辭

　　能夠集中在這一年內將這篇論文完成，最應該感謝的是讓這篇論文再啓動的致廷。他出於個人好奇而提問我撰寫的論文，使得我重新再思考這個論題對於我個人的意義。而對於這篇論文議題的腦力激盪，來自於我學問研究與學習上的指導教授，聖峰教授。多虧聖峰教授於我在學期間及論文寫作時諄諄教誨、提點，並且勞煩美娥教授與淑慧教授擔任口委，經過三位教授一同對於這篇論文進行重要提問與議題闡釋之下，我才能夠將對碩士研究生而言重要的畢業論文完成。

　　其次要感謝台文所任教的所有教授們，每一位教授對於學術的研究精神都是我的目標與指引。而與所上的學長姐與學弟妹們彼此砥礪、增加對議題的發想，是研究所校園生活裡不可或缺的精采一面。能夠與庭宜、俞鈞、瑋嵐、秋香、懿芯在碩一碩二時的課堂作業及文獻彼此支援，回想起來雖是辛苦，但卻是辛苦佮（kah）快樂。

　　由衷感謝所學會的同學們與雅芹助教對於研討會以及行政庶務的協助，支撐學術研究的另一面永遠需要他們來策畫、主辦、協辦，有他們才能夠產生我們發表論文的平台，也才能夠在研討會中進行課堂之外的學術學習。

　　最後要感謝支持我北上念書的親友。好朋友怡璇，如同家人一般重要並且時常關心我的研究生課業。阿媽與爸爸關懷與支援我一人北上生活的大小事物、湘如與湘鳳兩位妹妹總是可以與我一起進行人生時事的討論。可愛的貓咪松崎也在我的碩士研究生活中扮演提醒我休息的角色。

　　謝謝已經去當追風少年的阿公。沒能夠讓您在世時看到我完成研究所學業，僅僅只能以此篇論文作爲我們兩人曾經對於社會政論時事討論的紀念。

2018 年 7 月於南港

目次

第一章　緒　論

第一節　研究動機和目的

　　對於日本統治時期（以下簡稱日治時期）的研究而言，不論是從官方政策或民間角度，又或者是針對特定轉變——如近代化（modernization）、殖民地（colony）等等研究議題，呈現出這個時期的台灣在受到統治的重要性。與其它同樣受到統治的時期來比較時，日治時期對於台灣人的影響在於建立對現今各層面的思考與再確認——思考如何作爲一個台灣人、而國家的政策如何使人民的生活更好；再確認什麼是台灣、對於台灣的研究又如何能爲現在的國家政策或人民生活帶來新的理解或助益。然而在面臨選舉時候，卻反覆提出「皇民」一說來概括整個日治時期，這樣是否就能作爲正確理解台灣所經過的整個日治時期？筆者認爲這是必須要具有正確理解台灣日治時期的人，才能辨別出「皇民」一詞本身具有的時代特殊性。也因此突顯出研究日治時期的重要。如果沒有理解這時期的研究者存在，如果沒有這些研究者的研究，人們對於這個時期的理解就很有可能是一知半解，甚至是誤解或誤會，進而造成台灣人對台灣歷史理解的錯亂。

　　目前對於日治時期的研究，上述粗略提到了官方政策或民間發起、或是近代化、殖民地等等。但其實就針對單一時期的研究面向而言，有文化或精神面向的，例如日本官員與台灣仕紳以漢文進行交流、日台共學；有科學或物質面向的，例如交通傳播的發展、就業與經濟結構的變化；也有進行多方面比較的，例如研究報紙刊載之漢文作品與社會的關係、法律條文或政策的變化帶來的影響。這幾乎可以看見該時期研究面向的多樣發展。

在這研究面的多樣發展上，幾乎有一個是相當確定的發展要素之一，就是傳播的發展。面對與清國統治時期（以下簡稱清治時期）受於地形侷限的不同，日治時期突破了地形的限制，交通發展使得傳播的方式較前一統治時期來得快速。並且，經濟產業與教育較前一統治時期的不同，使得傳播可以有不同的發展結果。中國歷代以來固有的官方報紙《邸報》，其主要發展歷史從漢代便已有雛形，至唐代成爲大眾得知官府消息的媒介。〔註1〕對於清治時期而言，官方所辦之《邸報》、《京報》，主要在於傳達官方消息，例如人事異動或皇帝敕令等。〔註2〕而台灣在1885年時發行了《邸抄》，一樣作爲發佈政令等相關消息之用。〔註3〕至日治時期時，台灣總督府也發行《臺灣總督府府報》、《臺灣總督府官報》〔註4〕以發佈法律條文、行政命令等等。由此可以了解兩個不同的統治者，對於公告政令消息的方式，不外乎皆是藉由報紙傳播。但兩相比較之下，日治時期整體來說，除去將報紙作爲發佈官方消息之外，比起清治時期而言，在報紙的發行面與發展性上，有更多樣性的視野被呈現。如日本人1896年與1897年分別在台灣創辦的《臺灣新報》和《臺灣日報》，後合併爲《臺灣日日新報》；台灣人創辦的報紙，除新學研究會在1910年創辦的《新學叢誌》、還有前身爲《臺灣青年》（1920年）的《臺灣民報》（1927年）之外，1928年創辦具有社會主義意識的《臺灣大眾時報》，刊載漢文的《三六九小報》（1930年）、《風月》（1935年）等等，皆可知道台灣在日治時期，報紙刊載的內容有各式各樣允許被討論的議題。當然，也仍存在著不被總督府所認爲可以討論的內容，可能會被刪改內容的情況。〔註5〕因此，在回顧報紙發展時，將兩者並置討論才能夠真正突顯出台灣在各統治時期所呈現出的真實面。

除此之外，當討論報紙作爲能夠讓人民發表意見的場所之前，首先必須考慮人民是否具備識字或撰寫的能力與知識。在清治時期已經有《臺灣府城教會報》〔註6〕（1885年發行，後1932年改名爲《臺灣教會公報》），該報紙

〔註1〕賴光臨，《中國新聞傳播史》（台北：三民書局，1992），頁8-9、11。

〔註2〕楊師群，《中國新聞傳播史》（北京：北京大學出版社，2007），頁15-17。

〔註3〕楊師群，《中國新聞傳播史》（北京：北京大學出版社，2007），頁325。

〔註4〕臺灣總督府府報資料庫（台北：漢珍數爲圖書股份有限公司），http://www.tbmc.com.tw/chinese/index.php?option=com_sobi2&sobi2Task=sobi2Details&sobi2Id=1&Itemid=0，2015年9月2日瀏覽。

〔註5〕張圍東，〈日據時代台灣報紙小史〉，《國立中央圖書館台灣分館館刊》第5卷第3期（1999年），頁53。

〔註6〕洪桂己，《台灣報業史的研究》（台北：台北市文獻委員會，1968），頁15-18。

以台語羅馬字作為書寫文字。但在清治時期，不論是能夠使用漢字或羅馬字的人，其實仍然屬於少數。

以日治時期而言，透過人民的整體就學率的提升〔註7〕，基礎識字暫時不成問題。知識的發展在報刊雜誌的發行之下，不斷地使世界新知進入台灣，如前面所提到的新學研究會的刊物《新學叢誌》與台灣文化協會的刊物《台灣民報》。然而，除去識字與知識層面的問題外，人們的經濟能力是否足以負擔購買一份報紙或相關刊物，也呈現出該時期人們的經濟能力狀況。〔註8〕因為，如果單以閱覽而言，台灣人沒有相應的識字能力與經濟能力，那麼發行報紙、介紹新知識又能夠給誰看呢？由此反推可以看出日治時期較清治時期來說，在教育與經濟面向上確實有所區別。

就此來觀察日治時期時，對於總督府控制報紙發行的政策，必須先了解日本本島對於新聞事業法規的發展情況。在1869年（明治二年）始頒布了「新聞紙印行條例」〔註9〕，經過幾次對新聞事業法規的限制後，1909年（明治四十二年）再頒布「新聞紙法」。特別的是，台灣在1896年發行的《臺灣新報》是遵循日本在1887年修正的「新聞紙條例」〔註10〕。但台灣在1900年1月24日便頒布「臺灣新聞紙條例」〔註11〕，並且又在1917年12月18日效仿日本母國的「新聞紙法」頒布了律令第二號「臺灣新聞紙令」〔註12〕。其實也表明了在新聞紙法規上與日本母國有所不同，呈現母國與殖民地的區別。而進入戰爭期時，日本於1941年1月11日公布「新聞紙等揭載制限令」，殖民地的新聞紙直接由中央管轄〔註13〕，可以說戰爭期間母國與殖民地在報紙的依循法規上沒有差別性。

在整個日治時期，就台灣發行的報刊而言，《臺灣日日新報》一直是研究

文中所指《台灣府社教會報》（Tâi-oân-hú-siâⁿ Kàu-hōe-pò）即《台灣府城教會報》。

〔註7〕台灣省行政長官公署統計室，《臺灣省五十一年來（民國前十七年至民國三十四年）統計提要》（南投：台灣省政府主計處，1994），表481歷年學齡兒童與表472歷年中學教育概況。

〔註8〕台灣省行政長官公署統計室，《臺灣省五十一年來（民國前十七年至民國三十四年）統計提要》（南投：台灣省政府主計處，1994），表301歷年本省人工人每日工資與表303-1各階級每一家庭每月平均收支（本省人）。

〔註9〕李明水，《日本新聞傳播史》（台北：大華晚報社，1980），頁26-28。

〔註10〕王天濱，《臺灣報業史》（台北：亞太圖書出版社，2003），頁12。

〔註11〕緒方武歲編，《臺灣大年表》（台北：成文出版社，1999），頁38。

〔註12〕緒方武歲編，《臺灣大年表》（台北：成文出版社，1999），頁108。

〔註13〕劉寧顏總纂，《重修臺灣省通志卷六》（南投：臺灣省文獻委員會，1995），頁122。

者們注意的焦點之一。從其合併《臺灣新報》與《臺灣日報》兩者的背景就可供研究者討論之外，之後亦接受總督府的資助、刊載總督府公告〔註14〕，因此《臺灣日日新報》被視爲官方性質濃厚的「御用報紙」〔註15〕。更不用提及該報曾於1905年創辦漢文版（刊行至1911年），並且一直發行至六大報合併爲《臺灣新報》等，足見該報在台灣報業發展的歷史中佔有重要的地位。而臺灣圖書館的前身爲臺灣總督府圖書館，二次大戰結束後收藏許多日治時期相關的資料。館內的臺灣學研究中心有相當多的日治時期文獻與數位資料，因此本文也試圖借重曾經是總督府圖書館的臺灣圖書館所收集的日治時期期刊影像系統來觀看同文同種的相關內容。

對比現在提到中國與台灣爲同文同種，日治時期的同文同種是否也如此呢？筆者因爲這個好奇而把焦點放在對於同文同種的理解，首先以爲日治時期的同文同種指的是日本與台灣同文同種。但實際上去調查《臺灣日日新報》與臺灣圖書館日治時期期刊影像系統，卻發現兩者提到同文同種的內容多數指的是日本與清國／中國的關係。在這裡就產生了疑問：與現在時空不同，爲何當時同文同種的內容會提到日中兩國？又爲什麼在台灣發表？台灣在這些提到日中同文同種的內容中有什麼樣的特殊性？

爲了理解上述的疑問，本文以《臺灣日日新報》與臺灣圖書館日治時期期刊影像系統（以下簡稱臺圖日治期刊影像系統）收錄的刊物爲研究對象，分析當中的同文同種內容與隱含意義，並就時序發展來以理解台灣在日本與中國兩國關係上的位置。

第二節　研究範圍與名詞解釋

如前所述，爲了理解台灣人在日中兩國的位置，實際上在帶有官方色彩

〔註14〕王天濱，《臺灣報業史》（台北：亞太圖書出版社，2003），頁39。
「該報成立當日，臺灣總督府立即發布府令第二十一號，規定《臺灣總督府報》以《臺灣日日新報》附錄方式發行，並約定臺灣總督府每月給該報四百圓的刊載費用；另外還增加一條條文，明訂如果刊載府報發生錯誤或原稿遺失等情形，則所支付的費用減少二十錢以上、五十圓以下。此種懲罰性條文的增訂，意味著臺灣總督府與報紙權利義務關係彼此之間的轉換。」
〔註15〕李承機，〈植民地新聞としての《台灣日日新報》論——「御用性」と「資本主義性」のはざま〉《植民地文化研究資料と分析2 特集》，（日本：植民地文化研究會，2003），頁169-181。

的報紙以及前身爲總督府圖書館所收藏的刊物是怎麼呈現的，因此本文鎖定主要的關鍵詞同文同種來作爲釐清日本接合對台灣、中國兩地的方式。

本文以《臺灣日日新報》的 68 則內容（參閱附錄一與附錄二）與臺圖日治期刊影像系統的 17 則內容（參閱附錄三）爲觀察對象，因搜尋結果中無同種文的相關內容，故以所搜尋到的同文同種、同種同文、同文種進行內容的分析。而本文所指的同文同種，依照搜尋的內容來看，在同文的部分多數內容並無特別指稱爲同文字或同文化。爲了使研究結果較爲全面性，故以廣義的文化（culture）作爲同文的解釋，並且對於同文字的部分也納入討論。

在臺圖眾多的日治時期相關資料庫中，筆者會以臺圖日治期刊影像系統爲主，係因搜尋臺圖的日治時期圖書影像系統、日文舊籍台灣文獻聯合目錄、館藏舊籍日本文獻影像系統與館藏南方資料影像系統共四個資料庫的結果中，並未發現有同文同種、同種同文、同文種與同種文的記錄。因而在臺圖的資料採錄有搜尋結果的日治期刊影像系統。而臺圖日治期刊影像系統收錄 77 種期刊〔註16〕，可說種類相當豐富，也能夠藉此突顯同文同種所涉及的刊物種類。

〔註16〕臺灣圖書館日治時期期刊影像系統收錄的 77 種期刊：《臺灣教育會雜誌》（後易名《臺灣教育》）、《臺灣建築會誌》、《臺灣警察協會雜誌》（後易名《臺灣警察時報》）、《臺灣通信協會雜誌》（後易名《臺灣遞信協會雜誌》）、《內外情報》、《臺中州教育》、《敬慎》、《新臺灣》、《臺灣產業雜誌》、《臺灣の水利》、《臺灣醫事雜誌》、《臺灣鑛業會報》、《實業之臺灣》、《臺灣の山林》、《臺灣婦人界》、《高山國》、《臺灣文藝》、《木瓜》、《蕃情研究會誌》、《臺灣經濟雜誌》、《蕃界》、《綠珊瑚》、《臺灣農友會會報》、《蕃界》、《語苑》、《南瀛佛教》、《臺灣農事報》、《臺灣博物學會會報》、《稅務月報例規》、《臺灣財務》、《ゆうかり》、《第一教育》、《專賣通信》、《あらたま》（璞）、《臺灣地方行政》、《臺灣刑務月報》、《臺大文學》、《南の鎮め》、《臺灣農會報》、《高雄州時報》、《臺灣地學記事》、《親民》、《川柳國姓爺》、《臺灣佛教》、《高雄商工時報》、《運輸通報》、《麗正》、《總督府國語學校校友會雜誌》、《臺灣山岳》、《黎明》、《青年之友》、《國光》、《あぢさゐ》、《言語と文學》、《社會教育》、《フォルモサ》（Formosa）、《臺灣棋道》、《臺灣技術協會誌》、《市街庄協會雜誌》、《臺灣土地調查紀念會記事》、《旗山の林業》、《臺灣自治評論》、《臺灣海務協會報》、《臺灣學校衛生》、《經友》、《うてな》、《五十會》、《安平》、《霸王樹》、《臺灣藥學會誌》、《商工彙報》、《若草》、《林學季報シルビア》、《蕃ざくろ》、《臺灣商工會議一覽》、《臺灣氣象研究會誌》、《熱》，（來源：http://hyerm.ntl.edu.tw:2136/cgi-bin/gs32/gsweb.cgi/ccd=ZjvZk7/fulltext?fulltext=%83%7CHPX%60HPXaKR&dbpath=/opt/fb32/etc/gsfqa.db，2018 年 7 月 10 瀏覽）。

　　並且，從日治時期的新聞紙法規來看，報紙與雜誌實則無明顯的區別〔註17〕。因此，本文將《臺灣日日新報》與臺圖日治期刊影像系統並置討論時，兩者最大的區別是發行量與刊物的壽命，可以說報紙與刊物各有其長短。但這種區別對本文的研究並不造成影響，故仍然將兩者列爲同文同種內容的資料來源。而在本文的研究素材《臺灣日日新報》與臺圖日治期刊影像系統中，1898 年徐莘田在《臺灣日日新報》發表的〈時事有感八首〉〔註18〕是首次提到同文同種（同種同文）一詞的內容，抒發他對於當時清國內外局勢的感觸。

　　回來考量當時日本內閣的政策，1919 年總理原敬任命田健治郎爲台灣總督，王泰升認爲「以原敬爲代表的政黨領導人，認爲欲同化被殖民民族，必須先在殖民地實施與內地相同的制度，因此主張內地法律的效力應延長至殖民地。」〔註19〕，故而有內地延長主義的出現。因此在同文同種連結日本人與台灣人的作用中，1919 年是一個轉折點。這一點在田健治郎的日記中，以回應英國記者 Y.Hamilton（ハミルトン）的採訪而記錄了下來。對於台灣的統治方針，田健治郎的其一回答中，認爲日台兩地是同種同文，將對台灣同化的基礎奠基於「同種同文」〔註20〕，對於教化台灣人、使台灣人與日本人同化而無區隔。當然這樣對日台同化的內容並非只是官方的、政務官個人的見解。在田健治郎的這種日台同化的基礎上進一步檢視時，林獻堂在 1935 年的日記中也提到了這種日台同化。

　　在林獻堂的日記中記錄了日本人對於台灣的看法，不僅僅只是在同化的部分，而是更進一步地強調了日支滿的聯合、東洋和平，提出台灣於這之中

〔註17〕 劉寧顏總纂，《重修臺灣省通志卷六》（南投：臺灣省文獻委員會，1995），頁123。

〔註18〕 徐莘田，〈時事有感八首〉，《臺灣日日新報》第1版，1898年7月15日。「同種同文感喟同。東南危局苦兵訌。皇天變態風雲異。客路交情水乳融。讓地已拚盟玉帛。衝霄巫欲脫樊籠。請君廻首聊西顧。金氣橫流滓太空。」

〔註19〕 王泰升，《台灣日治時期的法律改革（修訂二版）》（台北：聯經出版，2014），頁110。

〔註20〕 田健治郎作，吳文星等編著，〈田健治郎日記/1921-01-31〉，中央研究院臺灣史研究所臺灣日記知識庫，（來源：http://taco.ith.sinica.edu.tw/tdk/田健治郎日記/1921-01-31，2018年4月16日瀏覽）。
「同化之目的，不在於形式外見，而在精神的感化。臺灣之現狀未達實施義務教育，就學兒童僅止於百分之二十，教育之前途雖頗遼遠，素是亞細亞之同種同文，其思想觀念同其淵源，歲月之久，得能達此目的。是諸般政務之施設，所以總此方針現出也。」

的重要〔註21〕。這 2 則日記突顯出同文同種一詞在 1919 年與 1935 年從同化到日支滿聯合的區別。但實際上在時間的推進中，同文同種如何被連結、嵌入日中關係，而台灣在這兩國之中又有什麼樣的位置，顯然有必要透過收錄了同文同種內容的《臺灣日日新報》與臺圖日治期刊影像系統來理解。

除了透過田健治郎與林獻堂的日記看到了同文同種和同化、東洋和平的關連之外，在《臺灣日日新報》同文同種的內容中也曾提到「日支親善」〔註22〕、「本島人」〔註23〕，表示同文同種具有對外（中國）與對內（台灣）的兩層關係。因而以同文同種為關鍵詞的內容中，討論台灣在日中兩國關係的位置為目的，檢視與分析同文同種的內容。

惟，《臺灣日日新報》與臺圖日治期刊影像系統的部分內容因鉛字模糊無法辨識，資料庫檔案以「□」標示該字無法辨識。又，對於「臺」、「台」兩字，如果引用的文獻原來標示為「臺」，則採用原來的使用方式，不改為「台」。而部分引用內容為了標示關鍵字，筆者在關鍵字下方加註底線。

此外，本文雖然是從日中關係以及台灣於兩國的位置這兩部分作為討論對象，但因為台灣在 1895 年歸屬於日本後，台灣與清國的關係並未中止。因此也將 1895 年至 1911 年中國成立之前的階段納入討論。惟在日治時期中，自 1911 年起至 1945 年結束都是日中關係，所以題目以日中關係表示，但仍將日清的部分納入討論，以期能較完整地呈現台灣在日中兩國關係的情況。

〔註21〕 林獻堂著，許雪姬等編註，〈灌園先生日記/1935-11-08〉，中央研究院臺灣史研究所臺灣日記知識庫，（來源：http://taco.ith.sinica.edu.tw/tdk/灌園先生日記/1935-11-08，2018 年 4 月 16 日瀏覽）。
「永井謝辭謂，台灣之發達能如是之速者有三點焉：一、以一視同仁之施設；二、同文同種密切之關係；三、為母國人滿，不得不急於施設；結論言非日支滿三國聯合，不能保東洋之平和，然台灣實大有關係焉。」日記中的「永井」即是永井柳太郎。

〔註22〕 〈南支南洋號 日支親善 同種同文とは何ぞ 唇齒輔車の關係〉，《臺灣日日新報》第 4 版，1918 年 9 月 27 日。
「世の日支親善を說く者、口を開けば輒ち同種同文を云々するの常なるも、其所謂同種同文の真意義…」
ヌ一、エス生，〈廈門ページ 日支親善に就て〉，《臺灣日日新報》第 57 版，1919 年 1 月 1 日。
「日支兩國入は、同文同種なる特殊的關係を有す」

〔註23〕 狆糞漢，〈狂頓詩 大問題〉，《臺灣日日新報》第 7 版，1915 年 7 月 17 日。
「本島人增長氣勢。治教上一大問題。元來同種同文邦。對岸排貨有關係。」

第三節　文獻回顧與探討

　　日本國會圖書館收錄含有同文同種的書籍刊物多數指的是日中兩國的關係。在《臺灣日日新報》及臺圖日治期刊影像系統收錄含有同文同種一詞的內容也多指涉日中兩國。但在日本國會圖書館收錄的資料中，不如《臺灣日日新報》與臺圖日治期刊影像系統的結果包含了台灣這項要素。因此突顯台灣於日中兩國間的特殊位置時，回溯原來日治時期的報刊則能更明顯地看出當時的言論結構。

　　目前對《臺灣日日新報》進行研究的碩博士論文，在文學的部分主要是其刊載小說、詩文的作品分析或社會關連面的呈現〔註24〕；在報紙本身的研究，主要則是廣告圖象的展示與隱含意義，或報刊欄位內容與社會變遷的關係〔註25〕；也有就旅行層面討論報刊編輯者的跨國經驗〔註26〕等等。而期刊論文的部分，以《臺灣日日新報》爲題者的研究面向與發展變化中，不論是針對報紙的報導、廣告〔註27〕或是刊載文類的探討〔註28〕，顯示出《臺灣日

〔註24〕張詩勤，〈台灣日文新詩的誕生——以《臺灣日日新報》、《臺灣教育》（1895-1926）爲中心〉（台北：國立政治大學台灣文學研究所碩士論文，2014）。

梁鈞筌，〈「新世界」話語及其想像研究——以《臺灣日日新報》中的漢詩文爲探討核心〉（嘉義：國立中正大學台灣文學研究所碩士論文，2010）。

黃薇勳，〈1906～1930《台灣日日新報》漢文短篇小說中家庭女性婚姻與愛情的敘寫〉（台北：國立臺北教育大學台灣文化研究所碩士論文，2009）。

〔註25〕蔡承逸，〈日治時期（1895-1935）臺灣日日新報之廣告圖像研究〉（高雄：高雄師範大學視覺設計學系碩士論文，2011）。

早崎眞實，〈報紙廣告與種類變化：以「臺灣日日新報」爲例〉（新北：淡江大學日本語文學系碩士班碩士論文，2010）。

吳坤季，〈帝國符碼與殖民策略——《臺灣日日新報》圖像內容分析〉（台北：國立臺北教育大學台灣文化研究所碩士論文，2009）。

陳靜瑜，〈「新家庭」的想像與型塑：《臺灣日日新報家庭欄》的分析與討論〉（台北：國立政治大學台灣史研究所碩士論文，2009）。

徐郁縈，〈日治前期臺灣漢文印刷報業研究（1895~1912）—以《臺灣日日新報》爲觀察重點〉（雲林：國立雲林科技大學漢學資料整理研究所碩士論文，2008）。

〔註26〕歐人鳳，〈臺灣出發，踏查東亞：《臺灣日日新報》主筆木下新三郎的東亞遊記（1906）〉（新竹：國立清華大學台灣文學研究所碩士論文，2013）。

黃千珊，〈日治時期旅人的城市經驗—以《台灣日日新報》、《漢文台灣日日新報》爲觀察核心〉（嘉義：國立中正大學台灣文學研究所碩士論文，2010）。

〔註27〕吳玲青，〈日治時期臺灣的日記本——以《臺灣日日新報》的記事爲例〉，《歷史臺灣》8期（2014）。

日新報》的重要性。如曾巧雲〈故國之內‧國境之外──日治前期《臺灣日日新報》上傳統文人的西渡經驗初探〉一文從台灣文人的移動經驗，來看處於中日兩國的歷史背景與意識變化，進一步討論客觀存在的事實如何展現「臺灣知識分子日趨混雜與曖昧的精神圖像與認同建構」〔註29〕。藉由這個討論，來反思台灣文人的思考與行動基礎。

以同文同種爲討論目標的期刊論文，以李竹筠〈日據時期台灣傳統詩文中的「同文同種」認識（1895－1930）〉〔註30〕與本文的研究時期及研究素材最爲密切。在李竹筠的研究中認爲詩文是民間證成中國與台灣爲同文同種關係的方式，並且也表示了同文同種存在著傳播及接受官方意志的情況。即便如此，李竹筠的論文與本文研究的仍有區別，主要在於時期範圍不同以及研究素材與內容的選擇所產生文類與傳播媒介的區隔。

李竹筠的論文以詩作這個文類爲討論對象，研究的時期並未討論1930年之後提到同文同種的漢詩，並且論文中使用的漢詩多數出自《臺灣日日新報》或全台詩。而本文的研究素材雖然也有《臺灣日日新報》，但偏向於報紙刊物這種傳播媒介，再加上研究時期涵蓋了戰爭期，也就區別出本文與李竹筠論文的不同。

專書的部分，就荊子馨《成爲「日本人」：殖民地台灣與認同政治》與駒込武《殖民地帝國日本的文化統合》對於本文的研究地域與概念性問題有重要關連。

首先是荊子馨的《成爲「日本人」：殖民地台灣與認同政治》。書中確實

　　　許俊雅，〈眞實或虛構？／新聞或小說？──《臺灣日日新報》轉載《申報》新聞體小說的過程與理解〉，《東吳中文學報》28期（2014）。
　　　謝世英，〈由魏清德《臺灣日日新報》〈忙中賞心錄〉談中日臺書畫交流〉，《國立歷史博物館學報》39期（2009）。
〔註28〕黃美娥，〈當「舊小說」遇上「官報紙」：以《臺灣日日新報》李逸濤新聞小說〈蠻花記〉爲分析場域〉，《臺灣文學學報》20期（2012）。
　　　蘇淑芬，〈日治時代《臺灣日日新報》所刊載之詞研究〉，《東吳中文學報》21期（2011）。
　　　蔡佩玲，〈論日治初期臺灣傳統文人謝雪漁在《臺灣日日新報》的漢文記者初體驗〉，《中正臺灣文學與文化研究集刊》3輯（2008）。
〔註29〕曾巧雲，〈故國之內‧國境之外──日治前期《臺灣日日新報》上傳統文人的西渡經驗初探〉，《台灣文學研究學報》18期（2014），頁202。
〔註30〕李竹筠，〈日據時期台灣傳統詩文中的「同文同種」認識（1895－1930）〉，《台灣研究集刊》總第156期（2018）。

點出日本對於自身殖民論述（colonial discourse）的缺席問題，也指出台灣從
同化到皇民化的關係與區別。對於本文的關鍵字同文同種，則可以在〈日本
帝國主義的形式與內涵〉一節中可以看到荊子馨對同文同種的概念：

> 日本帝國的這種區域性規模，接著導出了日本殖民地的另一項
> 特殊性，意即日本最重要的兩個殖民地——台灣以及韓國——居住
> 了大量和日本殖民者有著相似種族（相對於西方的種族屬類）且繼
> 承相同文化的人口。〔註31〕

對於同文同種的認知基本上不脫於文化（culture）與種族（race）的判別結果。
除此之外，荊子馨更說明「日本人與殖民地人民之間的文化與種族類同性，
是靠著『同文同種』與『一視同仁』的口號召喚而來的，其實一點也不『自
然』（假如是天生自然的，就沒有必要這樣大聲疾呼）。」〔註32〕，表明同文
同種的不自然之外，並且以他對小熊英二《〈日本人〉の境界》的看法「我們
不該把日本殖民者與其殖民地人民之間的文化和種族類同性視爲理所當然，
而應當看成是在一個已經被區分成『白人』與其他人的二元種族世界中，所
浮現出來的某種殖民論述的面向之一」〔註33〕爲這種種族與文化類同性——
或稱作是同文同種——被使用在同化與皇民化中作了評斷。

即便荊子馨爲同文同種的這種特殊性進行了說明，但在他的文中對同文
同種的敘述並未深入。此外他文中更提及「日本在殖民地台灣推行的『皇民
化』運動，其主要目的之一正是要切斷台灣與中國之間的文化與歷史關係（去
中國化），並將台灣導向日本帝國對抗南中國與東南亞的戰略堡壘。」〔註34〕，
這種在盧溝橋事變發生後或皇民化運動開始，認爲可能會切斷中國與台灣關
係的想法，實際上就本文研究的範圍（日治時期台灣的同文同種）與研究對
象（《臺灣日日新報》與日治時期期刊）來說，正好可以作爲荊子馨這個判斷
方式的驗證。

而在駒込武的《殖民地帝國日本的文化統合》中，駒込武以探究日本統

〔註31〕 荊子馨著，鄭力軒譯，《成爲「日本人」：殖民地台灣與認同政治》（台北：麥
田，2006），頁41。

〔註32〕 荊子馨著，鄭力軒譯，《成爲「日本人」：殖民地台灣與認同政治》（台北：麥
田，2006），頁48。

〔註33〕 荊子馨著，鄭力軒譯，《成爲「日本人」：殖民地台灣與認同政治》（台北：麥
田，2006），頁49。

〔註34〕 荊子馨著，鄭力軒譯，《成爲「日本人」：殖民地台灣與認同政治》（台北：麥
田，2006），頁88。

治異民族的這段殖民歷史，對於日本自身的民族主義的自我否定與矛盾的可能。因此將民族主義細分成「語言民族主義」與「血統民族主義」，以此兩者來分析「同化」在殖民地上所展現的操作型態。但是否能就「語言民族主義」與「血統民族主義」指稱為「同文」與「同種」，筆者認為在駒込武的分析中，以前往殖民地任職的官員伊澤修二為例，來台灣之前是以片假名取代漢文字的想法〔註 35〕，但來台灣任職後可以適當採用漢文〔註 36〕，表現對「同文」政策的轉變。因此駒込武指出這種經歷的轉變跟實際的教學現場，形成在殖民地的統治上，是同文同種論的折衷〔註 37〕。

　　藉由駒込武的分析，可以得知日本在對內部殖民地的政策施行存在矛盾性。但本文在最表層的報紙言論中發現：在台灣的報紙上，對於完全不屬於日本殖民地的清國／中國，卻也以同文同種來連結兩國的關係，那麼同文同種對於日中兩國所具有的作用會是什麼？能否在報紙言論中看出台灣在兩國的位置？因而試圖從這種具有內外矛盾性的同文同種來看民眾的理解樣貌。

第四節　研究方法

　　本文從《臺灣日日新報》與臺圖日治期刊影像系統中，分析含有同文同種的內容，以作為研究台灣在日本與中國兩國的位置。以同文同種／同種同文／同文種作為關鍵詞，以不限欄位的方式搜尋資料庫，而得到附錄一、附錄二以及附錄三的結果。對於出現在標題的同文同種（包含同種同文與同文種）也一起納入討論。企圖透過這樣的搜尋結果來看同文同種所涵蓋的議題及內容。

　　又《臺灣日日新報》與臺圖日治期刊影像系統的讀者群主要為當時的台灣居民，而提到同文同種的內容多數提到是日本與清國／中國的關係。因此本文分析《臺灣日日新報》與臺圖日治期刊影像系統兩者中提到同文同種的內容，理解當時同文同種所涉及的各種議題後，再討論台灣於這當中的位置。

〔註 35〕駒込武著，吳密察、許佩賢、林詩庭譯，《殖民地帝國日本的文化統合》（台北：台大出版中心，2017），頁 53。

〔註 36〕駒込武著，吳密察、許佩賢、林詩庭譯，《殖民地帝國日本的文化統合》（台北：台大出版中心，2017），頁 57。

〔註 37〕駒込武著，吳密察、許佩賢、林詩庭譯，《殖民地帝國日本的文化統合》（台北：台大出版中心，2017），頁 53。

　　第二章將焦點放在《臺灣日日新報》68 則提到同文同種的內容（參閱附錄一與附錄二）。因為《臺灣日日新報》這 68 則同文同種的內容發表的時間介於 1898 年至 1940 年，筆者先從歷時性（diachronic）的角度選出 13 則內容（參閱表 2-1-1），藉此看出同文同種一詞在歷時中的特殊性。其次再回到同文同種的語詞來源、詞序比較與隱含效益，觀察 68 則內容中使用同文同種時機的一致性與差異處，最後以同文同種的隱含效益作結。

　　第三章則將焦點轉到臺圖日治期刊影像系統含有同文同種的內容，同文同種的內容出現在《臺灣產業雜誌》、《臺灣協會會報》、《臺法月報》、《臺灣警察協會雜誌》、《霸王樹》、《南瀛佛教》、《台灣佛化》、《まこと》、《臺灣自治評論》、《臺灣大アジア》、《臺灣地方行政》、《臺灣公論》這 12 個期刊中。臺圖日治期刊影像系統含有同文同種的內容與《臺灣日日新報》比較起來數量較少，只有 17 則內容（參閱附錄三）。但其刊載的時間範圍介於 1898 年至 1939 年，當中有 11 則內容在盧溝橋事變後刊出。《臺灣日日新報》與之相比，在盧溝橋事變後只有 2 則。筆者在這樣數據差異的基礎下，試圖整合兩者得知日治時期提到同文同種的數據量，並且也透過兩者的內容進行比較。因此先分析臺圖日治期刊影像系統的同文同種內容，之後比較其內容與《臺灣日日新報》的差別處。

　　第四章分別從民族與地理這兩種歷史脈絡（historical context）與空間轉換的視點（spatial awareness），觀察同文同種內容中的民族幻象與地理實像。在民族幻象中以種族主義（racism）與民族主義（nationalism）的角度，理解同文同種在兩者的變化過程。之後從地理實像，分析同文同種內容的行進路線與台灣在日中關係之角色。

　　對於台灣在日中關係的角色，在 1914 年時，因為同化會運動而來台的板垣退助的看法，認為日支親善的基礎其一目標包含了台灣人〔註 38〕，點出台灣人在日本與中國之間具有潤滑彼此關係的地位。這一點，1920 年楠正秋在〈臺灣大發展論（十）〉也提到「臺灣の發展に對して最も必要なるものは日支親善を圖り彼我の利益を增進することてある…」〔註 39〕表明發展台灣的目的是出於日支親善，增進你我利益的說法。

〔註 38〕台灣總督府警務局編，吳密察解題，《台灣總督府警察沿革誌（三）》（台北：南天書局，1995），頁 14。
〔註 39〕楠正秋，〈臺灣大發展論（十）〉，《臺灣日日新報》第 3 版，1920 年 5 月 8 日。

　　因而透過這些分析，可以得知在《臺灣日日新報》與臺圖日治期刊影像系統中，提到同文同種內容的是哪些議題。並且，從同文同種的內容來看台灣於兩國中所具有的位置。本文從這兩個問題作為觀察的切入點，以發行量多的《臺灣日日新報》與臺圖日治期刊影像系統為研究對象，試圖理解日治時期台灣的同文同種。

第二章 《臺灣日日新報》「同文同種」 的歷時性與功能

　　從 1898 年 7 月 15 日徐莘田〈時事有感八首〉至 1940 年 2 月 13 日駱子珊的詩作〈新東亞〉，在《臺灣日日新報》這些提到同文同種的 68 則內容中（參閱附錄一與附錄二），用來連接在同文同種左右兩端的國籍、人種與身分，不出中國人、日本人以及台灣人，甚至是滿洲人。而在時間發展上，1920年 4 月 1 日江原素六〈移植民と教育問題 同文同種〉是第一篇同時提到日本、朝鮮與台灣三者。顯示在內容中所提及的人種身分與歷時發展有密切關連。

　　第一節從歷時的（diachronic）層面，從擇選的 13 則內容（參閱表 2-1-1）來觀察各時代中同文同種被連結使用的形式。第二節則以語詞來源與實際的數據進行客觀分析，指出同文同種的隱含效益。

第一節　13 則歷時性的同文同種分析

　　不同的人（身分）來講同文同種，且同文同種是用在什麼內容中，體現了同文同種的特殊性。這個特殊性呈現在兩個部分：一、身分的特殊性使得這個人所說的同文同種別具意義。二、內容與時事結合而產生的特殊性。

　　即使不是作者（撰文者）身分特殊，其內容的特殊觀點也是本節討論的重點。因此在《臺灣日日新報》68 則（參閱附錄一）提到同文同種（包含同種同文與同文種）的內容中，筆者挑出 13 則在作者身分各別有代表性且具有歷時性意義的內容進行時序解析。因為《臺灣日日新報》在台灣發行，當這

13 則內容的作者被筆者選擇出來討論時，也表示出這些作者在《臺灣日日新報》上敘述自己對於同文同種這個詞的使用概念。

　　而這 13 則內容的作者身分主要如下所列：1、清國的官員（曾是台灣人：蕭逢源）2、清國的官員（非台灣人：樓思誥）3、在台灣的台灣人（石崖）4、在台灣的日本人官員（角源泉、下村宏、上山滿之進）5、在日本的日本人官員（江原素六、龍居賴三）6、中國人（歐陽楨）7、在中國的日本人官員（持地六三郎）8、在滿洲的滿洲籍官員（曾是台灣人：謝介石）9、在日本的台灣人（莊櫻癡）。

　　詳細篇目如下表：

表 2-1-1：《臺灣日日新報》13 則歷時性同文同種篇目

編號	發刊年月日	版　別	標　題	作　者
1	1906 年 6 月 2 日	漢文版-03 版	蕭逢源氏之臺灣談	蕭逢源
2	1908 年 5 月 3 日	漢文版-05 版	題臺灣日日新報祝辭	清國進士度支部主事 樓思誥
3	1908 年 11 月 15 日	漢文版-02 版	清皇殂落	
4	1911 年 7 月 13 日	漢文版-03 版	同化論	石崖
5	1918 年 9 月 27 日	04 版	南支南洋號 日支親善 同種同文とは何ぞ 唇齒輔車の關係	角土木局長談
6	1919 年 11 月 29 日	03 版	同文同種の兄弟が 牆に鬩ぐは愚也と下村長官は 福州事件を歎じて語る	
7	1920 年 4 月 1 日	02 版	移植民と教育問題 同文同種	江原素六
8	1921 年 1 月 23 日	03 版	內地電報 日支親善の要訣（上）	龍居賴三
9	1922 年 3 月 30 日	03 版	持地先生蒞廈賦此以贈	歐陽楨
10	1922 年 4 月 15 日	03 版	吳越遊草（上）廈門次歐陽楨見示韻却寄	持地六三郎
11	1926 年 11 月 30 日	夕刊 04 版	招待靑厓翁　蔗庵總督雅宴　全島官民會於東門　官邸五十餘人	蔗庵、松軒、伯漁、碩卿、國年等 33 人

12	1932 年 3 月 8 日	夕刊 04 版	滿洲新國家　對同文同種臺灣人務欲拔擢登用人材　外交部長謝介石氏談	
13	1932 年 11 月 2 日	08 版	謝外交總長爲滿洲國答禮專使來朝賦此以誌歡迎	神戶　莊櫻癡

　　筆者所挑出的這 13 則內容在時事或撰文者的身分上，分別在時序的交互對應中有其重要性。又 1922 年 3 月 30 日〈持地先生蒞廈賦此以贈〉與 1922 年 4 月 15 日〈吳越遊草（上）廈門次歐陽楨見示韻却寄〉內容有關。1932 年 3 月 8 日〈滿洲新國家　對同文同種臺灣人務欲拔擢登用人材　外交部長謝介石氏談〉與 1932 年 11 月 2 日〈謝外交總長爲滿洲國答禮專使來朝賦此以誌歡迎〉內容有關。因爲這 4 則內容互有關連，各列爲 2 項一併分析討論。

（一）1906 年 6 月 2 日〈蕭逢源氏之臺灣談〉

　　蕭逢源原籍鳳山，後移居台南。1894 年（光緒 20 年）考中進士分發知縣任職。〔註 1〕1895 年後舉家遷居清國。〔註 2〕蕭逢源因母親逝世居喪不仕，來台灣時接受《臺灣日日新報》記者採訪他對今台灣的看法而寫下〈蕭逢源氏之臺灣談〉。

　　文中首先提到「觀清國之現度制。與現時臺灣之制度。全殊其趣。於社會狀態之激變。尤爲驚心。比諸予在臺之時。殆有別天地之感。是之進步發達。」後才切入正題：

　　　　予利用此機會。務必考究諸制度。以爲清國改良制度之資。畢竟貴國之所以有今日者。實由上而官長。下而僚屬。竭慮殫精。十年如一日。以登進步之途。……然欲改良我國之制度。而求可以爲模範者。則於德不可。於英不可。於美法亦均不可也。何以故。彼之人種既殊。其國之發達狀態。亦自不能強同。不甯惟是。我國之相沿慣俗。與是等之諸邦。亦判然不同也。其所以必求諸貴國者。則亦非無故。貴國之於我國。不特同種同文。且於過去歷史。亦深

〔註 1〕清陳寶琛等修撰，楊家駱主編，《清光緒朝文獻彙編——第四冊大清德宗景皇帝實錄》卷 340（台北：鼎文書局，1978），頁 7-9，彙編頁碼 C3032-3033。
〔註 2〕顧力仁編，《臺灣歷史人物小傳——明清暨日據時期》（台北：國家圖書館，2003），頁 748。

有關係。欲移制度於我國。舍貴國而外。難以他求也。(《臺灣日日
新報漢文版》〈蕭逢源氏之臺灣談〉)

蕭逢源從「人種」的角度切入，認爲日本明治維新後所帶來的「進步」
正是目前清國所需要的「結果」。蕭逢源認爲日本對於中國而言，脫離在同種
同文這樣「人種文化」的視點上，從歷史層面認爲日本的制度更勝於他國。

也因此可以看出距離 1898 年百日維新已 8 年多的 1906 年，曾爲台灣人
但現今作爲清國官員的蕭逢源，對於取樣何者能以至「進步」的重點，相較
於吸取西洋的看法，更貼近東洋的日本。也不怪乎他最後提到：

予回顧前此在臺之時。土匪時出時沒。人民苦之。及今匪氛既
靖。無分聽夕。得以安然旅行。人民之生命財產。極爲安固。對此
治績。不特爲貴國祝福。即於予之故鄉。亦不能不深謝之也。(《臺
灣日日新報漢文版》〈蕭逢源氏之臺灣談〉)

可見蕭逢源對於日本統治之下的台灣除了觀察取樣日本治台的制度之外，更
有個人的今昔差別之感。

（二）1908 年 5 月 3 日〈題臺灣日日新報祝辭〉

浙江出身的樓思誥 1904 年（光緒 30 年）考取進士到主事分部任職。[註 3]
他所寫的〈題臺灣日日新報祝辭〉中對於同種同文的見解與蕭逢源極有不同。

樓思誥從黃白種族、漢文與羅馬文的「人種」與「文字」區分寫起。「昨
年日本學者。倡導廢漢文用羅馬字之説。意取大同。而不知放棄國粹。實自
失其東洋之文明。且隱隱有拊庸白種之懼。」進一步認爲日本如果廢漢文則
是失去東洋文明，而且更是突顯出對西洋的畏懼。

而純用漢文者。獨日日新報。兹者出版以來。適滿三千紙。徵
文當世。以作紀念。余惟報章者。輿論之母也。余深祝其流行日廣。
以表我東洋高尚優美之文字。更進而研求道德。昌明孔子之教。兩
國提攜。以鞏固亞東平和之局。則因同種同文之誼。而使感情日深
者。豈無繇哉。爰爲之辭曰。

倉頡肇興。始作文字。匪獨紀事。寔啓民智。日之與清。唇之
與齒。同洲同文。輔車相倚。東亞平和。千穮萬禩。(《臺灣日日新
報漢文版》〈題臺灣日日新報祝辭〉)

〔註 3〕清陳寶琛等修撰，楊家駱主編，《清光緒朝文獻彙編——第六冊大清德宗景皇
帝實錄》卷 532（台北：鼎文書局，1978），頁 6-7，彙編頁碼 C4901-4902。

在這段說明中可以看到樓思誥的論述主要是：日本文字來自於清國，捨棄漢字則假名也不能獨存。回顧報紙可以發現只有《臺灣日日新報》純用漢文。因此兩國基於同種同文之誼應當為東亞和平盡心力。

對於「而純用漢文者。獨日日新報。」這點，筆者認爲樓思誥沒有注意到《臺灣日日新報》其實有收錄日文內容。此外，「以表我東洋高尚優美之文字。」一句也隱含了清國高高在上的態度：日本漢字源於清國，漢字與羅馬字相比，漢字甚是高尚優美，羅馬字則否。

與蕭逢源相比，兩人雖然同樣以「人種」爲出發點，但樓思誥的重點是「漢字」，「人種」於他而言只是區分東西洋黃白人種，最後仍是以突顯東洋（漢字）優於西洋（羅馬字）爲結果。而蕭逢源關注的是：日本明治維新沒有如清國百日維新那樣失敗，再加上甲午戰爭的結果，致使他想觀察日本治台的制度有無過人之處。

（三）1908 年 11 月 15 日〈清皇殂落〉

「昨接東電。痛悉清國光緒皇帝龍馭上賓。我國介在鄰對。同文同種。凡諸臣民。莫不痛切傷心。矧本島曩隸版圖。流風善政。猶有存者。能不爲之躑躅呼天也。」〈清皇殂落〉提及台灣曾隸屬於清國版圖之故，聽聞光緒皇帝駕崩的消息，不能不爲此表示哀痛。回顧光緒皇帝在位所經歷的政變、戰爭，並對接下來清國的命運表示擔憂。

> 然其社會上。政治上。腐蝕朽敗之現狀。欲一朝盡去。迴非易言者。本年革命黨屢起風波。小醜跳梁。轉瞬即減。數月前又頒詔實行立憲。首重六事。方謂從此鑒古今。憲東西。文化蒸蒸日上。兵制何以改革。教育何以改良。內之可以涵養國民之元氣。外之可以發揚武勇之神威。以立於亞洲之上。以立於世界競爭之無臺。與我國竝駕齊驅。維持東亞和平之局。此固同種人民。所共希望者也。

（《臺灣日日新報漢文版》〈清皇殂落〉）

更以同種人民的身分，期望清國能與日本一同維持東亞和平。上述引文中「數月前又頒詔實行立憲」指的是 1908 年 8 月 27 日頒布《欽定憲法大綱》一事。在這則內容中，除了從台灣的視角報導清國政治領袖逝世這件重要事情之外，更突顯了對於清國政治今後走向的關心。

而在本則內容中，同文同種中仍是以「同種」較爲優先：雖說同文同種，但若以東亞和平的角度來看，同種的涵蓋範圍更廣。

（四）1911 年 7 月 13 日〈同化論〉

石崖爲林佛國（1885－1969）的別號之一，他先任公學校訓導〔註 4〕，後任《臺灣日日新報》漢文記者、編輯等。〔註 5〕亦曾是瀛社臨時幹事之一。〔註 6〕

〈同化論〉談論在治民的策略上，同化與人種的關連。而在日台的同化上，辮髮斷髮歷經 17 年來，將爲大勢。因此林佛國在文末以「善治民者。攻其心而已矣。」作爲〈同化論〉的結語。

> 嗚呼。天下有可治之民。得其道而治。雖文種不同。亦可得需化之。亦可得而吾有之。如滿蒙之入主支那。墺大利之併匈牙利。又何異乎。然則吾國之於臺灣。宵有優焉者。吾國之與臺灣。蓋同文種者也。世之迂者。乃倫於一已之管見。而謂臺人。終不可以同化。此豈情理之當耶。……古來世之最難于改革。習俗也。勝國之民。最難于同化者。亦如是也。回溯歸清二百餘年以來。傚清人辮髮。故辮髮。實其牢不可破之習俗也。纏足又其久且病者也政府寬之。務使知所自新。故雖歷十七秋之久。而此之斷或解者。猶廖落若晨星。近者大勢已至。風氣迫人。我同人。一出提倡。全島人士。雲龍相從。鼓桴相應。到處設曾獎勵實行。（《臺灣日日新報漢文版》〈同化論〉）

從上述引文看來，可以得知林佛國認爲「吾國」日本和台灣是同文種，如果台灣人不能與日本同化，這是不合情理的。接著以台灣受清國統治時續髮留辮作爲說明，認爲在日本統治經過 17 年後，現在斷辮放足的時機已經到了。如果從歷史的角度來看，林佛國這篇〈同化論〉刊於 1911 年，而這一年正是台北「斷髮不改裝會」發起的時刻。〔註 7〕因此可以推知在〈同化論〉中，同文種是作爲日台同化而使用的基礎元素。

〔註 4〕黃炎武編，《瀛海詩集（上）》（台北：龍文出版社，2006），頁 32。

〔註 5〕林佛國撰，《長林山房吟草》（台北：龍文出版社，2006），摘自張燦堂的序頁 3-4。

〔註 6〕黃美娥，《古典台灣：文學史‧詩社‧作家論》（台北：國立編譯館，2007），頁 236。

雜報欄〈瀛社會況〉，《臺灣日日新報漢文版》，1909 年 10 月 19 日第 5 版。

〔註 7〕吳文星，《日治時期台灣的社會領導階層》（台北：五南圖書出版，2012），頁 230。

（五）1918 年 9 月 27 日〈南支南洋號 日支親善 同種同文とは何ぞ 唇齒輔車の關係〉

和歌山出身的角源泉（1871－1942）在 1911 年（明治 44 年）來到台灣任職台灣總督府事務官。〔註 8〕經過通信局長後於 1915 年（大正 4 年）就任土木局局長。〔註 9〕

> 世の日支親善を說く者、口を開けは輒ち同種同文を云々するの常なるも、其所謂同種同文の眞意義は果して如何なるを指せるであらうか、吾人を以て見るに、之れを解すること甚た難く、徒らに人口に膾炙して、一片當場の辭令に過ぎざるにあらざるかを疑はしむるものがある（《臺灣日日新報》〈南支南洋號 日支親善 同種同文とは何ぞ 唇齒輔車の關係〉）

角源泉這篇〈南支南洋號 日支親善 同種同文とは何ぞ 唇齒輔車の關係〉談論了同文同種地理、政治關係。文中寫到那些講日支親善開口閉口提同種同文，但實際上是如何的呢？角源泉表明自己雖然沒有人類學的知識，但單就「黃色」（「黃色なる」、「黃色人種なる」）而故同種的話，同種的範圍會擴大。又民族的精神作用在心理學上從抽象的到具體的。人種的聚散、文字意義的相異（字符相像），專就講漢文，日本人和支那人能夠溝通，但洋人則否。至於地理位置上相鄰，兩者利益存活相互關連。如同「唇亡齒寒」。因此如何體現日支親善，乃至南支南洋的問題也是以此爲基礎。

> 此意味に於て余は、一片の辭令□したる同種同文といふが如き新語を排して、彼の□梁傳中の所謂唇齒輔車なる語を新に主張すべきであると思ふ。『唇亡ぶれば則ち齒寒し』語□より古しと雖も、之れを日支の現狀に當て嵌むるに、其意の益々新なるものあるを見るであらう（《臺灣日日新報》〈南支南洋號 日支親善 同種同文とは何ぞ 唇齒輔車の關係〉）

註：「□」爲無法辨識字跡

〔註 8〕 〈府報第 3231 號敘任及辭令〉，《臺灣總督府府（官）報》（1911 年 05 月 12 日），國史館臺灣文獻館，（來源：http://ds3.th.gov.tw/ds3/app007/list_pic1.php? ID1=0071013231a001&v=031，2017 年 11 月 20 日瀏覽）。

〔註 9〕 中央研究院台灣史研究所，台灣總督府職員錄系統，（來源：http://who.ith.sinica. edu.tw/s2g.action?viewer.q_authStr=1&viewer.q_fieldStr=allIndex&viewer.q_opStr=&viewer.q_valueStr=角源泉，2017 年 11 月 20 日瀏覽）。

〈南支南洋號 日支親善 同種同文とは何ぞ 唇齒輔車の關係〉這也是第一篇提到同種同文也提到日支親善的報導。甚至可以在角源泉的論述次序中看到同種先於同文（參閱附錄二第50則內容，頁133-135）：文中有四個段落以討論同種、種族爲主，卻只有兩個段落在討論同文。可以推知在角源泉的論述中，對於種族進行討論的意義大於對文字進行討論。

（六）1919年11月29日〈同文同種の兄弟が 牆に鬩ぐは愚也と下村長官は福州事件を歎じて語る〉

與角源泉一樣是和歌山出身的下村宏（1875－1957），字海南。〔註10〕1915年來台灣擔任總督府民政長官。〔註11〕在他任內1919年8月21日起民政長官改稱爲總務長官。〔註12〕

> 盲動にも實際困つたものだ、學生が教師を煽動するのか、教師が學生を唆かすのか、ソンな事はどちらでも構はぬさ、又それを今更穿鑿するのも野暮といふものさ、が一體非買同盟なんか出來了せると思ふのが抑もの間違ひだ（《臺灣日日新報》〈同文同種の兄弟が 牆に鬩ぐは愚也と下村長官は 福州事件を歎じて語る〉）

下村宏這篇〈同文同種の兄弟が 牆に鬩ぐは愚也と下村長官は 福州事件を歎じて語る〉談的是1919年11月16日在中國福州發生的「福州事件」（又稱爲「福州慘案」）。〔註13〕文中一開頭便以日本的角度來看福州的排日事件，學生或教師到底是誰煽動、又是誰教唆？依從沒有直接利害關係的學生而輕舉妄動的現象，認爲世上沒有這樣愚蠢的話，究竟中國在這愚蠢的話中能得到多少的利益？結果只有浪費時間而已，不論是對中國自己還是對日本自己。而對日鎖國的結果必定招來不自由的事。

> それよりも同種同文の彼我國民は相攜へ相接け合つて、何處

〔註10〕 顧力仁編，《臺灣歷史人物小傳——明清暨日據時期》（台北：國家圖書館，2003），頁10。

〔註11〕 〈府報第872號敘任及辭令〉，《臺灣總督府府（官）報》（1915年10月27日），國史館臺灣文獻館，（來源：http://ds3.th.gov.tw/ds3/app007/list_pic1.php?ID1=0071020872a003&v=064，2017年11月21日瀏覽）。

〔註12〕 〈府報第1910號〉，《臺灣總督府府（官）報》（1919年08月21日），國史館臺灣文獻館，（來源：http://ds3.th.gov.tw/ds3/app007/list_pic1.php?ID1=0071021910e002&v=001，2017年11月21日瀏覽）。

〔註13〕 朝野嵩史，〈排日問題與中日交涉（1919－1920）〉（台中：東海大學歷史學系碩士論文，2017），頁55-58。

　　までも交互福利の增進を圖るに力めねばならぬ、それは殆んと運
　　命的な要諦であるからである（《臺灣日日新報》〈同文同種の兄弟
　　が　牆に鬪ぐは愚也と下村長官は　福州事件を歎じて語る〉）

除此之外，文中考慮到亞細亞民族的將來，認爲同種同文的你我國民應該相
互提携，不論在何處都應爲增進彼此福利努力。

　　雖然可以看到同文同種與同種同文皆在文中出現，但下村宏點出日中親
善基礎爲言語溝通。在這篇文章中只是借同文同種／同種同文來作爲連結日
本與中國關係的撰文基礎，並非像角源泉那樣分析同文與同種，因此並不能
從文中看出同文與同種誰較爲優先。

（七）1920 年 4 月 1 日〈移植民と教育問題 同文同種〉

　　東京出生的江原素六（1842－1922）曾爲眾議院議員、貴族院議員。〔註
14〕1895 年創設麻布尋常中學校（現稱麻布學園）並擔任校長。〔註 15〕

　　江原素六創設學校的教育背景使得這篇〈移植民と教育問題 同文同種〉
點出殖民地教育的問題。文中指出必須以養成純粹的第二的大和民族（「純然
たる第二の大和民族の養成」）爲要，所以國語普及是各國殖民政策連結異民
族同化的要點。

　　　　幸ひにも我が新領土たる朝鮮、臺灣の如きは、古來同文同種
　　の誼あり彼我の交涉も頗る頻繁なりし上に殊に朝鮮人の如きは餘
　　り語學修得に苦しまざる民てあるからして、指導啓發上便宜を有
　　すること多く今日の好結果を□らしたるも決して偶然ではない。
　　（《臺灣日日新報》〈移植民と教育問題 同文同種〉）

江原素六認爲與西洋統治他國的經驗不同的原因是：日本的新領土台灣、朝
鮮同文同種，自古以來彼此往來頻繁。所以在日語普及成功應該沒有同化效
果少的可能。可以推知從統治的角度來說，因爲教育背景的關係，江原較注
重從同文方面而行同化。

　　對照角源泉與下村宏將同文同種視爲連結對外、非殖民地中國的日中關
係的元素，江原素六的同文同種是連結對內、殖民地台灣與朝鮮成爲日本人

〔註14〕伊藤隆、季武嘉也編，《近現代日本人物史料情報辞典》（東京：吉川弘文館，
　　　　2004），頁 77。
〔註15〕国立国会図書館，近代日本人の肖像，（來源：http://www.ndl.go.jp/portrait/datas/
　　　　517.html?cat=20，2017 年 11 月 23 日瀏覽）。

（「純然たる第二の大和民族の養成」）的元素。因此同文同種在這篇文章中就會與上述第四則 1911 年林佛國發表的〈同化論〉相似：同文同種作爲日台／日鮮同化的基礎元素。

（八）1921 年 1 月 23 日〈內地電報　日支親善の要訣（上）〉

根據《南満洲鉄道株式会社三十年略史》可以得知龍居賴三（1856－？）〔註16〕他在 1917 年（大正 6 年）2 月 14 日至 1921 年（大正 10 年）2 月 14 日擔任理事。〔註17〕

> 日支親善の標語は隨分久しい間耳に泌みて居るが、其の理由
> は同文同種、一衣帶水の隣隔、輔車唇齒の關係、支那の原料、日
> 本の工業……《臺灣日日新報》〈內地電報　日支親善の要訣（上）〉）

龍居賴三這篇〈內地電報　日支親善の要訣（上）〉一開頭就指出很常聽到日支親善的標語理由是同文同種、一衣帶水的鄰居、輔車唇齒的關係。支那的原料、日本的工業，不論如何爲了共存共榮必須親善。日支不親善，不能維持東洋和平。但實際上如何才能徹底的增加親善呢？

> 然らば如何にして徹底的に親善を加へることが出來るかと
> 問ふつ、經濟同盟とか大亞細亞主義とかいふに歸著するやうであ
> るが、それに達する道□としては、更に更に考慮すべき事が多多
> あるであらう、約めて言へば先づ互ひに學ぶことが必要であらう
> 學べば互に知るといふことが出來やう、知り合へば相當尊敬心も
> 起る筈である、一方が尊敬することの代りに輕侮を以てするとい
> ふやうなことがあれば、對手方も不快の感を深くするばかりであ
> る《臺灣日日新報》〈內地電報　日支親善の要訣（上）〉）

龍居賴三認爲不論是經濟同盟或是大亞細亞主義都不是眞正的解決方法，必須要考慮更多的事情，必須互相學習、理解與尊敬。

若就亞細亞主義而言，則可以從 1917 年《東方雜誌》刊出君實譯自《亞

〔註16〕龍居賴三，1856 年生，卒年不詳。曾任東京日日新聞社理事、南滿州鐵道株式會社理事。
伊藤隆、李武嘉也編，《近現代日本人物史料情報辞典 3》（東京：吉川弘文館，2007），頁 173。

〔註17〕南満洲鉄道株式会社編，《南満洲鉄道株式会社三十年略史》（大連：南満洲鉄道，1937），頁 30。国立国会図書館デジタルコレクション，（來源：http://dl.ndl.go.jp/info:ndljp/pid/1271690，2017 年 11 月 24 日瀏覽）。

細亞時論》的〈亞細亞主義〉，節錄如下：

> 但以余所見。定其旨歸。要在使亞細亞之民族。各遂其正當自
> 由之發達。得容與於世界之文化而已。然亞細亞諸國之中。能維持
> 其獨立者。僅有中日兩國。故中日互相提携。排斥歐美不正當之強
> 壓而承認其正當之發展。並使其承認我之正當發展。以推及於他民
> 族。非謂糾合亞細亞之勢力。獨據東方。以排斥歐美之勢力也。是
> 故民族自由正當發展之要求。與歐美勢力不正當之壓迫相交涉。即
> 亞細亞主義之本義所由存也。〔註18〕

可得知文中認爲的亞細亞主義是基於僅中日兩國獨立的情況下，而行民族自
由與排斥歐美的壓迫。又，再來看1918年浮田和民的新亞細亞主義則是：

> 所謂亞細亞人或東洋人者。不以白人以外之亞細亞人或東洋人
> 爲限。凡定住於亞細亞之各民族。不問其人種之同異。咸解釋之爲
> 亞細亞人。……若有在此限定之外之其他歐洲人。欲分割亞細亞之
> 領土。而建立新屬邦或殖民地者。亞細亞人絕不承認。若違反之。
> 是加危害於東洋之平和及日本之安寧。爲日本帝國所不能容忍。此
> 吾人所欲宣言之新亞細亞主義也。〔註19〕

浮田和民放寬對於種族的限定，改從居住地來限制「亞細亞主義」，將區域限
定在亞洲而不論種族，稱爲「新亞細亞主義」。因此，在這樣的脈絡中回到1921
年龍居賴三這篇〈內地電報 日支親善の要訣（上）〉，文中提問如何徹底的增
加親善？確實像龍居賴三所說有許多方面須要學習與考慮。但筆者認爲更重
要的是當環繞在亞細亞主義這個大論述框架時，龍居賴三反其道而行地提出
素樸而且根本的解決之道。

　　而同文同種在本篇的作用與第六則下村宏〈同文同種の兄弟が 牆に鬩ぐ
は愚也と下村長官は 福州事件を歎じて語る〉一文同樣是作爲撰文基礎，但
因爲兩人身分職務的不同，所遇事件與文章著墨的方向也就有所區別。下村
宏因屬於官僚身分，所以文章著重於呼籲的出發點。龍居賴三從民間企業的
角度，提供他對於中國對日本看法的解決方式。

〔註18〕 日本《亞細亞時論》，君實翻譯，〈亞細亞主義〉，《東方雜誌》第 14 卷第 10
　　　　 號（1917），頁 18。
〔註19〕 浮田和民著，高勞翻譯，〈新亞細亞主義〉，《東方雜誌》第 15 卷第 11 號（1918），
　　　　 頁 13-14。

（九）1922 年 3 月 30 日〈持地先生蒞廈賦此以贈〉與 1922 年 4 月 15 日〈吳越遊草（上）**廈門次歐陽楨見示韻却寄**〉

歐陽楨，字少椿、小村，是著名的篆刻家。曾任教廈門大學國文講師。〔註20〕

福島出身的持地六三郎（1867－1923）於 1900 年來台任職台南縣書記官後〔註21〕，陸陸續續擔任過總督官房參事官、總督府評議會評議會員、臨時臺灣舊慣調查會第二部委員、總督府國語學校囑託、總務局地方課與學務課以及土木局水利課的參事官……等〔註22〕，可以說在台灣的行政資歷很豐富。1912 年前往朝鮮擔任朝鮮總督府土木局長。〔註23〕

歐陽楨〈持地先生蒞廈賦此以贈〉

> 天涯喜得遇詩人。**同種同文**更可親。品學兼優欽碩彥。相詞爲祝健唫身。

> 一代才名仰大賢。相逢萍水鷺江邊。聯唫索句風流事。自有詞人文字緣。（《臺灣日日新報》〈持地先生蒞廈賦此以贈〉）

持地六三郎〈吳越遊草（上）廈門次歐陽楨見示韻却寄〉

> 脫却朝衣一野人。詩徵酒逐且相親。漫爲南北東西客。秀水名山寄此身。

> 篆隸眞行似昔賢。相逢握手鷺江邊。**同文同種**非虛語。文字交深翰墨緣。（《臺灣日日新報》〈吳越遊草（上）廈門次歐陽楨見示韻却寄〉）

從這兩首詩中可以看到彼此韻腳對應：上聯「人」、「親」、「身」，下聯「賢」、「邊」、「緣」。又，在歐陽楨的詩中可以知道「詩人」、「大賢」指的是持地六三

〔註20〕陳聰輝主編，《廈門經濟特區辭典》（北京：人民出版社，1996），頁 604-605。

〔註21〕〈府報第 791 號敍任及辭令〉，《臺灣總督府府（官）報》（1900 年 07 月 31 日），國史館臺灣文獻館，（來源：http://ds3.th.gov.tw/ds3/app007/list_pic1.php?ID1=0071010791a003&v=043，2017 年 11 月 26 日瀏覽）。

〔註22〕中央研究院台灣史研究所，台灣總督府職員錄系統，（來源：http://who.ith.sinica.edu.tw/s2g.action?viewer.q_authStr=1&viewer.q_dtdIdStr=000088&viewer.q_fieldStr=allIndex&viewer.q_opStr=&viewer.q_valueStr= 持 地 六 三 郎 &pager.objectsPerPage=25&viewer.q_dtdId=000088&viewer.q_viewMode=ListPage&pager.whichPage=1，2017 年 11 月 26 日瀏覽）。

〔註23〕〈府報第 3487 號敍任及辭令〉，《臺灣總督府府（官）報》（1912 年 04 月 10 日），國史館臺灣文獻館，（來源：http://ds3.th.gov.tw/ds3/app007/list_pic1.php?ID1=0071013487a002&v=036，2017 年 11 月 26 日瀏覽）。

郎，以「同種同文更可親」點出彼此因而親近；而持地六三郎的詩中「篆隸眞行似昔賢」是指歐陽楨，以「同文同種非虛語」作爲回應彼此友好的證明。

從兩人的身分來看，一位是在大學任教的知名篆刻家。一位是曾在台灣與朝鮮擔任行政要職的官員。兩人的身分、國籍雖不同，但以同文同種／同種同文作爲連結彼此的基礎元素，以漢詩相贈更突顯在「文字緣／翰墨緣」中的「同文」。

（十）1926 年 11 月 30 日〈招待**青厓翁**　蔗庵總督雅宴　全島官民會於東門　官邸五十餘人〉

山口出身的上山滿之進（1869－1938），號蔗庵。於 1926 年 7 月來台擔任總督〔註24〕。1928 年 6 月因久邇宮邦彥王遭行刺未遂事件引咎辭職。在他擔任總督的兩年中，於 1928 年創辦台北帝國大學。〔註25〕

〈招待青厓翁　蔗庵總督雅宴　全島官民會於東門　官邸五十餘人〉報導由上山滿之進作東，邀請國分青厓與勝島仙坡到台灣旅遊，並邀請台灣漢詩人們一同前來參與宴會的與談內容。

總督上山滿之進的發言：

> 此囘青厓〔註26〕仙坡〔註27〕兩先生。不遠千里。聯袂來臺。青厓先生爲余之師。而仙坡先生則余之詩學大先輩。兩先生於我國漢詩界之位置。及斯道造詣之深。爲各位所熟聞。不待余論。……爲余所最欣幸者臺灣住民。固同文同種。而且此三十年來共爲一國之國民。今得兩先生來遊。共結文字之契。竝余亦加入於翰墨場中一人。何幸如之今後若得基今日一夕清緣。永結翰墨因緣於將來。則誠兩先生之賜。設備不周。尚望寬飮云□（《臺灣日日新報》〈招待青厓翁　蔗庵總督雅宴　全島官民會於東門　官邸五十餘人〉）

〔註24〕〈府報第 3854 號敘任及辭令〉，《臺灣總督府府（官）報》（1926 年 07 月 18 日），國史館臺灣文獻館，（來源：http://ds3.th.gov.tw/ds3/app007/list_pic1.php?ID1=0071023854a001&v=070，2017 年 11 月 27 日瀏覽）。

〔註25〕顧力仁編，《臺灣歷史人物小傳──明清暨日據時期》（台北：國家圖書館，2003），頁 11-12。

〔註26〕國分青厓（1857－1944），仙台出身，漢詩人，名高胤，字子美。
日本近代文学館小田切進編，《日本近代文学大事典　机上版》（東京：講談社，1984），頁 587。

〔註27〕勝島仙坡（1858－1931）。
新潮社辞典編輯部編集，《增補改訂新潮日本文学辞典》（東京：新潮社，1988），頁 1744。

在上山滿之進的談論中，簡略介紹國分青厓與勝島仙坡在日本漢詩的重要性。可以從「文字之契」、「爲余所最欣幸者臺灣住民。固同文同種。而且此三十年來共爲一國之國民。」、「永結翰墨因緣」的角度理解在上山滿之進的認知中，同文是較爲優先的。而下述勝島仙坡的發言也可以看出以「內臺文字因緣」同文爲要。

勝島仙坡的發言：

> 今夕更荷蔗菴閣下盛筵。爲介紹三臺名流。晤對一堂。至爲榮幸。尚祈此後內臺文字因緣聯絡。永久交際。(《臺灣日日新報》〈招待青厓翁　蔗庵總督雅宴　全島官民會於東門　官邸五十餘人〉)

接著再來看瀛社社長洪以南〔註28〕的發言：

> 閣下嗜好文學。於漢學造詣之深。爲余等不勝警慕之至。兩詩伯在我國。被尊敬爲斯道泰斗之老大家。⋯⋯然而余等夙與在臺之內地人詩人切磋研磨。文字之契。爲極眞實而無僞也。今後臺灣文學。若得幾分進步。皆閣下及兩詩伯之賜。尚望今後以誘掖後進之深心。不吝教誨終更對於閣下述謝。對於閣下及兩詩伯奉表敬意(《臺灣日日新報》〈招待青厓翁　蔗庵總督雅宴　全島官民會於東門　官邸五十餘人〉)

一樣簡述國分青厓跟勝島仙坡在漢詩的重要性。除了「文字之契」一句可以看出洪以南的發言與上山滿之進、勝島仙坡一樣著重在「同文」的脈絡上之外，「今後臺灣文學。若得幾分進步。皆閣下及兩詩伯之賜。」更揭顯了文學的傳承關係，顯示以漢詩爲同文的基底，日台兩地在文學交流上的先後次序。又，本篇與第四則1911年林佛國發表的〈同化論〉一樣可以看出同文同種作爲日台（內台）兩地連結的基礎元素。

（十一）1932年3月8日〈滿洲新國家　對同文同種臺灣人務欲拔擢登用人材　外交部長謝介石氏談〉與1932年11月2日〈謝外交總長爲滿洲國答禮專使來朝賦此以誌歡迎〉

新竹出身的謝介石（1878－1954）在1932年成爲滿洲國外交部長。〔註29〕

〔註28〕洪以南（1871－1927），淡水人。爲瀛社第一任社長。
　　　　顧力仁編，《臺灣歷史人物小傳——明清暨日據時期》（台北：國家圖書館，2003），頁337。

〔註29〕劉仲敬，《近代史的墮落・晚清北洋卷：劉仲敬點評近現代人物》（新北：八旗文化出版／遠足文化發行，2016），頁267-271。

節錄〈滿洲新國家　對同文同種臺灣人務欲拔擢登用人材　外交部長謝介石氏談〉的採訪報導，如下：

> 余爲努力創造推戴宣統帝之新國家。其克就要職與否。不爲問題。若達建國目的。今後對三千萬民衆。務施行善政庸登人材。余與傅儀氏深有緣故。余決心願拋去要職。以拔擢東三省有爲人材。藉資滿洲國家發展
>
> 謝氏續言昨年旅行臺灣觀臺灣民治進步。令人驚嘆。臺灣人得改隸日本領土。爲無上幸福。滿洲國家。對於同文同種之臺灣人。亦務欲登用其人材。終言云介？紙。爲我故鄉人士道好云々。（《臺灣日日新報》〈滿洲新國家　對同文同種臺灣人務欲拔擢登用人材　外交部長謝介石氏談〉）

依謝介石離開台灣前往中國與滿洲的經歷而言，確實影響當時一些台灣人遠赴滿洲工作與生活，而令人熟知的便是鍾理和與鍾台妹夫婦。然而在本篇採訪中最引人注意的除了謝介石認識溥儀之外，「臺灣人得改隸日本領土。爲無上幸福。滿洲國家。對於同文同種之臺灣人。亦務欲登用其人材。」這段話表明了以謝介石出身於台灣的身分，來拔擢與他同樣是台灣出身的人到滿洲工作生活。顯示以謝介石作爲同文同種的連結，牽起滿洲與台灣這兩個地方。

又，再從〈謝外交總長爲滿洲國答禮專使來朝賦此以誌歡迎〉這首詩來看。

莊玉坡，台南人，字櫻癡〔註30〕，於神戶經商。〔註31〕〈謝外交總長爲滿洲國答禮專使來朝賦此以誌歡迎〉事逢謝介石訪日，莊玉坡以詩表示歡迎。

> 東山不是等閒人。浮海重來作貴賓。欲爲同胞謀幸福。免教大陸長荊榛。
>
> 同文同種本相親。守望惟應計善隣。東漸能將西力過。與君共作太平民。（《臺灣日日新報》〈謝外交總長爲滿洲國答禮專使來朝賦此以誌歡迎〉）

〔註30〕 張端然，〈日治時期瀛社之研究〉（台北：中國文化大學中國文學研究所碩士在職專班論文，2003），頁 203。

〔註31〕 于淩波，《民國高僧傳續編》（台北：昭明出版社，2000），頁 290。

在詩中可以看到將謝介石的身分作爲連結日本與滿洲，甚至是再進一步連結中國，擴大地域而形成同文同種。在這兩篇中，這種視域／地域的擴大更突顯此時同文同種一詞隨著「人（謝介石）」在各國之間的移動，而具有跨界的特性。

從上述（一）至（十一）的 13 則分析中，可以依議題與時間區分爲 1910 年以前、1911－1930 年與 1930 年以後三個時段。再以原先統計的 68 則內容（參閱附錄二）進行議題的歸納，可得出同文同種時序變化、主要議題內容與指涉的國家，如下表：

表 2-1-2：同文同種之議題變化與指涉國家

時　序	內　容	國　家
1910 年以前 （1910 年 12 月 31 日以前） 合計 28 則	立憲、制度、教育、行政、清皇帝駕崩、同仁會、傳教、貿易、歡迎會、中國遊歷、孔子紀念會、日台同化	日清 24 則、 日台 2 則、 未知指涉對象 2 則
1911 年－1930 年（1911 年 1 月 1 日－1930 年 12 月 31 日） 合計 33 則	日台同化、航運路線、中國遊歷、日支親善、福州事件、移殖民教育、賀年、內台漢詩人交流	日清（日支）24 則、 日台（內台）5 則、 日清（支）台 2 則、 日朝台 1 則、 未知指涉對象 1 則
1930 年以後 （1931 年 1 月 1 日以後） 合計 7 則	滿洲國外交、賀年、台日漢詩交流	滿台 1 則、 日中（支）3 則、 日滿支 2 則、 未知指涉對象 1 則

在表 2-1-2「內容」這一行的欄位中，因爲 1911 年中華民國成立，與立憲相關的內容在「1911 年－1930 年」這一列中沒有再被提起；而日台（內台）同化的部分，在「1930 年以後」這一列中沒有相關的內容。並且，就滿洲國成立的時間點而言，將「時序」與「國家」這兩行的欄位對照來看，則 1930 年以前指涉的國家不會包含滿洲國。因此，表 2-1-2 顯示含有同文同種一詞的議題在歷時層面具有階段性的變化。而且表 2-1-2「國家」這一行的欄位中也明顯地看出以日清（日中）爲多數，間接地表示《臺灣日日新報》中提到同文同種一詞時，內容多以日清（日中）爲指涉對象。

此外，表 2-1-2「內容」這一行欄位的「日台同化」存在於「1910 年以前」與「1911－1930 年」這兩列中；「內容」一行中除了「日台同化」與日台兩地

相關，「1911－1930 年」的「內台漢詩人交流」與「1930 年以後」的「台日漢詩交流」這兩個也是與日台兩地相關。顯示「時序」與「內容」這兩行中，對於日台兩地議題的銜接。

　　而在表 2-1-1 分析的 13 則中，可以看到在同文的部分，第（二）則「漢文」、第（五）則「漢字」、第（九）則「文字」、第（十）則「文字之契／文字因緣」指的是同文字的概念；而第（一）則「過去歷史」與第（四）則「習俗」指的是同文化的概念──第（一）則與第（四）則指的是政體制度以及風俗習慣的同文化概念。並且，單看同文字的部分，在第（二）、（五）則中出現了區別黃白人種的內容，而第（九）則指的是日中交流，第（十）則指的是內台交流。因此在同文的部分便能得知有兩層（文字／文化）的指稱對象。

　　但如果來看這 13 則同文同種的內容，第（五）則、第（七）則以及第（十一）則莊櫻癡發表的詩作，內容中提到了區別黃白人種；第（一）至（四）則、第（六）則、第（八）至（十）則以及第（十一）則採訪謝介石的內容，都是提到黃種人彼此連繫。因此可以看到同文同種內容的對外（白種人）性質與對內（黃種人）性質，這兩種性質是立基於文化（同文字／文化）與人種（同種）的區別。

第二節　同文同種的語詞功能

　　上節從歷時層面觀察含有同文同種一詞的議題有階段性的變化。但並未能夠說明這 68 則同文同種的內容（參閱附錄一與附錄二）整體上實際操作的結果。因此本節從語詞來源、同文同種／同種同文的詞序比較以及同文同種的隱含效益三部分，更進一步討論同文同種在《臺灣日日新報》中呈現的樣貌。

（一）同文同種的語詞來源

　　講到同文同種（參閱附錄一的指涉國家），大多數指日清／日中兩國的關係（有 51 則），其次是日台關係 7 則。而日中台關係與日滿（滿洲國）中關係各 2 則，日朝（朝鮮）台關係與滿台關係各 1 則，未能明確知道指涉國家的則有 4 則。因此，在這個數據上可以說：含有同文同種的內容中，主要指涉日中關係，其次才是日台關係，並且數量比例差異頗大。

　　因此第一節從歷時層面理解同文同種在《臺灣日日新報》所涉及的議題

之後，筆者接著將68則提到同文同種的內容（參閱附錄二）從身分、發表的語言進行歸納得出同文同種的語詞來源，結果如下表：

表2-2-1：同文同種的語詞來源

身　分	語　言	提到同文同種的內容
清國官員	漢文	政體制度、漢文
日本官員	日文	福州事件、移殖民教育、日支親善
日本官員	漢文	內台漢詩人交流
台灣人	漢文	日台同化、遊歷中國、送人去中國福州任職（詩作）、賀年、滿洲國官員訪日
本刊	漢文	政體制度、行政、傳教、清皇帝駕崩、同仁會、立憲、貿易、歡迎會、孔子紀念會、同化教育、航運路線、中國人留學日本、滿洲國外交、台日漢詩交流
本刊	日文	日支親善、翻譯試題
未知	日文或漢文	政體制度、劇本、排日現象、日支親善

註：1.「本刊」指未標註作者或來稿人筆名。2.「未知」指雖標註作者或來稿人筆名，但無法判別國籍或眞實身分。

　　根據上表的歸納結果，同文同種一詞的傳播結構舉例如下圖：

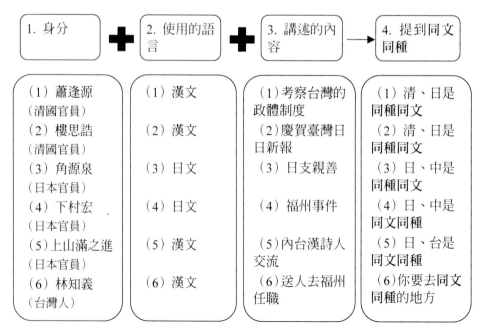

圖2-2-1：同文同種一詞的傳播結構舉例

　　在上圖 2-2-1 的舉例中，可以看出提到同文同種一詞的傳播結構：「4. 提到同文同種」一詞的人所具有的「1. 身份」，「3. 講述的內容」與「4. 提到同文同種」指涉的國家，「2.使用的語言」也區分成日文與漢文兩種。在圖 2-2-1 當中「1. 身份」與「2. 使用的語言」可以用來識別說話者的身分，「3. 講述的內容」與「4. 提到同文同種」構成了目的與使用方式。透過「1. 身分」、「2. 使用的語言」與「3. 講述的內容」三項條件，達成「4. 提到同文同種」。以下舉第一節提過的 5 則例子以及 1 則詩作作為對照與延伸說明。

　　在第一節提過的（1）蕭逢源〈蕭逢源氏之臺灣談〉與（2）樓思誥〈題臺灣日日新報祝辭〉這 2 則來說，因為兩人發表在漢文版且兩人當時可能未學過日文，所以他們的慣用書寫文字便是漢文。且兩人撰文的出發點在於清國，因此在提到同文同種的內容多是借鏡台灣來連結清國。

　　而（3）角源泉〈南支南洋號 日支親善 同種同文とは何ぞ 唇齒輔車の關係〉與（4）訪談下村宏〈同文同種の兄弟が 牆に鬩ぐは愚也と下村長官は 福州事件を歎じて語る〉這 2 則來互相比較時，兩人的慣用書寫／口說語言是日文，因此在個人撰文或接受採訪上，使用日文為優先。內容是對於日中現況的問題與爭端提出個人看法或建議。

　　至於（5）〈招待靑厓翁 蔗庵總督雅宴 全島官民會於東門 官邸五十餘人〉從內文來看，雖然無法明確得知宴會進行時的交談為日文或是漢文，但就內容是以漢文作為表述形式，可以得知在這個具有文學意義的聚會上，漢文作為表述傳達的重要性。而且其連結的是日本與台灣，也就是殖民母國與殖民地的交流合作關係。

　　最後是（6）台灣人林知義以漢詩為表述形式提及同文同種〔註32〕，則確實可以觀察出漢文／詩作在日治時期文學中，有其與政治歷史交互影響的重要地位。而詩作的內容傾向個人情感的抒發，主要的闡述對象也是日中兩國，台灣只是作為兩國連結的因子。

　　因此，在上述的說明中可以透過這個的形式解析每一則內容。同文同種歷時的變化，可以得知同文同種這個詞彙會因為使用目的與指涉對象的不同，造成不一樣的感受。如果是爭端，日本官員提到這個詞時，報導的內容是需要從這個詞連接日中兩國的關係，希望增進日中親善。又或者，台灣人

〔註32〕 林知義，詩壇欄〈送魏潤庵君轉駐福州閩報館〉，《臺灣日日新報》，1915 年 9 月 16 日第 6 版。
　　　　「三山一日見昭々。執□猶□分□□。到是同文同種地。好將親善□□□。」

提到這個詞時,是希望台灣人到中國能有發展或與之和平共處。

　　然而在含有同文同種的 68 則內容中(參閱附錄一與附錄二),清國人／中國人對於這個詞的看法與日本官員或台灣人相比,3 則爲清國人,1 則爲中國人,且大多數偏向指涉兩國(清／中國與日本)友好,所以在敘事模式的分析上比較看不出同文同種帶來的特殊性。

　　(二)同文同種、同種同文與同文種孰輕孰重?

　　其次,在對同文同種進行歷時層面與敘事模式的分析之後,就能夠算是較清楚地理解《臺灣日日新報》上的同文同種了嗎?筆者認爲還可以透過對於同文同種與同種同文、同文種三者進行思考。因爲在 68 則內容中(參閱附錄二),有時使用同文同種,有時卻是同種同文,甚至亦有同文種,合計三種用法。那麼,在同文同種、同種同文、同文種這三種用法中,可以比較得出孰輕孰重嗎?

　　關於這個問題,可以從三個角度來看。首先是作者的部分。就算是同一個作者,也可能同時使用同文同種和同種同文或是同文同種和同文種。例如:黃純青與潤庵生就曾使用過同文同種和同種同文兩個詞彙〔註33〕。而石崖則是使用過同文同種和同文種〔註34〕。因此在作者這個部分,筆者推測這是作

〔註33〕黃純青,詩壇欄〈寄贈閩報館魏潤菴社兄〉,《臺灣日日新報》,1915 年 10 月 22 日第 6 版。
　　　　「同文同種視同仁。唇齒相依形影親。願囑先生寫白禍。喚醒黃色亞洲人。」
　　　　黃純青,藝苑欄〈和社友黃丹五君遊閩粵〉,《臺灣日日新報漢文版》,1910 年 4 月 20 日漢文版第 1 版。
　　　　「粵水閩山三月春。馬蹄踏遍杏花塵。此行佇看奚囊滿。莫吝新詩贈故人。廿紀風潮論說新。甡甡黃禍發言頻。前途若問東方事。同種同文一脈親。」
　　　　潤庵生,叢錄欄〈南清遊覽紀錄(十四)〉,《臺灣日日新報漢文版》,1911 年 2 月 5 日漢文版第 1 版。
　　　　「夫自東洋大勢同文同種及唇齒關係而言。則不宜排日。自臺灣籍民而言。則更不宜排日。」
　　　　潤庵生,叢錄欄〈南清遊覽紀錄(四)〉,《臺灣日日新報漢文版》,1911 年 1 月 19 日漢文版第 1 版。
　　　　「蓋母國人之漢學家。往往私淑支那名儒碩彥。中清俞楊曲園老人之門下尤多。可見同種同文。何處不可披胸襟露熱誠而同化之。」
〔註34〕石崖,叢錄欄〈母國人與土著人〉,《臺灣日日新報漢文版》,1908 年 7 月 26 日漢文版第 6 版。
　　　　「日本領臺以來。即爲卓絕之新例於世界之植民史上蓋本邦之母國人與土著人。同文同種。而亦同奉典教。是以得通情達意。」
　　　　石崖,〈同化論〉,《臺灣日日新報漢文版》,1911 年 7 月 13 日漢文版第 3 版。
　　　　「然則吾國之於臺灣。甯有優焉者。吾國之與臺灣。蓋同文種者也。世之迂

者個人使用詞彙習慣的結果。

　　其次是報刊的限制。除了作者本身使用語文的習慣之外，報刊限制的投稿語文也影響了本調查所呈現的結果。因為作者選擇漢文或選擇日文，而各別投刊在《臺灣日日新報漢文版》或《臺灣日日新報》。當然這也跟語言熟練程度有關。以《臺灣省五十一年來統計提要》表 474 歷年國民學校概況〔註35〕可以得知日治時期逐年增加的學校與學生數量，再加上吳文星《日治時期台灣的社會領導階層》針對接受高等教育赴日留學的學生身分背景的研究〔註36〕，對日治時期的語言程度可以確知在學校以教授日文為主，但日常用語並未限制使用日文。而在報社的撰文上並未強制以日文投稿為主。

　　最後是為什麼會認為同文同種、同種同文甚至是同文種有不同？當我們想要比較的時候，就掉入了二分的陷阱。正確的或者是說符合這個問題的解決方式是：它們各自帶來的效果。雖然它們外表看起來不同，但都是指向同一個同文同種的意思。因此《臺灣日日新報》上的同文同種是給誰看的呢？又效益為何？

　　從《臺灣日日新報》與《臺灣日日新報漢文版》合計的 68 則內容中，以語言與「同文同種／同種同文／同文種」的交叉數據來看：

表 2-2-2：《臺灣日日新報》語言與同文同種的交叉數據

《臺灣日日新報》		
	漢文	日文
同文同種	13 篇	11 篇（註）
同種同文	12 篇	4 篇
《臺灣日日新報漢文版》		
同文同種	14 篇	
同文種	5 篇	
同種同文	10 篇	

註：1. 有 1 則日文的內容同時包含**同文同種**與**同種同文**兩種用詞。
　　2. 筆者搜尋結果，未有使用**同種文**一詞的內容。

者。乃倫於一已之管見。而謂臺人。終不可以同化。此豈情理之當耶。」
〔註35〕台灣省行政長官公署統計室，《臺灣省五十一年來（民國前十七年至民國三十四年）統計提要》（南投：台灣省政府主計處，1994 年），頁 1228-1229。
〔註36〕吳文星，《日治時期台灣的社會領導階層》（台北：五南圖書出版，2012），頁 131-135。

　　透過表 2-2-2 可以知道只看《臺灣日日新報》時，漢文與日文使用同文同種的數據差異不大；而同種同文的使用上，則是漢文多於日文。另外，同文種一詞只在《臺灣日日新報漢文版》中出現。至於同文同種與同種同文的數據差異在《臺灣日日新報漢文版》一樣也不大。

　　但如果從詩作這項變數來看同文同種一詞則可得到下表的結果：

表 2-2-3：《臺灣日日新報》含有同文同種／同種同文／同文種一詞之詩作

編號	發刊年月日	版別	標題	作者	同文同種／同種同文／同文種
1	1898 年 7 月 15 日	01 版	時事有感八首	徐莘田	同種同文
2	1910 年 4 月 20 日	漢文版 01 版	和社友黃丹五君遊閩粵	黃純青	同種同文
3	1910 年 12 月 12 日	漢文版 02 版	新評林 傳近況	本刊	同文種
4	1911 年 1 月 10 日	漢文版 02 版	新評林 似輔車	本刊	同文種
5	1913 年 4 月 6 日	05 版	新評林 計非愚	本刊	同種同文
6	1915 年 7 月 17 日	07 版	頓狂詩 大問題	狆糞漢	同種同文
7	1915 年 9 月 16 日	06 版	詩壇 送魏潤庵君轉駐福州閩報館	林知義	同文同種
8	1915 年 10 月 19 日	06 版	詩壇 送魏潤菴之閩中	曾逢辰	同文同種
9	1915 年 10 月 22 日	06 版	詩壇 寄贈閩報館魏潤菴社兄	黃純青	同文同種
10	1916 年 4 月 29 日	06 版	詩壇 東薈芳席上偶作	何陃奄	同種同文
11	1917 年 1 月 1 日	27 版	丁巳早春	陳元亨	同種同文
12	1918 年 5 月 20 日	06 版	南壇詞瀛 將遊于支那臨發記感	松本誠之	同文同種
13	1921 年 1 月 1 日	13 版	祝辛酉元旦	許柱珠	同文同種
14	1922 年 3 月 30 日	03 版	持地先生蒞廈賦此以贈	歐陽楨	同種同文
15	1922 年 4 月 15 日	03 版	吳越遊草（上）廈門次歐陽楨見示韻却寄	持地六三郎	同文同種

16	1926 年 9 月 16 日	04 版	敬步蔗庵總督瑤韻	陳其春	同種同文
17	1932 年 11 月 2 日	08 版	謝外交總長爲滿洲國答禮專使來朝賦此以誌歡迎	神 戶 莊櫻癡	同文同種
18	1934 年 1 月 21 日	08 版	詩壇 新年非常時	許柱珠	同文同種
19	1935 年 4 月 12 日	08 版	詩壇 迎蔣公使	黃純青	同種同文
20	1939 年 5 月 20 日	夕刊04版	臺日漢詩壇　選者魏清德　次和雨軒□韻	謝尊五	同種同文
21	1940 年 2 月 13 日	08 版	新東亞	駱子珊	同種同文

　　從表 2-2-3 來看詩作，可以得知：首先一定是漢文，不論作者是台灣人或是日本人，在使用同文同種這個詞彙的詩作上，發表的語言皆是漢文。

　　其次，詩作用詞出現的時間上，同文同種有 8 則，自 1915 年起出現在《臺灣日日新報》；再來是同種同文有 11 則，自 1898 年起出現在《臺灣日日新報》；最後是同文種有 2 則，分別是 1910 年與 1911 年出現在《臺灣日日新報漢文版》。

　　由此得知從詩作來看同文同種或同種同文的使用雖無明顯的差異。但從表 2-2-3 可以知道《臺灣日日新報漢文版》的 3 首漢詩〈和社友黃丹五君遊閩粵〉、〈新評林 傳近況〉以及〈新評林 似輔車〉並非使用同文同種一詞，而是同種同文與同文種。也就是說 1915 年之後詩作中才採用同文同種這個詞，1915 年以前以同種同文與同文種爲主。

　　也因此在《臺灣日日新報漢文版》上提到同文同種（包含同文種及同種同文）的詩作數量與《臺灣日日新報》相比較的結果有明顯的分期，以 1910 年至 1911 年爲界線。筆者認爲這個界線與《臺灣日日新報漢文版》在創刊及停刊有關，同文同種一詞相關之漢文詩作的發表場域從《臺灣日日新報漢文版》移至《臺灣日日新報》。

（三）同文同種的隱含效益

　　除了上述從（一）語詞來源與（二）同文同種／同種同文的詞序進行討論之外，《臺灣日日新報漢文版》提到同文同種（包含同文種及同種同文）的詩作皆在 1910 年後，在 1910 年之前則無相關的詩作內容。筆者觀察《臺灣日日新報漢文版》中黃純青〈和社友黃丹五君遊閩粵〉、〈新評林 傳近況〉與〈新評林 似輔車〉的內容：

　　黃純青〈和社友黃丹五君遊閩粵〉

粵水閩山三月春。馬蹄踏遍杏花塵。此行佇看奚囊滿。莫吝新
詩贈故人。

廿紀風潮論說新。囂囂黃禍發言頻。前途若問東方事。**同種同
文**一脈親。(《臺灣日日新報漢文版》〈和社友黃丹五君遊閩粵〉)

〈新評林 傳近況〉

南清傳近況。勢力墜泥塗。本是**同文種**。何因分越吳。

願言肝胆露。務俾齒唇孤。可惜學徒數。晨星直不殊。

(《臺灣日日新報漢文版》〈新評林 傳近況〉)

〈新評林 似輔車〉

業已**同文種**。相依似輔車。興亞哀種禍。義會壯皇居。

國粹真堪寶。風潮已不舒。莫言疆界異。將伯願乎予。

(《臺灣日日新報漢文版》〈新評林 似輔車〉)

這三首詩都是評論發生過的事件與當時清國內部對立的處境。回顧 1911
年時歷革命與中國成立,對照這三首詩是台灣從「同種同文／同文種」的角
度來看清國事務,則詩中隱含著祈禱希望清國和平。

因此,如果從同文同種的效益來說,以接受報導訊息的角度而言,則日本人
並不全然能夠理解漢文;而台灣人則是在日本統治之下學習日文。因此在文字的
表達與傳達層面上,並且考慮與清國／中國的文化種族承繼關係以及當時日本統
治台灣的事實,對台灣人傳達日本與中國同文同種的效益會大於對日本人傳達。

這種顯示對日本人傳達日本和中國同文同種達不到效益(即「東亞平和
／東亞和平」),但對看得懂漢文與日文的台灣人可以達到效用的情況,可以
透過以下的節錄內容來理解:

1. 樓思誥〈題臺灣日日新報祝辭〉

日之與清。唇之與齒。同洲同文。輔車相倚。**東亞平和**。千
穧萬襈。〔註37〕

2.〈清皇殂落〉

與我國竝駕齊驅。**維持東亞和平之局**。此固同種人民。所共希
望者也。〔註38〕

〔註37〕清國進士度支部主事 樓思誥,〈題臺灣日日新報祝辭〉,《臺灣日日新報》漢
文版第 5 版,1908 年 5 月 3 日。

〔註38〕〈清皇殂落〉,《臺灣日日新報》漢文版第 2 版,1908 年 11 月 15 日。

3.〈北京報界聯合歡迎日本實業團之誌盛〉日本實業團長近藤君致詞。

凡立邦於亞東者。只貴國與敝邦備獨立國之體面。維持亞東之大局于將倒。故貴國非速謀富強。將來之事即難預言。貴國之富強與否。不徒關貴國之安危存亡。實關于敝邦之利害休戚也。……爾我兩國之實業家。互相來往交際則兩國愈敦睦誼。**得以維持亞東之平和。講求亞東富強之策。**〔註39〕

4.〈日俄協約及列國〉

吾□謂此協約。決非無視滿洲利益。侵寄清廷權利。夫以同文同種之日本。**不□東亞大勢。不思輔車相依。而則心□意。**惟友國是危者。其愚孰甚。吾國所不爲也。〔註40〕

5. 潤庵生〈南清遊覽紀錄（十四）〉

夫自東洋大勢同文同種及脣齒關係而言。則不宜排日。自臺灣籍民而言。則更不宜排日。〔註41〕

6. ヌー、エス生〈廈門ページ　日支親善に就て〉

日支兩國人は、同文同種なる特殊的關係を□す、**兩者の親善が東亞の大局に□すろことの至大なるものあるべきは、□ふまで**もなきことである〔註42〕

7. 莊櫻癡〈謝外交總長爲滿洲國答禮專使來朝賦此以誌歡迎〉

同文同種本相親。守望惟應計善隣。**東漸能將西力過。與君共作太平民。**〔註43〕

8. 許柱珠〈詩壇　新年非常時〉

〔註39〕〈北京報界聯合歡迎日本實業團之誌盛〉,《臺灣日日新報》漢文版第 4 版,1910 年 6 月 10 日。

〔註40〕〈日俄協約及列國〉,《臺灣日日新報》漢文版第 2 版,1910 年 7 月 14 日。

〔註41〕潤庵生,〈南清遊覽紀錄（十四）〉,《臺灣日日新報》漢文版第 1 版,1911 年 2 月 5 日。

〔註42〕ヌー、エス生,〈廈門ページ　日支親善に就て〉,《臺灣日日新報》第 57 版,1919 年 1 月 1 日。

〔註43〕神戶　莊櫻癡,〈謝外交總長爲滿洲國答禮專使來朝賦此以誌歡迎〉,《臺灣日日新報》第 8 版,1932 年 11 月 2 日。

歐亞風雲幻萬端。日華彼此貴相安。同文同種同根本。勿使唇
亡齒亦寒。〔註44〕

9. 黃純青〈詩壇 迎蔣公使〉

日□握手善交隣。同種同文兄弟親。不願閱牆招人侮。須防背
後有漁人。〔註45〕

10. 駱子珊〈新東亞〉

浩蕩仁風及遠陲。安寧秩序賴維持。我疆我理精勤力。同種同
文日滿支。〔註46〕

在上述這 10 則同文同種的效益節錄引文中，可以看出慣用書寫語文以漢文爲
多數。筆者將這 10 則引文中與東亞和平相關者加上粗體劃底線標示後，可以
看到其中隱含對台灣人敘述日本和中國或者日本和台灣是同文同種，因此維
持東亞平和、爲了東亞平和而盡一份心力是必要的。使得同文同種成爲東亞
平和使用的元素之一。

而在上述的 10 則內容中，第 3 則指的是日本人與中國的商貿合作關
係，第 5 則是呼籲在中國的台灣人不應該排日，第 7 則將焦點轉到日滿合
作，其它的指稱對象主要是日清或日中。集中來看這些提到東亞平和的內
容，以其發表在《臺灣日日新報》上作爲判斷訴說對象是台灣人，不難看
出在以日清／日中關係友好的前提下，對台灣人加強爲東亞前途黃種人應
團結的作法。

透過分析《臺灣日日新報》同文同種內容的結構與使用含意，可以發現
即使戰爭期漢文欄廢止的情況下，漢詩的發表並未受到強烈的限制。而提到
同文同種的內容多帶有期望日清／日中合作的概念，並且在戰爭期間多爲說
明東亞平和的意圖。又從同文同種內容的組成結構來看，因爲發表場域在台
灣，所以可以看到作者、使用的書寫語言與內容的組成結構。雖然無法仔細
地說明《臺灣日日新報》這 68 則提到同文同種的內容（參閱附錄一與附錄二），
但先透過這些分析與觀察，以掌握《臺灣日日新報》中同文同種的主要內容
架構，作爲與第三章比較的基礎。

〔註44〕許柱珠，詩壇欄〈新年非常時〉，《臺灣日日新報》第 8 版，1934 年 1 月 21 日。
〔註45〕黃純青，詩壇欄〈迎蔣公使〉，《臺灣日日新報》第 8 版，1935 年 4 月 12 日。
〔註46〕駱子珊，〈新東亞〉，《臺灣日日新報》第 8 版，1940 年 2 月 13 日。

第三節　小結

根據本章的研究可以得知《臺灣日日新報》中同文同種一詞會因爲使用目的與指涉對象的不同，造成不一樣的感受。

第一節從 13 則具有歷時性意義的內容（參閱表 2-1-1）進行分析，依據含有同文同種的議題不同，時間可區分爲 1910 年以前、1911－1930 年與 1930 年以後三個時段。而這三個時段的議題也與當時時事結合，造成在 1910 年以前多與政體制度有關、1911－1930 年則出現排日的情況，以及 1930 年以後因爲滿洲國成立而著重對滿洲國的親善聯繫。此外，在 1930 年以後也表現出同文同種一詞會隨著「人」在各國之間的移動，而具有跨界（transboundary）的特性。

在第二節語詞來源與隱含效益中可以得知同文同種會因爲議題的不同，產生不一樣的感受。如果是爭端，日本官員提到這個詞時，報導的內容是需要從這個詞連接日中兩國的關係，希望增進日中親善。又或者，台灣人提到同文同種這個詞時，是希望台灣人到中國能有發展或與之和平共處。因此主要可以確知在談論同文同種一詞時，主要指涉的國家爲日本與中國（清國），並且存有希望東亞和平的隱含效益。

因此，透過解析《臺灣日日新報》同文同種的內容，理解這些內容與彙整內容的語詞來源，討論同文、同種兩者代表的意含與連結，可以簡單理解同文同種是：「種（種族、人種）」的概念爲出發點，以「文化（漢字、漢文）」爲操作與表現的方式。

第三章　日治期刊影像系統的「同文同種」與《臺灣日日新報》的比較

透過臺灣圖書館日治時期期刊影像系統（以下簡稱臺圖日治期刊影像系統）蒐羅提到同文同種（包含同種同文）的內容，合計有 17 則（參閱附錄三）。在這 17 則中，刊出日期在盧溝橋事變（1937 年 7 月 7 日）後的有 11 則（參閱表 3-1-1）。與《臺灣日日新報》在此事變後只有 2 則提到同文同種相比較，兩者數據上的差異引起筆者的關注。

因此本章先解析臺灣圖書館所收藏的《臺灣產業雜誌》、《臺灣協會會報》、《臺法月報》、《臺灣警察協會雜誌》、《霸王樹》、《南瀛佛教》、《台灣佛化》、《まこと》、《臺灣自治評論》、《臺灣大アジア》、《臺灣地方行政》、《臺灣公論》這 12 種刊物的同文同種內容，再進行這些內容與《臺灣日日新報》的比較，試圖從臺圖日治期刊影像系統與《臺灣日日新報》整合出日治時期同文同種的樣貌。

第一節　日治期刊影像系統的同文同種內容分析

在臺圖日治期刊影像系統中，《臺灣產業雜誌》、《臺灣協會會報》、《臺法月報》、《臺灣警察協會雜誌》、《霸王樹》、《南瀛佛教》、《台灣佛化》、《まこと》、《臺灣自治評論》、《臺灣大アジア》、《臺灣地方行政》、《臺灣公論》皆出現提到同文同種（包含同種同文）的內容。但在該系統中沒有同文種一詞的紀錄。

盧溝橋事變（1937 年 7 月 7 日）發生後，在上述這 12 個日治時期其他刊物的報導中提到同文同種（包含同種同文）者，合計有 11 則。因此本節以盧溝橋事變的時間點為界線，分析盧溝橋事變前後提到同文同種的內容，以作為第二節比較的依據。

下表第 1 則至第 6 則為盧溝橋事變以前的內容，第 7 則至第 17 則為事變之後。

表 3-1-1：日治時期期刊影像系統的同文同種目次

編 號	發刊年月日	刊物名稱	冊數／卷號	標 題	作 者	指涉國家
1	1898 年 12 月 20 日	《臺灣產業雜誌》	第參號	漫錄◎臺灣協會招待會、席上に於ける＝＝井ノ角さん		日、台
2	1900 年 4 月 30 日	《臺灣協會會報》	第十九號	臺灣と福建		日、台、清
3	1912 年 10 月 18 日	《臺法月報》	第六卷第十號	母國人と殖民地人との關係	松岡正男	日、台
4	1925 年 10 月 1 日	《臺灣警察協會雜誌》	第壹百號十月號	中華民國に對する雜觀	片寄學人	日、中
5	1933 年 2 月 20 日	《霸王樹》	第一卷第二號	屑籠から文字と言葉	水原庵	日、中
6	1937 年 1 月 1 日	《南瀛佛教》	第十五卷第一號	謎の支那を解く	藤井草宣	日、中
7	1937 年 11 月 16 日	《台灣佛化》	第一卷第六號十一月號	時局に對する吾等の覺悟	零哉居々人	日、中
8	1938 年 1 月 1 日	《まこと》	第二九八號	僞らぬ眞實の叫び平和に惠まれゆく北平の小學生から	蘇秀蘭	日、中
9	1938 年 2 月 8 日	《臺灣自治評論》	第三卷第二號	在臺華僑諸君に望む	一記者	日、華北臨時政府
10	1938 年 8 月 1 日	《臺灣大アジア》	第五十一號第三版	日本民族の大陸還元	白柳秀湖	日、中
11	1938 年 9 月 10 日	《臺灣自治評論》	第三卷第九號	人類平和の築成に持久して時艱克服に邁進を要す	南治生	日、中

12	1938 年 11 月 1 日	《臺灣地方行政》	第四卷第十一號	讀者論壇車中雜感	新巷　猪腰生	日、台
13	1939 年 1 月 1 日	《臺灣公論》	第四卷第一號	年頭の辭		日、中
14	1939 年 1 月 1 日	《臺灣地方行政》	第五卷第一號	年頭の辭	花蓮港廳長　高原逸人	日、滿、中
15	1939 年 3 月 20 日	《まこと》	第三四二號	同種同文の不祥事　永遠に絕滅せん		日、滿、中
16	1939 年 4 月 1 日	《臺灣地方行政》	第五卷第四號	廣東復興誌序	西村高兄	日、中
17	1939 年 9 月 1 日	《臺灣地方行政》	第五卷第九號	歡迎廈門市政府員一行來臺	鈴木秀夫	日、中

（一）盧溝橋事變以前提到「同文同種」的內容

　　　　人種骨格の相同位ゐにて同化し得らる、臺灣人なるか、歐米
　　人に接すると支那人に交ると、其感想の別如何、歐米人に接した
　　るときは自然に畏服の念を生し、支那人に交るときは何となく輕
　　侮の念を惹き起すにあらすや〔註1〕

　　1898 年 12 月 20 日〈漫錄◎臺灣協會招待會、席上に於ける＝＝井ノ角さん〉一文中，說明了面對歐美人的畏懼服從與面對支那人心生輕侮之念，從人種的區別而引起應對心態的差異，以表示西洋與東洋兩者的區別。並且，在文中更進一步以「同文同種＝は卓上の議論のみ、我等は較もすれは、土人か內人を屈從し、輕侮するを憂ふる者なり」〔註2〕指稱同文同種指是紙上談兵，但若去比較的話，憂心將使內地人（日本人）成爲輕侮之人。

　　另一方面，在 1900 年 4 月 30 日〈臺灣と福建〉從貿易方面與同文同種進行連結。

　　　　我國に於て年・殖えて來る人口や製作品の捌口な外に求むる
　　必要ありさ信つた所が何れ此等の同種同文、而も接近の國より外に
　　はありませぬ、又此等の地方に段・事業を經營するのは、大にして

〔註1〕〈漫錄◎臺灣協會招待會、席上に於ける＝＝井ノ角さん〉，《臺灣產業雜誌》第參號，1898 年 12 月 20 日。
〔註2〕〈漫錄◎臺灣協會招待會、席上に於ける＝＝井ノ角さん〉，《臺灣產業雜誌》第參號，1898 年 12 月 20 日。

は東洋の平和、小にしては支那の保全の爲めであります〔註3〕

（本段「、」爲筆者所加註，使閱讀順暢。）

以年年增加的人口與產品的銷路問題，認爲需要向外尋求同文同種的鄰近國家作爲解決之道。並且經營這些地方可以造成東亞和平與保全支那之效。這段引文顯示同文同種在貿易上，因爲地區鄰近而具有紓解區域人口與產銷問題。當進一步深化這種經營模式時，則可能影響區域安全與戰爭情況。

而1912年10月18日松岡正男〈母國人と殖民地人との關係〉以文化與政策關係的視角切入。

我が國の殖民地に於ける土著人は素吾等と文明の基礎を同
ふし、所謂同種同文の民なること加奈太に於ける佛人、南阿聯邦
に於けるボーア人と甚だ相似たるものあるが故に、英國の政策は
直に移して我が國の對殖民地人政策となす可きかに就ては別に議
論あり〔註4〕

松岡從有無同樣文明基礎的殖民母國與殖民地，區分了日本與其殖民地和英國與其殖民地的不同。因此，在這個基礎上，他認爲如果日本要採取英國的殖民政策是需要分別論述的。

一次大戰結束後，接著來看1925年10月1日片寄學人投稿的這篇〈中華民國に對する雜觀〉。

由來日支兩國は東亞の善隣たるべく、同文同種の國民で唇齒
輔車の關係にある、英國が東亞民族の壓迫を志し侵略の毒牙を
益々露骨に現はしつつあることは、早晚黃白人種の衝突に導くも
のであると考へられる。〔註5〕

首先，記錄馮玉祥在張家口的日本記者招待會上談到他對日支親善論的看法。他從中日關係與外國對東亞的壓迫談起，表明中日兩國爲同文同種的近鄰。而英國對東亞民族的壓迫早晚會導致黃白人種的衝突。

其次，又在記錄留美的中國學生桂崇基的言論中看見中國人對中日關係的意見。

〔註3〕〈臺灣と福建〉，《臺灣協會會報》第十九號，1900年4月30日。
〔註4〕松岡正男，〈母國人と殖民地人との關係〉，《臺法月報》第六卷第十號，1912年10月18日。
〔註5〕片寄學人，〈中華民國に對する雜觀〉，《臺灣警察協會雜誌》第壹百號十月號，1925年10月1日。

　　　　　日本各界の人士に告ぐ、由來日支兩國は同文同種國土交錯唇齒
　　　相依るの關係にある、然るに日本の軍閥と資本家とは敝國に對し侵
　　　略政策をとつて居り、遂に東亞兩文明巨邦が互に猜忌を抱く樣にな
　　　つたのである、之實に吾が日支兩國民の不幸のみであらうか〔註6〕

桂崇基認爲雖然中日兩國有著同文同種與領土交錯的依存關係，但因爲日本
軍方與資方對中國的侵略政策，導致中日兩國彼此嫌隙。

　　　　　即ち支那が外國との交涉に遭遇する每に日本が歐洲列強と
　　　一致の行動をとつて居るにのであるが、然しかゝる政策は、表面
　　　的に之を觀察すれば、或は日本にとり些少の利益する所あらんも
　　　一方面に於ては同文同種の感情を失し〔註7〕

且更進一步點出當中國面臨與外國談判時，日本選擇與外國同一陣線，因而
失去了在同文同種這層面的連結關係。筆者認爲在〈中華民國に對する雜觀〉
中除了看到中國人自己內部對中日關係想法的差異之外，對於中國人以同文
同種連結中日兩國而言，與日本人以同文同種一詞連結日中並無差異。

　　　1933 年 2 月 20 日水野庵〈屑籠から文字と言葉〉和 1937 年 1 月 1 日藤
井草宣〈謎の支那を解く〉都是從漢字淵源與同文同種連結。

　　　　　所謂漢字は日本でも支那でも用ひらるゝためよく日支兩國
　　　は同種同文の國だと申す。然し同一の文字でも其讀み方も違へば
　　　其意味の異る場合も少なくはない。〔註8〕

水野庵認爲不論是日本也好或支那也好，都是用漢字來表示兩國是同文同
種。但即使是同樣的文字，在讀音或意義上也可能有所不同。

　　　　　これでは、日本と支那とは、何が「同文同種」だと云ひたく
　　　なる。これでは支那の其の土地の昔をそのままローマ字で表した
　　　ものを讀んで發音してゐる西洋人の方が、反つて正しい支那昔を
　　　使ふことゝなつてゐるともいへる。吾々は支那が餘りに近い爲め
　　　に反つて差違點を看過してゐる傾が多々あるのである。〔註9〕

〔註6〕　片寄學人，〈中華民國に對する雜觀〉，《臺灣警察協會雜誌》第壹百號十月號，
　　　　　1925 年 10 月 1 日。
〔註7〕　片寄學人，〈中華民國に對する雜觀〉，《臺灣警察協會雜誌》第壹百號十月號，
　　　　　1925 年 10 月 1 日。
〔註8〕　水野庵，〈屑籠から文字と言葉〉，《霸王樹》第一卷第二號，1933 年 2 月 20 日。
〔註9〕　藤井草宣，〈謎の支那を解く〉，《南瀛佛教》第十五卷第一號，1937 年 1 月 1 日。

藤井草宣指出西洋人用羅馬拼音讀中國的東西，可說是接近中國以前使用的。反而日中兩國接近，卻忽略了很多不同之處。從這裡可以看出〈屑籠から文字と言葉〉和〈謎の支那を解く〉著重日中差異之處而論。

因此，在這 6 則內容中，同文同種一詞在文化政策的比較、貿易拓展以及漢字淵源三個方面被提及，呈現在盧溝橋事變之前日中互動的情況。筆者認爲在這些內容中點出從同文同種窺見日中兩國的差異，而非全然傾向日中是沒有差異的同文同種的兩國。

（二）盧溝橋事變以後提到「同文同種」的內容

在盧溝橋事變後，這些日治時期其他刊物裡含有同文同種的內容，又隱含了什麼樣的主題？以下按照時序來談表 3-1-1 第 7 則到第 17 則。

下面兩段分別是零哉居々人〈時局に對する吾等の覺悟〉和蘇秀蘭〈僞らぬ眞實の叫び平和に惠まれゆく北平の小學生から〉。這兩則皆從日中應當合作，共同肩負和平而與同文同種（同種同文）連結。

> 支那は我が隣邦であり、しかも古來國交に私交に最も深く且同
> 種同文の國で、全く兄弟にも□る親みを感するものである。故に日
> 支親善は一層深密にと云ふ我が國本來の國是であつたことである。
> 手を携へ合つて東洋平和を保たんとしてゐるのである。[註10]
> 註：「□」爲無法辨識字跡

零哉居々人〈時局に對する吾等の覺悟〉以日中兩國鄰邦的角度指出深化「日支親善」原本就是日本的國策。

> 皆さん！我々は同文同種の國家であります、我々は現在なほ
> 年は若いけれども將來は必ず東亞の協和を荷負ふべき任務を持つ
> てゐるのです[註11]

蘇秀蘭〈僞らぬ眞實の叫び平和に惠まれゆく北平の小學生から〉以年輕人將勇於承擔中日和平進行呼籲。這兩則內容突顯日本與中國兩國對戰爭的同一觀點。

但與上述兩則相比，一記者的〈在臺華僑諸君に望む〉從對中國的指責與同文同種連結。

〔註10〕零哉居々人，〈時局に對する吾等の覺悟〉，《台灣佛化》第一卷第六號十一月
　　　　號，1937 年 11 月 16 日。
〔註11〕蘇秀蘭，〈僞らぬ眞實の叫び平和に惠まれゆく北平の小學生から〉，《まこと》
　　　　第二九八號，1938 年 1 月 1 日。

　　　　日本國民はすべて、陛下の此の大御心を體してアジアの平和
　　の爲め、世界の平和の爲め努力して居るのである。殊に諸君とは
　　同文同種の國柄として、日本は好意と努力とを與へてゐるのであ
　　る。それに諸君の指導者達は歐米に依存して、日本の眞意を解せ
　　ず、事毎に非禮な態度を取つて來たのである。〔註12〕

以日本的角度來看，日本爲了亞細亞和世界的和平而努力，但中國卻以無禮
相待。〈在臺華僑諸君に望む〉這一段盡書中國對日本的誤解，形塑了日本的
好意被中國踐踏的樣貌。

　　另外，白柳秀湖（1884－1950）〔註13〕〈日本民族の大陸還元〉則是
探究日本民族的源流，推演至日本與中國的關係。在「遠くの親類より　近
くの他人」遠親不如近鄰這個小標題中討論日中兩國的同文同種（同種同
文）究竟爲何。

　　　　小標題：遠くの親類より　近くの他人

　　　　かやうに考へて來ると、漢民族とわれ／＼日本民族とは斷じ
　　て『同種同文』ではない。たゞ日本人がそのことばを記述する必
　　要上、はじめ支那の文字を借りて使つて、それから段々に今日の
　　文化が發展して來て居るといふだけのことに過ぎぬのだ。〔註14〕

白柳秀湖認爲以漢民族和日本民族來看，則日中兩國絕對不是同種同文。而就
文字這個方面，只是因爲日本需要這個語言記述而借來使用，並發展到今日。

　　　　しかしわれ／＼が將來支那民族との提携を問くしてゆく上
　　には、民族及びその文化の本質を正しく認識するといふことが何
　　より必要のことだ。『同種同文』でもない漢民族を『同種同文』と
　　穿きちがへて手をさしのべるよりも、われ／＼日本民族の血液の
　　中には、有史以前からすでに苗族の血も、漢民族の血も多量に取
　　入れられて居る筈だ。……われ／＼と正眞正銘『同種同文』に相
　　違ない朝鮮人・滿洲人・蒙古人・トルコ人・ツングウス人・に對

〔註12〕一記者，〈在臺華僑諸君に望む〉，《臺灣自治評論》第三卷第二號，1938年2
　　　　月8日。
〔註13〕白柳秀湖，本名武司，靜岡縣出生，是小說家與社會評論家。
　　　　《コンサイス日本人名事典》（東京：三省堂，1993），頁652。
〔註14〕白柳秀湖，〈日本民族の大陸還元〉，《臺灣大アジア》第五十一號第三版，1938
　　　　年8月1日。

　　しては、古代支那の王道文化、すなはち孔子の原始儒學として現

はれて居る、あの簡易素朴な教學、それはわれ／＼日本人の血液

に流れて居る現實主義哲學そのものである。〔註15〕

另一方面又從和中國攜手合作前，應當正確認識民族與文化的本質談起，白柳秀湖以日本人與漢民族及其周邊民族的血源關係，以日本的現實主義哲學和孔子的王道文化連結日中兩國。

　　南治生〈人類平和の築成に持久して時艱克服に邁進を要す〉中的小標題以同文同種的國民爲何要交戰破題，自日本建國開始敘述日中兩國的關係。

　　　小標題：同文同種の國民が何故戰を交へたか

　　先づ支那を考へたならば、支那は我が國と同文同種の國であ

つて、我が國は建國三千年の昔から支那とは、切つても切れぬ仲

良しであつた。〔註16〕

然而這樣的開頭之後，南治生以蔣介石爲了集中政權與勢力爲由〔註 17〕，致使日中兩國交戰，試圖爲日中關係的破滅做出解釋。

　　在含有同文同種（同種同文）的內容中，多以日中關係爲討論主角。而猪腰生〈讀者論壇　車中雜感〉則是從日台的殖民母國與殖民地關係作爲敘述主角，以服兵役一事連結同文同種。

　　　彼や此やと思ひ合して私はかう感じた。内地人と云ひ本島人

と云ふがこの兩者は昔から血のつながりがあるのだ。西洋でいふ

やうな民族關係ではない。所謂同文同種ではないか。本島人でも

〔註15〕白柳秀湖，〈日本民族の大陸還元〉，《臺灣大アジア》第五十一號第三版，1938年 8 月 1 日。

〔註16〕南治生，〈人類平和の築成に持久して時艱克服に邁進を要す〉，《臺灣自治評論》第三卷第九號，1938 年 9 月 10 日。

〔註17〕南治生，〈人類平和の築成に持久して時艱克服に邁進を要す〉，《臺灣自治評論》第三卷第九號，1938 年 9 月 10 日。

「この同文同色の國民が、何故戰はねばならないのであるか、この原因に就いて言へば、いくらでもあるが、蔣介石が例の孫逸仙に代つて、支那の天下をとるに及んで、彼が何を第一に目論んだかである。それは國論の統一といふことであつた。

自分の權勢を築かんが爲めに、國民の頭即ち國民總ての心を、自己の政權に集中させることに、腐心した結果、故意に擇んだ題目が抗日侮日の政策であつて、全く天人共に許すべからさる暴戻不遜の態度であつたのである。」

教化し善導すれば、血書軍夫志願のやうな見上げた魂が現はれて
來る。要は教化だ、指導だ。卽ち國語を普及して内臺人の意志の
疏通を聞り、禮儀作法を訓練して内臺人の感情を融合すればこの
車内の風景は大都變つて來るだらうし、本島人にも兵役義務でも
□せばその差別は一掃されるものと思ふ。〔註18〕

除了施以國語普及與禮儀這樣的教化之外，文中更點出如果本島人（台灣人）
志願去當軍夫的話，對本島人的歧視會被一掃而空。日治時期台灣人作爲軍
夫受到徵召的時間點來說，近藤正己《總力戰與臺灣——日本殖民地的崩潰》
以 1937 年 9 月台南徵傭 450 名軍夫爲例，是在盧溝橋事變後首次出現需要人
力前往戰場的狀況；1938 年又進行徵傭，而 1939 年 9 月開始出現「血書從軍
志願者」〔註19〕。再回來對照猪腰生〈讀者論壇　車中雜感〉這則，正好介
於 1937 年至 1939 年間，確實描述了盧溝橋事變後的台灣社會現況。

　　1939 年 1 月 1 日〈年頭の辭〉以兔比喻日本、龜比喻中國，認爲日中兩
國的風俗習慣有其根本上的不同，因此也非全然的同文同種。

　　　　それほどに日本と支那とは、その風俗習慣の上にも根本的に
違つた點がある。一概に『同文同種』とはいつても、さう簡單に
は行かぬのである。聖戰の眞意義を貫徹し大陸經營の功を全から
しむるのには、兔の敏捷もさることながら、龜の忍耐力はより以
上に大切である。〔註20〕

但在「聖戰」上，日中兩國彼此出力合作，才能使得對中國的經營有所成效。
在同文同種出現的段落中，〈年頭の辭〉首次出現了「聖戰」一詞。

　　時任花蓮港廳長的高原逸人也發表了一則以〈年頭の辭〉爲題的內容。

　　　　我が國は支那を歐米の隷屬化より救ひ、同文同種の日滿支の
提携により東洋永遠の平和を確保し共存共榮の大理想を實現せん
として來たのであります。然るに蔣政權は新支那建設の指導精神
を抗日に求め、滿洲事變の實物教訓を受けたるにも拘らず、其の
迷妄救ふべくもなく却つてこの事實を逆用して國民意識を抗日に

〔註18〕　新巷　猪腰生，〈讀者論壇　車中雜感〉，《臺灣地方行政》第四卷第十一號，
　　　　　1938 年 11 月 1 日。
〔註19〕　近藤正己，林詩庭譯，《總力戰與臺灣——日本殖民地的崩潰（上）》（台北：
　　　　　國立台灣大學出版中心，2014），頁 351-354。
〔註20〕　〈年頭の辭〉，《臺灣公論》第四卷第一號，1939 年 1 月 1 日。

教育し煽動したのであります。〔註21〕

文中指出日本拯救中國脫離歐美，但蔣政權卻反而利用「滿洲事變」來教育與煽動中國人抗日。不難看出高原逸人與一記者〈在臺華僑諸君に望む〉兩則皆是從指責中國不知日本恩惠的角度爲出發點。

《まこと》1939 年 3 月 20 日刊出首相平沼騏一郎（1867－1952）〔註22〕的演說內容，以「同種同文の不祥事　永遠に絕滅せん（同種同文的不幸事件　永遠滅絕）」爲題目。

> 申すまでもなく日本、滿洲、支那の三國はアジアにおける同
> 文同種の國家として　地理的にも　歷史的にも共存共榮の必然的關
> 係に結ばれて□ります〔註23〕

以地理、歷史的關係連結「日本、滿洲、支那」的同文同種關係，結成共存共榮的必然之果。

> 事變發生以來　帝國が戰場に幾多の□き生靈を失ひ　多大の
> 國幣を費してしかもなほ目的貫行に　一路□進するゆゑんのもの
> は　支那をして眞の支那たらしめ　東亞をして眞の東亞たらしめ以
> て同種同文の民族が　血で血を洗ふが如き不祥事を　將來永遠に絕
> 滅せんがためであります〔註24〕

但盧溝橋事變發生以來，即使耗費國力也要行動的原因是：爲了讓支那成爲眞正的支那，爲了讓將來不再有同種同文的民族互相殘殺。而「支那をして眞の支那たらしめ」可以說是日本所想像出來的「支那」：一個受到日本控制的「支那」的意思。可以說是呼應自 1917 年日本提出亞細亞主義、1918年浮田和民的新亞細亞主義。但中國 1919 年李大釗提出與日本不同的回應，節錄如下：

〔註21〕花蓮港廳長　高原逸人，〈年頭の辭〉，《臺灣地方行政》第五卷第一號，1939年 1 月 1 日。

〔註22〕平沼騏一郎，美作津山人（現岡山縣）。爲明治、大正、昭和時期的司法官僚、政治家。三省堂編修所編，《コンサイス日本人名事典》（東京：三省堂，1993），頁 1046。

〔註23〕〈同種同文の不祥事　永遠に絕滅せん〉，《まこと》第三四二號，1939 年 3月 20 日。

〔註24〕〈同種同文の不祥事　永遠に絕滅せん〉，《まこと》第三四二號，1939 年 3月 20 日。

　　　　亞細亞人應該共倡一種新亞細亞主義，以代日本一部分人所倡
的「大亞細亞主義」。這種新亞細亞主義，與浮田和民氏所說的也不
相同。浮田和民主張拿中、日聯盟作基礎，維持現狀；我們主張拿
民族解放作基礎，根本改造。凡是亞細亞的民族，被人吞併的都該
解放，實行民族自決主義，然後結成一個大聯合，與歐、美的聯合
鼎足而三，共同完成世界的聯邦，益進人類的幸福。〔註25〕

　　　　我主張的新亞細亞主義是爲反抗日本的大亞細亞主義而倡
的，不是爲怕歐美人用勢力來壓迫亞洲民族而倡的。我們因爲受日
本大亞細亞主義的壓迫，我們才要揭起新亞細亞主義的大旗，爲亞
洲民族解放的運動。〔註26〕

李大釗認爲不是只有與日本合作才能稱爲是亞細亞主義，應當是被併吞的民
族都應該施行民族自決。並且新亞細亞主義更應該直視亞洲內部的壓迫，因
而李大釗點明他主張的新亞細亞主義是對抗日本勢力，不是對抗歐美勢力。
可見得中日兩國想像中的「亞細亞主義」各有其受壓迫而生成的背景。

　　再回到日本首相平沼騏一郎的演說，西村高兄〈廣東復興誌序〉以重建
中國爲論述要點，將「眞の支那」作爲重建的結果。

　　　　支那再建に對し帝國が採らんとしてつゝある態度は新聞紙
上其他によつて省察すると、民衆宣撫に、資源開發に、産業振興
に、北、中、南の各地域によつて夫々濃淡を異にし南支處理の態
度は殊に消極的の内容外觀を表明して居るやうに感ぜられるが、
然し乍ら之は支那の有する量を充分認識し且南北の人文地文を究
め盡してゐる帝國の賢明なる爲政者が帝國の人的物的兩資源の總
力を最も合理的に配分する爲に考慮せられて居る態度の表現であ
つて「同種同文・同意提携・東亞事業　共存共榮・共期復興・中
日國家」と云ふことは北中南何れも同一方針であるべく、又之無
くして眞の支那再建は不可能である譯である。〔註27〕

西村高兄認爲反省日本的態度之外，在宣傳、開發、振興三方面應根據區域

〔註25〕李大釗，〈大亞細亞主義與新亞細亞主義〉，《李大釗文集（上）》（北京：人民
　　　　出版社，1984），頁611。
〔註26〕李大釗，〈再論新亞細亞主義〉，《李大釗文集（下）》（北京：人民出版社，1984），
　　　　頁109。
〔註27〕西村高兄，〈廣東復興誌序〉，《臺灣地方行政》第五卷第四號，1939年4月1日。

差異調整。而日本也正在合理分配人力物力中。倘若失去了日中共同合作的話，就無法再重建眞正的中國了。

因此，〈歡迎廈門市政府員一行來臺〉中，廈門官員們來台訪問。台灣地方自治協會作爲接待窗口，招待廈門官員們在台灣視察。

小標題：團長盧用川氏謝辭

……

日支は同文同種、特に廈門を臺灣は一衣帶水の間にありまし
て今後の關係は一層密接なるものがありませう。〔註28〕

曾任廈門市建設局局長的盧用川〔註29〕在謝辭中，以台灣作爲日本的代表、廈門作爲中國的代表，連結日中兩國的同文同種，並希望今後有密切的關係。

1938 年 6 月 20 日，日本於廈門成立廈門市治安維持會。維持會會長爲洪月楷，盧用川爲秘書長。〔註30〕由此來看此時台灣與廈門的關係，可說是由日本所建構出來的日中關係。

在盧溝橋事變後，自 1937 年開始，筆者觀察到日本強化對中國作戰的合理性，主要表現在三個部分上：（1）以「日滿支」作爲一個共同體進行論述（discourse）、（2）建構日本所認爲的「眞の支那」、（3）塑造出「共存共榮」的目標。因此，在盧溝橋事變後發表的內容中，對戰況宣導的用字遣詞，構成同文同種在此時期內容用詞的一致性。

整體來看臺圖日治期刊影像系統這 17 則內容，盧溝橋事變後轉而敍述戰爭或時局事態。可得知盧溝橋事變的發生確實成爲同文同種刊載內容區別的分水嶺。而這 17 則內容中，對於同文所指稱的內容多數無明顯的對象，在水野庵〈屑籠から文字と言葉〉「漢字」與白柳秀湖〈日本民族の大陸還元〉「支那の文字」是指同文字的概念；松岡正男〈母國人と殖民地人との關係〉「文明」與白柳秀湖〈日本民族の大陸還元〉「古代支那の王道文化」指的是同文化。而白柳秀湖〈日本民族の大陸還元〉同時具備同文字與同文化兩者的這種現象，也正說明作者其實並不特別深究同文同種的實際指稱內容，而僅是將這個詞當作類似成語的用途。

〔註28〕 鈴木秀夫，〈歡迎廈門市政府員一行來臺〉，《臺灣地方行政》第五卷第九號，1939 年 9 月 1 日。

〔註29〕 廈門市政誌編纂委員會，《廈門市政誌》（廈門：廈門大學出版社，1991），頁 37。

〔註30〕 廈門市檔案局、廈門市檔案館編，《廈門抗日戰爭檔案資料》（廈門：廈門大學出版社，1997），頁 307。

第二節　比較日治期刊影像系統的同文同種內容與 《臺灣日日新報》之差異

　　理解臺圖日治期刊影像系統所找到的 17 則提到同文同種的內容（參閱附錄三）後，接下來必須要了解刊載這 17 則內容的 12 種刊物究竟與《臺灣日日新報》有何異同。因此將從 12 種刊物本身的差異與內容的差異著手。前者以 12 種刊物本身的資料進行整理與比較，後者從內容的差異比較《臺灣日日新報》與這 12 種刊物提到同文同種的內容的不同之處。

（一）12 種刊物本身的異同

　　以同文同種（同種同文）為關鍵字，在臺圖日治期刊影像系統所找到的這 12 種刊物，分別是：《臺灣產業雜誌》、《臺灣協會會報》、《臺法月報》、《臺灣警察協會雜誌》、《霸王樹》、《南瀛佛教》、《台灣佛化》、《まこと》、《臺灣自治評論》、《臺灣大アジア》、《臺灣地方行政》、《臺灣公論》。筆者在臺圖日治期刊影像系統中查詢這 12 種刊物的資料，整理後得到表 3-2-1：

表 3-2-1：臺灣圖書館日治時期期刊影像系統含同文同種之刊物基本資料

編號	刊物名稱	發刊日期一	冊數／卷號	語言	出版地	出版單位
1	臺灣產業雜誌	1898 年 12 月 5 日－1899 年 8 月 8 日	第 2 期－第 14 期（註 1）	日文	臺北	臺灣產業雜誌社
2	臺灣協會會報	1898 年 10 月 20 日－1907 年 1 月 20 日	創刊號－第 100 期	日文	東京	臺灣協會（民間，配合官方殖民政策成立）〔註31〕
3	臺法月報	1905 年 6 月 24 日－1943 年 1 月 20 日	創刊號－第 37 卷第 1 期	日文	臺北	臺法月報社（總督府法務局）〔註32〕
4	臺灣警察協會雜誌	1917 年 6 月 20 日－1931 年 4 月 15 日	創刊號－第 179 期（註 2）	日文	臺北	臺灣警察協會（總督府警察本署）〔註33〕

〔註31〕 何義麟撰稿，「台灣協會」，台灣大百科全書，（來源：http://nrch.culture.tw/
　　　　 twpedia.aspx?id=5820，2018 年 2 月 5 日瀏覽）。
〔註32〕 張圍東，〈日據時代臺灣的雜誌小史〉，《國立中央圖書館臺灣分館館刊》第 7
　　　　 卷第 2 期（2001.06），頁 68。
〔註33〕 張圍東，〈日據時代臺灣的雜誌小史〉，《國立中央圖書館臺灣分館館刊》第 7
　　　　 卷第 2 期（2001.06），頁 71。

5	南瀛佛教	1923 年 7 月 7 日－1941 年 1 月	創刊號－第 19 卷第 1 期（註 3）	漢文、日文	臺北	南瀛佛教會（民間，總督府主導）〔註 34〕
6	霸王樹	1933 年 1 月 31 日－1933 年 12 月 15 日	創刊號－第 1 卷第 12 期	日文	臺灣	幸榮俱樂部（民間，總督府中央研究所同好者發行）〔註 35〕
7	まこと	1934 年 3 月 1 日－1939 年 12 月 20 日	第 170 期－第 369 期（註 4）	日文	臺北	臺灣三成協會（民間，接受總督府的助成金與獎勵費）〔註 36〕
8	臺灣地方行政	1935 年 9 月 20 日－1944 年 12 月 15 日	創刊號－第 1 卷第 12 期	日文	臺北	臺灣地方自治協會（總督府內務局）〔註 37〕
9	臺灣公論	1936 年 1 月 1 日－1945 年 2 月 1 日	創刊號－1945 年 2 月特輯號	日文	臺北	臺灣公論社
10	台灣佛化	1936 年 1 月 5 日－1937 年 11 月 16 日	創刊號－第 1 卷第 6 期	日文	臺北	臺灣佛化青年會
11	臺灣大アジア	1937 年 1 月 1 日－1940 年 12 月 1 日	第 32 期－第 79 期	日文	臺北	臺灣大亞細亞協會（民間，接受總督府補助金）〔註 38〕
12	臺灣自治評論	1938 年 1 月 1 日－1941 年 6 月 17 日	第 3 卷第 1 期－第 6 卷第 6 期	日文	臺北	臺灣自治評論社

註 1：《臺灣產業雜誌》第 15 期不知出版日期。
註 2：《臺灣警察協會雜誌》第 179 期改爲《臺灣警察時報》第 30 號。《臺灣警察時報》

〔註 34〕 陳惠貞，《南瀛佛教故事體作品研究》（新北：花木蘭文化，2016），頁 2。
〔註 35〕 薛宗明，《臺灣音樂辭典》（台北：台灣商務印書館，2003），頁 447。
〔註 36〕 王淑蕙，〈日治時期臺灣司法保護事業之發展——以臺灣三成協會爲中心〉（台北：國立臺灣師範大學歷史學系碩士論文，2013），頁 114。
〔註 37〕 陳若蘭，〈臺灣初次地方選舉：日本殖民政府的制度性操作〉《臺灣史研究》第 22 卷第 3 期（2015.09），頁 146。
〔註 38〕 近藤正己，林詩庭譯，《總力戰與臺灣——日本殖民地的崩潰（上）》（台北：國立台灣大學出版中心，2014），頁 19-21。

自 1930 年 1 月 1 日至 1943 年 10 月 20 日。

註 3：《南瀛佛教》自 1941 年 2 月第 19 卷第 2 期更名爲《臺灣佛教》，《臺灣佛教》發行至 1942 年 12 月第 20 卷第 12 期。

註 4：《まこと》1927 年 1 月 15 日第 59 期至第 170 期之前的出版資料不詳，無法查證是否爲同一單位出版，故而載錄有詳細出版資料的第 170 期至第 369 期。

　　表 3-2-1 這 12 種刊物的發刊日期、冊數或卷號、語言與出版資料皆整理自臺圖日治期刊影像系統。依據表 3-2-1 可以發現「出版地」這一行，除了《臺灣協會會報》的出版地在東京，其他都在台灣。而「語言」這一行，除了《南瀛佛教》之外，其他刊物以日文爲主要發表語言。再加上表 3-1-1 中，17 則內容的作者多是日本人；而《臺灣日日新報》則多是台灣人（參閱附錄一）。顯示在語言與作者的連結上，成爲一種顯而易見的對應：日本人——日文，台灣人——漢文。

　　另外，從表 3-2-1「出版單位」這一行而言，《臺法月報》、《臺灣警察協會雜誌》以及《臺灣地方行政》皆隸屬於總督府；而民間的部分，《臺灣協會會報》、《南瀛佛教》、《霸王樹》、《まこと》和《臺灣大アジア》不論是人員組成或資金流向與總督府有所關連。顯示在這 12 種刊物中，除了 4 種無法查證出版單位詳細資料者，有 3 種直接隸屬於總督府，有 5 種間接與總督府有關係。與屬於民間但背後有總督府支持的《臺灣日日新報》相同。而這 12 種刊物本身性質也不同，也就呈現出同文同種一詞在不同性質刊物中的豐富度。

　　又，在表 3-1-1 中 1937 年盧溝橋事變發生後的 11 則內容，有 4 則發表在《臺灣地方行政》，《まこと》和《臺灣自治評論》各有 2 則，其餘各 1 則。由此知道 1937 年盧溝橋事變後，與其他刊物相比，由總督府主導的《臺灣地方行政》在刊載同文同種一詞上成爲相對的多數。

（二）兩者內容表現的差異

　　除了討論刊物的異同之外，在提到同文同種的內容上，臺圖日治期刊影像系統有其與《臺灣日日新報》不同之處。

　　首先，因爲臺圖日治期刊影像系統搜尋後無同文種的結果，因此臺圖日治期刊影像系統的 12 種刊物中並無同文種一詞的用法。這點與《臺灣日日新報》不同。並且臺圖日治期刊影像系統這 17 則提到同文同種的內容都是以日文書寫而成，與《臺灣日日新報》提到同文同種的內容同時兼有日文與漢文的書寫表達不同。

　　而且就指涉的國家來看，依據表 3-1-1，可以知道在臺圖日治期刊影像系統含有同文同種的 17 則內容中，日中 10 篇、日台 3 篇、日滿中 2 篇、日台清 1 篇、日華北臨時政府 1 篇，整體數量對比《臺灣日日新報》顯得較少。

　　在表 3-1-1 這些指涉的國家中，與《臺灣日日新報》刊載同文同種的內容相比，表 3-1-1 這 17 則有 1 則提到了華北臨時政府（1937 年 12 月 14 日於北京成立）。可以推測日本與中國的關係，與其成立的臨時政府以行日中親善有關連，也呼應前一節〈歡迎廈門市政府員一行來臺〉提到台灣與廈門的關係，建立在兩者都是日方所屬的層面上。

　　另外，「聖戰」一詞在盧溝橋事變之後出現。但《臺灣日日新報》含同文同種一詞的內容沒有「聖戰」相關的記錄。

　　　　聖戰に立つてゐる皇軍こそ亞細亞全人種の救世主卽ちメシヤである……今次聖戰の目的は又何處の國たるとを問はず……今や現實に日本の眞に強い姿を知らしめ、聖戰の目的を達しつつ、東亞の平和を築かんとして邁進してゐるのである。〔註39〕

　　　　今や支那膺懲の聖戰は大陸の長期建設となつて來た。〔註40〕

　　　　聖戰の眞意義を貫徹し大陸經營の功を全からしむるのには〔註41〕

　　　　堅忍持久あらゆる艱難を克服して聖戰の目的達成に努めなければならないと思ひます……更に覺悟を新にし歷史的聖戰の目的貫徹のために共に邁進致し度いと存じます。〔註42〕

　　從上述提到「聖戰」的引文中，可以看到有 2 則稱呼中國爲「大陸」。有 4 則將對中國的作戰稱作「聖戰」，以建設中國爲表象，實際上是隱含日本對中國作戰的合理化。

　　在含有同文同種一詞的內容中，臺圖日治期刊影像系統的 12 種刊物與《臺灣日日新報》較不同的地方，除了上述三項之外，對於蔣介石（蔣政權）的

〔註39〕南治生，〈人類平和の築成に持久して時艱克服に邁進を要す〉，《臺灣自治評論》第三卷第九號，1938 年 9 月 10 日。

〔註40〕新巷　猪腰生，〈讀者論壇　車中雜感〉，《臺灣地方行政》第四卷第十一號，1938 年 11 月 1 日。

〔註41〕〈年頭の辭〉，《臺灣公論》第四卷第一號，1939 年 1 月 1 日。

〔註42〕花蓮港廳長　高原逸人，〈年頭の辭〉，《臺灣地方行政》第五卷第一號，1939 年 1 月 1 日。

描述也不同。《臺灣日日新報》的同文同種內容中提到蔣介石（蔣政權）的是黃純青〈詩壇 迎蔣公使〉〔註43〕一詩。此外，12 種刊物中也提到了蘇聯、共產黨（Communist party）、共產主義（communism）等詞，偶爾與蔣介石（蔣政權）一起出現。

　　對於臺圖日治期刊影像系統含有同文同種一詞的 12 種刊物裡提到蔣介石（蔣政權）與共產黨（共產主義）的部分，筆者以盧溝橋事變來區分。

　　盧溝橋事變之前提到蔣介石的是藤井草宣〈謎の支那を解く〉，以對「蔣介石」的發音方式說明日本語與北京語的不同〔註44〕。而事變前提到共產主義的是片寄學人〈中華民國に對する雜觀〉中馮玉祥的看法。馮玉祥從時事來看共產主義，他指出當時的中國為了達成自己的野心、排除異己，流行將「赤化」或「共產主義」冠在人頭上。又說禁酒禁菸信仰基督教大概不會被赤化，但對於指稱他赤化甚至也傳言「段執政」（指段祺瑞）赤化，他認為實在是好笑的邪說〔註45〕。由此可以看出當時中國社會對共產主義的看法與馮玉祥個人的差異，也突顯了共產主義早期在中國時的情況。

　　盧溝橋事變之後，對於蔣介石（蔣政權）與共產黨（共產主義）的描述，

〔註43〕黃純青，詩壇欄〈迎蔣公使〉，《臺灣日日新報》第 8 版，1935 年 4 月 12 日。
〔註44〕藤井草宣，〈謎の支那を解く〉，《南瀛佛教》第十五卷第一號，1937 年 1 月 1 日。
　　　　「三、蔣介石は──世界廣しと雖も、とれをショーカイセキといふは日本人のみである。北京語ではチヤンチエシイであり、蔣自身の出身地たる浙江省の昔ではチヤンカイセクである。」
〔註45〕片寄學人，〈中華民國に對する雜觀〉《臺灣警察協會雜誌》第壹百號十月號，1925 年 10 月 1 日。
　　　　「次に今回支那學生及び勞働者の團體運動の背後に共產主義の手が廻り、然も其の中心に余が立つてるるかの樣に傳へられてるると聞いてるるが實に心外な話である。事件發生以來の團體の運動は何れも愛國の至情に驅られての運動であつて、裏面に共產黨の活動する餘地などは殆んどないと思ふ、余自身が共產黨として中心たるが如きことは絕對になく余は元來非共產派なのである、支那には孔孟の學說を初め易經其の他に依つて共產の學說が早くから傳へられてるる、若し共產主義者たらんと欲せば西洋文化の厄介にならなくとも支那古來の學說を奉ずることで十分である、何を好んで西洋文化を謳歌し赤化するの要あらん、近來支那では自分の野心を達せんが爲に他を排除する武器として赤化又は共產主義なる言葉を輕々に人に加へることが流行してるる……禁酒禁煙條件基督教信奉が赤化のではあるまい、余を赤化せりなどと稱する一部の方面では同一の筆鋒で段執政をも赤化せりと傳へて居るが實に笑ふべき邪說である」

以下將依時序來看。首先，零哉居々人〈時局に對する吾等の覺悟〉文中提到全世界都困於蘇聯的赤化思想、赤魔從根本上顛覆了我們的生活。爲了全人類我們必須徹底清除赤魔以樹立世界和平。但在不知不覺中中國受到赤魔侵蝕，南京政府也受到赤魔利用而對抗日本〔註46〕。

而一記者〈在臺華僑諸君に望む〉記錄在臺華僑對臨時政府的意見。認爲現在中國建立臨時政府，從罪惡的蔣政權中拯救中國；國民黨政府隱瞞民眾，與共產黨合作；絕對排除共產主義，以發揚東亞道義、日滿支親善、發展產業與民生；即刻起宣示與國民政府蔣政權斷絕關係〔註47〕。

南治生〈人類平和の築成に持久して時艱克服に邁進を要す〉以同文同色的國民爲何不得不戰的原因有很多，蔣介石接替孫逸仙得到中國，他第一個考慮的是統一輿論；而且蔣這樣也不滿足，和全世界人的共同敵人蘇聯聯手，強化抗日的手段〔註48〕。

〔註46〕零哉居々人，〈時局に對する吾等の覺悟〉，《台灣佛化》第一卷第六號十一月號，1937 年 11 月 16 日。
「ソ聯の赤化思想、その運動には世界の殆んど全部が事實困つてゐるのである。……赤化の魔は吾等の生活を根本的に覆すものである。……我等は否全人類は斷乎として此の赤魔を徹底的に排擊し清掃して淨淸和平の世界を樹立することを期さなければならない。……然るに、支那は何時とはなく赤魔のむしばむところとなり、それ等の教唆するところとなり、ついには南京政府までも此等の赤魔に□み、これを利用して、我方が慈導親善を求むれば、求むる程□面、排日、抗日、遂に侮日を以つて事をこゝに及ほすに至つたのである。」

〔註47〕一記者，〈在臺華僑諸君に望む〉，《臺灣自治評論》第三卷第二號，1938 年 2 月 8 日。
「今ヤ我中國ニハ臨時政府樹立セラレ、從來ノ蔣政權ノ罪惡ヨリ我中國ヲ救ハントス……國民黨政府ハ民衆ヲ欺瞞スル事十有餘年、共產黨ヲ容抱シ送ニ最モ親善ヲ計ルベキ隣邦ニ事ヲ構ヘ……絕對ニ共產主義ヲ排除シ、以テ東亞ノ道義ヲ發揚シ、完全ナル日、滿、支ノ親善ヲ□リ、產業ヲ開發シ民生ノ向上ヲ□ラントス。……同時ニ國民政府蔣政權ニ對シ卽刻ニ之ガ絕緣ヲ宣言ス。」

〔註48〕南治生，〈人類平和の築成に持久して時艱克服に邁進を要す〉，《臺灣自治評論》第三卷第九號，1938 年 9 月 10 日。
「この同文同色の國民が、何故戰はねばならないのであるか、この原因に就いて言へば、いくらでもあるが、蔣介石が例の孫逸仙に代つて、支那の天下をとるに及んで、彼が何を第一に目論んだかである。それは國論の統一といふことであつた。……しかも蔣はこれにも飽き足らず世界人類の齊しく共同の敵とすべき、ソ聯とまで手を結んで、排日、抗日の手段を強化して、反日的暴擧を敢えてするに至つたのである。」

　　高原逸人〈年頭の辭〉指出中國的中原地區已經在我們（日本）手中，而蔣政權則居於西南與西北的地方軍閥；回顧中國的問題，現正在根本解決的途中，不得不抹除抗日和一切共產黨傀儡化的中國；然而蔣政權的新中國建設指導精神是要抗日；有如帝國（日本）在 11 月 3 日的聲明明顯指出，爲使國民政府抗日容共的迷夢覺醒，理解帝國的眞正意思，加入親日防共的新政權，才有這徹底的征討之事，這意味戰時體制會永遠繼續。並且，隨著蔣政權的沒落，或許在中國的赤化勢力會急速發展。又在中國有莫大權益的歐美諸國中，不會放棄對蔣政權援助〔註49〕。

　　〈同種同文の不祥事　永遠に絕滅せん〉在首相平沼騏一郎對民眾的演說中描述了共產黨。在東亞確立國際正義，達成共同防共；也就是說復興東洋道德，確實強化防共陣營是最爲必要的；而容共政策後共產黨在中國逐漸成爲事實，共產國際思想恐怕會把全中國赤化，必須從赤化的魔手中拯救中國良民〔註50〕。

　　〈廣東復興誌序〉中，西村高兄從廣東的重要性，指出廣東作爲時代的推手有其重要地位，即使孫文也無法駕馭，而對蔣介石來說也不是輕易就能

〔註49〕花蓮港廳長　高原逸人，〈年頭の辭〉，《臺灣地方行政》第五卷第一號，1939
　　　　年 1 月 1 日。
　　　　「即ち所謂支那中原の地を我が手中に納め蔣政權をして遂に西北及西南の
　　　　一地方軍閥たるに過ぎざるに至らしめたのでありまして……顧ふに支那問
　　　　題は今や根本的の解決の途上にあるのでありまして、抗日と共產黨の傀儡
　　　　化せる支那は凡て抹殺されなければなりません。……然るに蔣政權は新支
　　　　那建設の指導精神を抗日に求め……帝國は十一月三日の聲明に明らかなる
　　　　如く、國民政府が其の抗日容共の迷夢より覺めず、帝國の眞意を理解し、
　　　　親日防共の新政權に合流せざる限り、此を徹底的に膺懲するものでありま
　　　　して、此の意味に於て戰時體制は何時迄も繼續するのであります。更に蔣
　　　　政權の沒落と共に支那に於ける赤化勢力は急激に進展するやも知れず、又
　　　　支那に莫大なる權益を有する歐米諸國の中には蔣政權の援助を斷念せず」
〔註50〕〈同種同文の不祥事　永遠に絕滅せん〉，《まこと》第三四二號，1939 年 3
　　　　月 20 日。
　　　　「東亞における國際正義の確立　共同防共の達成……つまり東洋道德の復
　　　　興　防共陣營の強化が何よりも切實に必要であります……支那共產黨の□
　　　　力に押されて　つひに容共政策をとり次第々々に　共產黨に□□されつ、あ
　　　　る實情であります　かくてはコミンテルンの思ひのま、となり　□いては支
　　　　那全土を赤化するあそれが　生ずろのであります　支那の□□□□の□もま
　　　　た深くこの點を憂慮して　支那良民を赤化の魔手より救ふの必要なること
　　　　を　□□してゐること、□するのであります」

合作的對象〔註51〕。

最後，〈歡迎廈門市政府員一行來臺〉鈴木秀夫談到在事變之前到歐美的遊歷中，英國對於日德締結防共協定的看法；並提及蔣介石多年排日教育將導致黃白人種的戰爭。因此日本以打倒蔣政權爲目的，但絕不敵視中國民眾與在日在台的華僑〔註52〕。盧用川從中國的視角指出：在本國（中國）來說，對蔣政權的行爲也只能說抱歉。正如剛才鈴木地方課長所說的，這遠因是因爲蔣介石抗日、排日、侮日教育的災難，近因是英法蘇等援蔣的第三國魔手出現之故〔註53〕。

在盧溝橋事變之前，1935 年 10 月 7 日《日本外交年表竝主要文書》中記錄日本對於日華提携這個前提，向中國提出了三個條件：「排日の停止、滿洲國の默認、赤化防止」〔註54〕。停止排日與防止赤化這兩個條件，自盧溝橋

〔註51〕 西村高兄，〈廣東復興誌序〉，《臺灣地方行政》第五卷第四號，1939 年 4 月 1
日。

「然も廣東は此の時代氣運の促進に重要な溫床の役を務めて來て居り且此
の地は他に對して常に獨自の地步を占めて孫文すら完全に制御し切れない
嘆を喞たしめ旣に中央に志を得んとしつ、ある蔣介石に對しても「氣の宥
せない協力者」であつた。」
〔註52〕 鈴木秀夫，〈歡迎廈門市政府員一行來臺〉，《臺灣地方行政》第五卷第九號，
1939 年 9 月 1 日。

「事變□前に歐米各國を巡歷中、□々ドイツに居りました時に、日獨防共
協定が締結されたのでありますが、その當時イギリスの新聞などは露骨に
「我々は白色人種である。植民地が欲しいといふならば別けてもやらうし、
資源が要るならそれも提供しよう。何を好んで黃色人種などと提携する必
要があるか」といふやうな意味のことを書いてゐました。……蔣介石の多
年に互る排日教育が斯くまで徹底してゐるのかと知つたとき、將來に黃白
兩人種の戰を豫期せねばならぬだけに、何とも名壯すべからざる感慨に打
たれると共に、思はず切齒扼腕させられたのでありました。今度の事變が
發生しましても、我國は、蔣政權の打倒を目的とこそすれ、決して四億の
中國民衆を敵とするものではありませぬ。從つて內地及本島に在住する華
僑の人達のごときも決して之を敵國人視することなく、其の一人にでも迫
害を加えたといふ話を聞かないのであります。」
〔註53〕 鈴木秀夫，〈歡迎廈門市政府員一行來臺〉，《臺灣地方行政》第五卷第九號，
1939 年 9 月 1 日。

「本國に置きましても、蔣政權の行ひ來りましたことは申譯ないことばか
りであります。只今鈴木地方課長殿からお話もありましたやうに、之等の
遠因は皆蔣介石の禍れる抗日、排日、侮日教育の爲であり、近因は英佛ソ
等援蔣第三國の魔手に躍らされた結果であります。」
〔註54〕 外務省編，《日本外交年表竝主要文書（下）》（東京：原書房，1976-1978），
頁 91-92。

事變發生後到第二次世界大戰時，在同文同種的內容中可以明顯地看到。並且，在這 7 則盧溝橋事變後提到蔣介石（蔣政權）與共產黨（共產主義）的內容中，可以看到在同文同種的內容中，以「赤魔」或「赤化の魔手」來指稱共產黨或共產勢力。但在事變之前僅指稱爲「赤化」，並未以「魔」來形容共產的邪惡。此外，也將當時國民黨與共產黨合作抗日的事實（「共產黨ヲ容抱シ」、「抗日容共」、「容共政策」）列爲日本對中國作戰的原因之一。

在臺圖日治期刊影像系統提及同文同種的 12 種刊物 17 則內容中（參閱本章第一節表 3-1-1），對蔣介石（蔣政權）與共產黨（共產主義）在 1937 年盧溝橋事變前後的描述確實不同。因而，以臺圖日治期刊影像系統提及同文同種的日本人視角內容多於《臺灣日日新報》的前提之下，來看臺圖日治期刊影像系統比《臺灣日日新報》有較多對於「聖戰」、蔣介石（蔣政權）以及共產黨（共產主義）的描述時，則不難將臺圖日治期刊影像系統這些不同於《臺灣日日新報》的敘述，視爲日本視角中所隱含對台灣傳播中國的形象。而實際的意圖則可以回到當時的時空背景去討論。

另外，雖然臺圖日治期刊影像系統提及同文同種的這 12 種刊物分別屬於不同的出版單位，但其所形構出來的內容與對特定詞彙的描述卻是一致的。然而這些特定的詞彙卻沒有在《臺灣日日新報》中發現或得到一致的內容，也因此突顯臺圖日治期刊影像系統這 12 種刊物 17 則內容的特別。

第三節　小結

同文同種一詞在《臺灣日日新報》雖然有 68 則內容（參閱附錄一與附錄二），但多集中在盧溝橋事變之前。對比本章從臺圖日治期刊影像系統來看，臺圖日治期刊影像系統有 12 種刊物 17 則內容（參閱附錄三）提到同文同種，並且盧溝橋事變後有 11 則。比《臺灣日日新報》的 2 則多了 9 則。因此可以得知《臺灣日日新報》的同文同種在盧溝橋事變後到第二次世界大戰時可能退燒或者說失去功效，但在其他刊物中卻產生了不一樣的效應。

導致這種效應的原因，可能出於《臺灣日日新報》的閱讀群眾是一般人。但臺圖日治期刊影像系統提到同文同種的這 12 種刊物幾乎是特定對象。例如《臺灣警察協會雜誌》閱覽對象是警察，而《臺法月報》是法律相關人士，《南瀛佛教》則爲佛教徒。臺圖日治期刊影像系統 12 種刊物大部分都是具特定取

向身分的人會去看。因此筆者推測《臺灣日日新報》與臺圖日治期刊影像系統 12 種刊物在盧溝橋事變後的差異，隱含對這些具有特定取向的人加強宣導日本對中國作戰的合理性。

　　相較於《臺灣日日新報》提到同文同種一詞的書寫語言是日文與漢文兼有的情況，臺圖日治期刊影像系統的 17 則內容全部都是日文，而出版地點也是以台灣爲主。這種同樣提到同文同種，但兩者的主要書寫語文截然不同的情況，更突顯書寫語文對於同文同種一詞的傳達形式與接受者之影響。

　　除了著重不同的點，筆者也發現《臺灣日日新報》與臺圖日治期刊影像系統這 12 種刊物可以說是呈現出總督府視角的同文同種。臺圖日治期刊影像系統 12 種刊物中有半數以上不是隸屬總督府單位，便是與總督府有間接關係。而《臺灣日日新報》則是一直以來都被視爲有濃厚的官方色彩。因此兩者並置而看時，除了更完整地看出兩種傳播媒介（報紙與刊物）對同一詞彙的描述差異，揭示彼此互相補齊、對映出的同文同種之外，也呈現了日治時期總督府視角中的同文同種。

第四章 「同文同種」的民族幻象與地理實像

歷史的脈絡（historical context）發展中，在第一次世界大戰後而起的民族自決，影響了亞洲的「亞細亞主義」、「亞洲門羅主義」的形構，特別聚焦在「東洋人」、「亞細亞人」與相對的「白人」的民族差異，使得論述（discourse）得以存在，也形成了帶有種族主義色彩的同文同種。而皇民化運動的開始，則開啟了民族主義的現身。對於同文同種如何從種族主義（racism）轉換為民族主義（nationalism），本章於第一節同文同種的民族幻象，分析同文同種在種族主義與民族主義的變化過程；而第二節同文同種的地理實像，則以空間變化中同文同種的行進路線與轉變，觀察台灣在同文同種的日中關係之角色。

第一節 「同文同種」的民族幻象：「同文同種」與種族主義及民族主義的關係

從民族主義來看含有同文同種的內容，發現這些內容呈顯出民族主義的形成過程。然而初期出現這些內容中，部分內容具有種族主義色彩的「黃色人種」用詞。因此本節先從種族主義的角度，觀看民族主義形成之前的同文同種；之後再從民族主義形成的要點，將含有同文同種的內容作為例證說明，以理解同文同種在民族主義與種族主義的變化過程。

（一）同種路線：民族主義之前的種族主義

在含有同文同種的內容中，第一次世界大戰前後（1920 年以前）係以「同種」的「黃色人種」之種族主義來連結日本與中國的關係。從浮田和民 1918

新亞細亞主義與李大釗 1919 年對於亞細亞主義、回應新亞細亞主義更可以
看出這個種族主義的事實。從《臺灣日日新報》或臺圖日治期刊影像系統提
到同文同種的內容來看種族主義時，當中附帶寫到「黃色人種」的內容合計
有 9 則。以下從時間排序，先提及《臺灣日日新報》的 5 則內容，之後才是
臺圖日治期刊影像系統的 4 則內容。

　　《臺灣日日新報》的同文同種內容中，有 5 則提到「黃色人種」。首先，
〈問題數則／支那人使用問題／稅關問題〉以在清國的日本籍民受審判的情
況爲切入點，論及清國判官的意志問題「化而爲黃白問題也。有黃白。即正
可爲邪。邪可爲正。」〔註 1〕而影響判決。樓思誥〈題臺灣日日新報祝辭〉提
及 20 世紀後的競爭問題爲黃白種族問題〔註 2〕。而 1915 年時正第一次世界大
戰，黃純青在〈詩壇 寄贈閩報館魏潤菴社兄〉送友遠行的詩中，以「願囑先
生寫白禍。喚醒黃色亞洲人。」〔註 3〕祈魏清德能奉獻己力。

　　一次大戰結束後發表的〈禪榻一喝〉雖然就「單に黃色人の故を以てせ
は、絕海の馬來人選に擇はず」〔註 4〕將相同膚色的馬來人當作人選爲出發點
進行說明，認爲在歐洲大亂的局勢下，提倡同種同文的日支提攜並不可笑。
角土木局長談〈南支南洋號　日支親善　同種同文とは何ぞ　唇齒輔車の關
係〉也跟〈禪榻一喝〉相同，「若し單に黃色なるが故に同種なりとなすに於
ては、南洋の馬來人も亦同種となり其範圍は愈々擴大して、乃ち截然たる
黃色人種なる一大團を劃立し、一方に割據して、自ら他人種に對抗するの

〔註 1〕〈問題數則／支那人使用問題／稅關問題〉，《臺灣日日新報》漢文版第 4 版，
　　　　1906 年 12 月 2 日。
　　　　「本島人于對岸對日籍民之問題。有照日本法律處分之權利。故萬一有事。
　　　　尚可繩之以法。以公明正大處分之。雖然苟對清國人。時有國際的溝渠。存
　　　　乎此間。勿論如何之惡事。均爲他國法律所不關。顧清國法律。法者法也。
　　　　大清律例之印刷。實際極不規則。其紊亂之度。蓋可知焉。要之即判官之志
　　　　意問題也。判官之志意問題。化而爲黃白問題也。有黃白。即正可爲邪。邪
　　　　可爲正。故日本人側。支那人使用者。在對岸之一問題也。」
〔註 2〕清國進士度支部主事樓思誥，〈題臺灣日日新報祝辭〉，《臺灣日日新報》漢文
　　　　版第 5 版，1908 年 5 月 3 日。
　　　　「世界競爭之問題。自二十世紀後。惟黃白種族而已。」
〔註 3〕黃純青，詩壇欄〈寄贈閩報館魏潤菴社兄〉，《臺灣日日新報》第 6 版，1915
　　　　年 10 月 22 日。
　　　　「同文同種視同仁。唇齒相依形影親。願囑先生寫白禍。喚醒黃色亞洲人。」
〔註 4〕本刊，〈禪榻一喝〉，《臺灣日日新報》第 3 版，1918 年 8 月 24 日。

結果となる。」〔註5〕表明從黃色人種來看，則同種的涵蓋範圍被擴大，這種佔據一方的情勢將形成與其他人種的對抗，與櫻思誥的看法相同。這表示自 1908年至 1918年 10年來，不論是清國人還是日本人，對於黃白種族衝突呈現一致性的看法。

從上述 5則內容來看種族主義到民族主義的過渡期，則 1918年《臺灣日日新報》角土木局長談〈南支南洋號 日支親善 同種同文とは何ぞ 唇齒輔車の關係〉一文中提到「黃色人種」〔註6〕，但隔年 1919年〈同文同種の兄弟が 牆に鬩ぐは愚也と下村長官は 福州事件を歎じて語る〉是以「亞細亞民族」〔註7〕來看，顯示《臺灣日日新報》從種族、膚色的區別轉變成區域、地域的區別。

雖然浮田和民在 1918年就新亞細亞主義提出「所謂亞細亞人或東洋人者。不以白人以外之亞細亞人或東洋人爲限。凡定住於亞細亞之各民族。不問其人種之同異。咸解釋之爲亞細亞人。」〔註8〕開始出現「亞細亞」這樣的使用法，但在同文同種的內容中實際上存在著過渡期。因此這種以區域、地域作爲區別的形式，與種族膚色相較時，表明了人在地域的移動中，其國籍與民族認同改變的可能。

接著，就臺圖日治期刊影像系統的同文同種內容來看，有 4則提到「黃色人種」。

片寄學人的〈中華民國に對する雜觀〉以「英國が東亞民族の壓迫を志し侵略の毒牙を益々露骨に現はしつ、あることは、早晩黃白人種の衝突に導くものであると考へられる。英國の新嘉坡城築は其の東亞に對する野心遂行の準備であり吾々黃色人種に對する一大脅威である」〔註9〕認爲在英國逐漸顯露對東亞民族的壓迫之下，可想而知會產生黃白人種的衝突。而英國

〔註5〕角土木局長談，〈南支南洋號 日支親善 同種同文とは何ぞ 唇齒輔車の關係〉，《臺灣日日新報》第4版，1918年9月27日。

〔註6〕角土木局長談，〈南支南洋號 日支親善 同種同文とは何ぞ 唇齒輔車の關係〉，《臺灣日日新報》第4版，1918年9月27日。

〔註7〕〈同文同種の兄弟が 牆に鬩ぐは愚也と下村長官は 福州事件を歎じて語る〉，《臺灣日日新報》第3版，1919年11月29日。

〔註8〕浮田和民著，高勞翻譯，〈新亞細亞主義〉，《東方雜誌》第15卷第11號（1918），頁13-14。

〔註9〕片寄學人，〈中華民國に對する雜觀〉，《臺灣警察協會雜誌》第壹百號十月號，1925年10月1日。

對東亞的野心與準備也對黃色人種造成一大威脅。表明在這種歐美帝國侵略
主義之下，黃白人種的區別將導致衝突。

　　一記者〈在臺華僑諸君に望む〉「そして諸君が眼を轉じて大きくアジア
を見るところは、白色人種の支配下に在つて、黃色人種の兄弟達が苦んで
ゐる姿が映るのである。」〔註10〕將大亞細亞在白色人種支配下，黃色人種的
痛苦模樣作爲預設，希望能夠藉此改變這種預設結果。而南治生〈人類平和
の築成に持久して時艱克服に邁進を要す〉以臉或身體都是黃色同種，表示
在過去幾千萬年日本與中國可能有血族上的關係〔註11〕，因此並未提及黃白
人種衝突的問題。鈴木秀夫〈歡迎廈門市政府員一行來臺〉以「その當時イ
ギリスの新聞などは露骨に『我々は白色人種である。植民地が欲しいとい
ふならば別けてもやらうし、資源が要るならそれも提供しよう。何を好ん
で黃色人種などと提携する必要があるか』といふやうな意味のことを書い
てゐました。彼等は腹の底では白色人種の優越感を常に誇つてゐる。……
これではどうしてもいつかは白色人種對黃色人種の戰ひが來る」〔註12〕提
出英國報紙顯露的白色人種優越感將導致黃白人種的戰爭。也就是說直到
1939年在同文同種的內容中仍然提及區別黃白人種將導致戰爭的結果。

─────────

〔註10〕一記者，〈在臺華僑諸君に望む〉，《臺灣自治評論》第三卷第二號，1938
　　　　年2月8日。
〔註11〕南治生，〈人類平和の築成に持久して時艱克服に邁進を要す〉，《臺灣自治評
　　　　論》第三卷第九號，1938年9月10日。
　　　　「又支那人は顏や身體にしても同じ黃色同種であるところからしても、何萬
　　　　年何千年の昔に於ては、恐らく血族關係があつたかも知れないのである。」
〔註12〕鈴木秀夫，〈歡迎廈門市政府員一行來臺〉，《臺灣地方行政》第五卷第九號，
　　　　1939年9月1日。
　　　　「……事變直前に歐米各國を巡歷中、偶々ドイツに居りました時に、日獨防共
　　　　協定が締結されたのでありますが、その當時イギリスの新聞などは露骨に
　　　　『我々は白色人種である。植民地が欲しいといふならば別けてもやらうし、資
　　　　源が要るならそれも提供しよう。何を好んで黃色人種などと提携する必要があ
　　　　るか』といふやうな意味のことを書いてゐました。彼等は腹の底では白色人種
　　　　の優越感を常に誇つてゐる。私はこの旅に於て一等國日本人としての充分なる
　　　　誇りを持つて步きながらも、到るところでこの白色人種の抱いてゐる優越感と
　　　　いふものを感じさせられました。これではどうしてもいつかは白色人種對黃色
　　　　人種の戰ひが來る……といふことを強く印象づけられたのであります。……蔣
　　　　介石の多年に亙る排日教育が斯くまで徹底してゐるのかと知つたとき、將來に
　　　　黃白兩人種の戰を豫期せねばならぬだけに、何とも名狀すべからざる感慨に打
　　　　たれると共に、思はず切齒扼腕させられたのでありました。」

因此，綜合來看在同文同種內容中這9則提到「黃色人種」的內容，《臺灣日日新報》可說是以1919年為界線，而1919年之後臺圖日治期刊影像系統雖然仍然出現「黃色人種」一詞，但也包含了「東亞民族（東洋民族）」與「亞細亞全人種」的用法。例如，片寄學人〈中華民國に對する雜觀〉〔註13〕與高原逸人〈年頭の辭〉〔註14〕這兩篇提到「東亞民族（東洋民族）」，而南治生〈人類平和の築成に持久して時艱克服に邁進を要す〉則是提到「亞細亞全人種」〔註15〕。因此在種族主義過渡到民族主義的脈絡中，可以發現同文同種一詞在這個「黃色人種」的脈絡之下，形成「同種」先於「同文」的可能。並且，在這種從「黃色人種」到「東亞民族（東洋民族）」與「亞細亞全人種」的用法，表現出以種族區分的方式走向區域分化的形式，促成大東亞共榮圈的存在。

除此之外，在這些談論到「黃色人種」的內容中，也一再地表明將形成黃白人種的衝突。這種明知其結果卻不設法消弭黃白人種之別的言論內容，在無形之中也變成戰爭合理化的一種原因。

（二）同文路線：民族主義的現身

班納迪克・安德森（Benedict Anderson）的《想像的共同體：民族主義的起源與散布》中對民族的界定是：它是一種想像的政治共同體——並且，它

〔註13〕 片寄學人，〈中華民國に對する雜觀〉，《臺灣警察協會雜誌》第壹百號十月號，1925年10月1日。
「吾人東亞民族は一致共同して之に當るの必要あるを深く信ずるものである、即ち東亞民族中日兩國は相互に提携して共に、東亞に於ける列強の特種勢力を除くべきである」
〔註14〕 花蓮港廳長　高原逸人，〈年頭の辭〉，《臺灣地方行政》第五卷第一號，1939年1月1日。
「顧ふに支那問題は今や根本的な解決の途上にあるのでありまして、抗日と共產黨の傀儡化せる支那は凡て抹殺されなければなりません。而して其の後に來るべきものは東洋民族の本然の姿に立ち還つた近代國家支那でなければなりません。」
〔註15〕 南治生，〈人類平和の築成に持久して時艱克服に邁進を要す〉，《臺灣自治評論》第三卷第九號，1938年9月10日。
「即ち蘆溝橋の事件を發端とせる、支那事變が勃發するに及んで、はじめてこの非常時の重大意義が否應なく分つたのである。まことに東洋平和の為、否世界平和の為めに、聖戰に立つてゐる皇軍こそ亞細亞全人種の救世主即ちメシヤである。」

是被想像爲本質上有限的，同時也享有主權的共同體〔註16〕。如果從這一點
來看同文同種一詞與本論文分析其相關的內容，則同文同種與安德森所言之
想像共同體（imagined community）——民族主義（nationalism）的關係事實
上值得推敲。

從同文同種與民族主義的關係來看，特別是官方民族主義。官方民族主
義是一種以明確的領地爲範圍並且進行調查與重建的架構，因而可以得知是
對內部的。但就同文同種一詞來看，則其包含了對內與對外兩個方向。因此，
在台灣發展民族主義的過程中，對內的同文同種——官方民族主義的架構是
相當顯而易見的。另一方面，在同時也具有對外性質的同文同種中，卻看到
日本對「非領地」的詳細調查。

這個對外的部分，在建構「日滿支」的大東亞新秩序上，可以回溯到東
亞同文會對中國的調查、南滿洲鐵道株式會社對滿洲的調查。日俄戰爭結束
後，於1906年成立南滿洲鐵道株式會社，經營南滿鐵路，並設有專門對滿洲
進行調查的機構（調查課）〔註17〕。而調查機構所收集的資料，可說是助益
1932年成立滿洲國〔註18〕。這顯示同文同種對外性質與官方民族主義的發展
過程相似，由調查而漸漸形構出來的。

且，若就1940年近衛內閣在基本國策要綱所提到的「日滿支ノ強固ナル
結合ヲ根幹トスル大東亜ノ新秩序ヲ建設スルニアリ」〔註19〕以建構日滿支
爲大東亞新秩序來看，則可以從《臺灣日日新報》採訪謝介石的這則〈滿洲
新國家　對同文同種臺灣人務欲拔擢登用人材　外交部長謝介石氏談〉中發
現1932年時的建構軌跡：

> 余爲努力創造推戴宣統帝之新國家。其克就要職與否。不爲問
> 題。若達建國目的。今後對三千萬民衆。務施行善政庸登人材。余
> 與傅儀氏深有緣故。余決心願拋去要職。以拔擢東三省有爲人材。
> 藉資滿洲國家發展

〔註16〕班納迪克・安德森著，吳叡人譯，《想像的共同體：民族主義的起源與散布》
（台北：時報文化，2014），頁41。
〔註17〕南滿洲鉄道株式会社調査課編，《南滿洲鉄道株式会社二十年略史》（大連：
南滿洲鉄道，1927），頁336-339。
〔註18〕黃福慶，〈九一八事變後滿鐵調查機關的組織體系（1932-1943）〉，《中央研究
院近代史研究所集刊》第24期上冊（1995.06），頁369-371。
〔註19〕庄司潤一郎，〈日本における戦争呼称に関する問題の一考察〉，《防衛研究所
紀要》第13卷第3號（2011.03），頁45。

　　　　　謝氏續言昨年旅行臺灣觀臺灣民治進步。令人驚嘆。臺灣人得
　　　　改隸日本領土。爲無上幸福。滿洲國家。對於同文同種之臺灣人。
　　　　亦務欲登用其人材。終言云介□紙。爲我故鄉人士道好云々。〔註20〕
可以看出拉近了日本殖民地台灣和滿洲國的關係。基於這種對「非領地」的
詳細調查，並且引進「自己人」或者「自己殖民地的人」的作法，確實可視
爲日本對滿洲國建構「日滿」連線，以延伸至 1940 年近衛內閣所提出的「日
滿支」架構。

　　再從對內的部分，台灣總督府自統治初期在台灣的各項調查報告，以至
內地延長主義到皇民化運動開始，可以看到在皇民化之前，統治初期漸漸往
官方民族主義前進的軌跡。在皇民化運動開始後，就開始對內（外）建構官
方所認同的民族的架構。亦即所有的民族都得在官方所認同的民族架構之
下。這一點從豬腰生〈讀者論壇　車中雜感〉一文中提到除了是以成爲志願
軍夫貢獻心力之外，下面這段引文更能看到對於台灣朝鮮殖民地的教化的重
要性：

　　　　　この島民の教化□導は今が潮時である。所謂刻下の急務であ
　　　　る。今や支那膺懲の聖戰は大陸の長期建設となつて來た。この際
　　　　臺鮮の教化の完成は滿支への發展の楔となりひいては東洋平和の
　　　　確保、八紘一宇の大理想の實現となるのだ。吾々事務擔當者の使
　　　　命の重大なるを痛感する。お互に緊褌一番ふんどじをひきしめて
　　　　精進しやう。〔註21〕

在上述引文中，看到豬腰生認爲此刻完成台鮮教化是往滿支發展的契機與確
保東洋和平、實現八紘一宇的大理想。而此時期對殖民地的教化目的與剛統
治台灣或朝鮮時的教化目的並不相同。將此時期的教化目的與伊澤修二的〈新
版図人民教化の方針〉相比，伊澤修二認爲台灣人在人種與文字的使用上都
與日本人相同，且智德方面可以說是相同，只是因日本數十年來泰西文明輸
入而進化，但台灣人民與日本人民是看不出優劣的。〔註22〕因而，由此看出

〔註20〕〈滿洲新國家　對同文同種臺灣人務欲拔擢登用人材　外交部長謝介石氏
　　　　談〉，《臺灣日日新報》夕刊第 4 版，1932 年 3 月 8 日。
〔註21〕新巷　豬腰生，〈讀者論壇　車中雜感〉，《臺灣地方行政》第四卷第十一號，
　　　　1938 年 11 月 1 日。
〔註22〕伊澤修二，信濃教育會編，〈新版図人民教化の方針〉，《伊沢修二選集》（長
　　　　野：信濃教育会，1958），頁 638-639。

初期日本對台灣的教化並非如猪腰生這個時期所言是爲戰爭而教化，也突顯出在提及同文同種時，統治初期與戰爭期對於達成教化的目的與結果的差異點。

　　同樣在提到軍人的內容中，南治生〈人類平和の築成に持久して時艱克服に邁進を要す〉對「皇軍將兵」在戰場上的奉獻表示至大的感謝，引文如下：

> 顧みれば、今次支那事變勃發以來、早くもこゝに一週年を經過した。この事變に於て護國の華と散り去つた、我が忠勇なる皇軍將兵の英發に對し、謹んで哀悼の意を捧ぐると共に、君國の爲め、日夜廣大なる戰線に身命を賭して活躍しつゝある皇軍將兵に對し、絕大の感謝を捧ぐるものである。……まことに東洋平和の爲、否世界平和の爲めに、聖戰に立つてゐる皇軍こそ亞細亞全人種の救世主卽ちメシヤである〔註23〕

內容中表明在支那事變以來，我國忠勇的「皇軍將兵」爲國犧牲。爲了東洋和平跟世界和平而戰的皇軍可以說是亞細亞全人種的救世主、彌賽亞。這種對於「皇軍將兵」的敘述，在高原逸人〈年頭の辭〉中也是相同的。可以從下文看到高源逸人也是使用「皇軍將兵」這樣的詞彙：

> 今や支那事變も　天皇陛下の御稜威の下皇軍將兵の赫々たる武勳のより第二の首都漢口及廣東の攻略成り玆に北支、中支及南支の大部分卽ち所謂支那中原の地を我が手中に納め……玆に戰勝の第二年を迎ふるに當り、國家のため□き犧牲となられたる戰歿勇士の英靈に對し感謝の赤誠を捧ぐると共に、更に覺悟を新にし歷史的聖戰の目的貫徹のために共に邁進致し度いと存じます。
> 〔註24〕

表明在天皇光輝之下，「皇軍將兵」的征戰功勳已經將中國所謂中原的地方納入手中。對於爲國犧牲的勇士的英靈至上赤誠的感謝，並且在這種敬崇軍人的闡述中，建立效忠日本的民族精神。除了南治生〈人類平和の築成に持久

〔註23〕南治生，〈人類平和の築成に持久して時艱克服に邁進を要す〉，《臺灣自治評論》第三卷第九號，1938 年 9 月 10 日。
〔註24〕花蓮港廳長　高原逸人，〈年頭の辭〉，《臺灣地方行政》第五卷第一號，1939年 1 月 1 日。

して時艱克服に邁進を要す〉與高原逸人〈年頭の辭〉提到「皇軍將兵」，在西村高兄的〈廣東復興誌序〉將到廣東前線的見聞寫下，裡面提及了「皇軍」一詞。

> 蓮花峯角、遮浪角からバイアス灣にかゝると附近に散在する島嶼は多く樹木を育てゝ勝景と云へるが、此の地こそ廣東攻略の上陸地それからの旬日に亙る盡く驚異すべき皇軍の聖き活躍は未だ現實としてひし／＼と胸に感應して全身に徹かな躍動を感じさせる。廣東○○飛行場附近に來ると皇軍の最も精銳な軍器が攻空作戰に備へて空に陸に縱橫に活躍を見せて其の豪華さは正視するを躊躇せしむるばかりである。〔註25〕

上文中指出「皇軍」在廣東的實際情況，展現對「皇軍」在廣東的活躍感到振奮。上述三則內容所提到的「皇軍（皇軍將兵）」可能是日本人也可能是台灣人或其他日本殖民地的人，因此可以知道在皇民化的前提下，「皇軍（皇軍將兵）」以天皇爲首領，符合在天皇光輝之下的官方民族主義想像。

除了提到以「日滿支」來構築共同體、以皇民化來連結日本與台灣的母國與殖民地關係之外，其實在高原逸人〈年頭の辭〉文中提到的「東亞協同體」，「茲に帝國は十一月三日の聲明により東亞の安定を確立すべき新秩序を建設すべく、日、滿、支を一體として政治、經濟及文化の互助連關を基調とする東亞協同體による長期建設の第一步を踏み出す事になつたのであります。」〔註 26〕，也是能表明日本在架構想像共同體中，將自己作爲這個共同體的領銜人。

因此，這種以「天皇」爲號召在台灣等殖民地開始的皇民化運動，加上「皇軍（皇軍將兵）」在戰場的實際展現，母國與殖民地整體往「日滿支」這個大架構前進。就實際內容對外關係多於對內關係的同文同種來看，則這種對內（台灣）或是對外（中國、滿洲）的同文同種，其結果一致都是朝向「東亞協同體」、「大東亞新秩序」。

所以就筆者收集的同文同種內容來說，可以看到其包含了對內（台灣）與對外（中國、滿洲）的兩個部分。同文同種在對內這個部分確實隱含官方

〔註25〕西村高兄，〈廣東復興誌序〉，《臺灣地方行政》第五卷第四號，1939 年 4 月 1 日。
〔註26〕花蓮港廳長 高原逸人，〈年頭の辭〉，《臺灣地方行政》第五卷第一號，1939 年 1 月 1 日。

民族主義的可能，建構以天皇為主的天皇的子民。將明顯存在於台灣人與日本人的民族問題，以天皇為其主架構，將台灣人透過皇民化視為天皇的子民來連結台灣人與日本人的關係，使得官方民族主義在皇民化時期有所根基。

而另一方面，同文同種在對外的這個部分則形成「他／我之別」。也就是說：在同文同種的對外內容中，理應分別得出日本與中國兩個不一樣的主體，即「他（中國）／我（日本）之別」──因為中國並非「天皇」所管轄的地區，所以日本跟中國在戰爭中應當為各自的前途努力。但如果把「天皇」一詞換成「同文同種」的話，就能囊括中國。這種將中國囊括在內的同文同種突顯出：日本不願意因為這個「他（中國）／我（日本）之別」，形成兩國隔閡的曖昧與矛盾性。也導致了一個問題：中國非西方，中國人非白種人，不能夠以黃白種族衝突來囊括日中這兩個同為黃種的國家。

也就是說，在盧溝橋事變後形成應該要因「他（中國）／我（日本）之別」而確立戰爭的「敵（中國）／我（日本）狀態」，但是同文同種對外的內容中並沒有就此「敵（中國）／我（日本）」進行強烈的中國為敵人的論述內容。反而書之以中國不識日本用心良苦、日本是為解救中國人等曖昧的概念，將中國形塑成冥頑不靈的形象，而日本是救世主彌賽亞、對鄰邦不能撒手不管，以此來包覆戰爭對日中關係所產生的衝擊。結果產生了同文同種在戰爭期並不只是合理化「出兵＝拯救中國」，而且是延續連結日中關係的基本，並成為官方在構築以日本為首的東亞民族主義的虛擬糖衣。

第二節　「同文同種」的地理實像：空間中的「同文同種」

除了上一節從種族主義與民族主義兩方面來看同文同種，得知在同文同種對內外兩方向中所形構的想像共同體之外，實際上在地理的行進方向又是如何的？本節由同文同種的行進路線與台灣在同文同種的日中關係之角色兩部分，以地理的實際視點來看連結日中關係的同文同種。

（一）「同文同種」的行進路線

從空間與時間兩方面來看日本與中國的關係，在筆者搜集含有同文同種的內容中，在空間上以日本為界線而區別出南北的地理分界，來看對此日中

關係展現出來的結果，首先是在「北清」的部分。在下面 5 則引文，可以看到文中使用了「北清」一詞。

在提到戰爭的部分有 2 則都是提到「北清事變」，分別如下。

夫以今北清事變　其開釁於列國者　結黨之團匪也　其縱容之以開釁者　養奸之權臣也〔註27〕

張之洞氏が前後四十餘年間を通じての政治的生涯と其間の事業治績と學術性□とを詳述すれば勢ひ數十篇に互らざるを得ない湖廣總督若くは署理兩江總督時代に於ける各種の事業を經營せる事、北清事變に際し李鴻章、劉坤一と東南互保の約を立て、中南清の動搖を防げる事〔註28〕

北清事變就是八國聯軍，而第一則的發表時間正好在戰爭的當下。第二則則是距離戰爭結束近 8 年的時間，回顧張之洞的事蹟。在這 2 則可以看出由相對的地理空間來標示戰爭的方式。

而在貿易航路的部分有 3 則內容提到北清。一是提到日本在北清的金融問題的責任歸屬〔註29〕，而後面 2 則是關於貿易航路，如下：

清國實爲我國商品之大市場。清國人爲我國商品之大顧客也。況以人文則同文同種。以關係則唇齒輔車者耶故日清親善。是爲急務中之尤急者。稽諸往者。南清與北清異。無阻隔之懸案。迨至廈門事件。辰丸事件。交涉之案續出。兩國交惡。交誼就疏。遂激成排貨之舉。然是爲一時之變調。兩國因自然之勢。仍不得不爲親善。〔註30〕

現日清航路。雖通行不少。然向後之兩國經濟關係。不無幾許推移。則該航路之應增應廢。自宜慎重覆察。如北清及樺太間以至臺灣及南清關。皆要密接聯結。蓋由日清貿易之狀態觀之。將來樺木木材及水產貨之輸出于清。必大繁昌振起。北京樺太之航路。決

〔註27〕 空山同人來稿，〈論議　保民論〉，《臺灣日日新報》第 6 版，1900 年 8 月 26 日。
〔註28〕 天南生，〈張中堂と日本（十四）日本親善の端緒〉，《臺灣日日新報》第 1 版，1909 年 10 月 26 日。
〔註29〕 〈臺灣と福建〉，《臺灣協會會報》第十九號，1900 年 4 月 30 日。
　　　 「北清の金融に至つては正金銀行の任務であつて私共の□を容るべき限りでありませんが」
〔註30〕 〈日清親善好望〉，《臺灣日日新報》漢文版第 2 版，1910 年 3 月 27 日。

不可不保其聯絡。〔註31〕

這 2 則都表明了清國作爲日本貿易輸出的對象，並且論及在兩國關係與航路運輸上，北清南清各別的重要貿易地區與輸送的物產。因此在這 5 則可以看到從戰爭、貿易航路顯示日本與清國的連繫關係。「北清」一詞與同文同種的交集，主要介於 1900－1911 年，並且當中包含對於戰爭稱呼的「北清事變」。

接著來看「南清」的部分。以下共有 9 則引文提到「南清」一詞。其中，商業航路的內容有 4 則，1 則指出南清的經營重點在廈門〔註32〕，接下來的 3 則表明了台灣在日本對於清國貿易的地理重要性：

> 本島與南清蜜邇。商業關係。自昔固結不開。嚮者雖曾銳意於南清經營。冀益發展。而今則視爲無足重輕。夫商業關係。我國之與清國。其緒實啓自南清。故欲商業之發展於清。似宜仍自南清始。而欲圖南清商業之發展。則又宜以本島爲偏師。籍當一面。乃足以握霸權於清。是母國既圖改善對清之商略。而於本島對南清之商略。亦不可不加之意也。行遠自邇之言。是不可不三覆之者。〔註33〕

> 欲圖日清交誼之親善。須重視南清經營。是吾儕夙所持論。欲我國朝野人士。知留意及此。……稽諸往者。南清與北清異。無阻隔之懸案。迨至廈門事件。辰丸事件。交涉之案續出。兩國交惡。交誼就疏。遂激成排貨之舉。……廣東者爲南清重鎮。而我南清貿易之策源地也。……而本島與南清密邇。官若民至於今日。仍袖手旁觀。無所爲計。其淡然忘之耶。抑將有所待耶。殊滋吾惑。時不可失。住臺之官民其奮諸。〔註34〕

上述 2 則中可看到著重在段落最末都提到本島（台灣）對於南清的商貿經營有地利之便。並且表明了要注意台灣對南清的商業策略、把握對清國的商業發展。再對照下面這則，

〔註31〕〈日清航路整理〉，《臺灣日日新報》漢文版第 1 版，1911 年 7 月 3 日。
〔註32〕〈臺灣と福建〉，《臺灣協會會報》第十九號，1900 年 4 月 30 日。
　　　「是れ私が國外に出て南清方面に參りて感□た大切なる要點□あります……南清の經營としては廈門を南清南洋の中央市場　として他の旨味を吸寄せろ□を取らなければ唯□空名を得るに止つて實利を全うするとは出來ないといふ憂があらうと思ふ」
〔註33〕〈就實業團渡清言〉，《臺灣日日新報》漢文版第 2 版，1910 年 3 月 13 日。
〔註34〕〈日清親善好望〉，《臺灣日日新報》漢文版第 2 版，1910 年 3 月 27 日。

如北清及樺太間以至臺灣及南清關。皆要密接聯結。蓋由日清
貿易之狀態觀之。將來樺木木材及水產貨之輸出于清。必大繁昌振
起。北京樺太之航路。決不可不保其聯絡。又臺灣南清之航路則以
臺灣產糖之輸出于清。十分利便。將來可與爪哇產糖。競爭其利。
其航路亦不得不特爲施設。〔註35〕

將北清與南清在路線發展與將來物產運輸的延伸並列，除了可以看到南北物產差別之外，也指出與未來的貿易競爭對象南洋（爪哇）的關係，表明貿易航路上的考量重點。

在區域動盪提到南清，「張之洞氏が前後四十餘年間を通じての政治的生涯と其間の事業治績と學術性□とを詳述すれば勢ひ數十篇に互らざるを得ない……中南清の動搖を防げる事」〔註36〕將中南清視爲一個整體區域，提到張之洞對該區域動盪的防範。也有以詩作來抒發感情的內容，「南清傳近況。勢力墜泥塗。本是同文種。何因分越吳。願言肝膽露。務俾齒唇孤。可惜學徒數。晨星直不殊。」〔註37〕表示對清國的情況感到憂心。

除此之外，談論中國的教育問題，長岡護美提出他的看法：

予雖不敏冀我日本運命長久及東亞永久平和之心甚切　是故慮
中國之富強發達亦甚深　乃不願不敏盡東亞同文會之力謀事業之進步
刱設南京同文書院並踵臨其開院　式藉此機會以觀風于南清各地者
一不外出于圖中國開發之精神而已　此中國人士之所深諒者也〔註38〕

上述引文主要從南京同文書院來觀察南清的教育發展，並且點出爲了日本的國運與東亞的和平，因而顧慮中國的發展情況。最後，有 2 則「南清」因遊歷地點而出現在標題，是魏清德到清國的遊記：「南清遊覽紀錄（四）」〔註39〕與「南清遊覽紀錄（十四）」〔註40〕。

〔註35〕〈日清航路整理〉，《臺灣日日新報》漢文版第 1 版，1911 年 7 月 3 日。
〔註36〕天南生，〈張中堂と日本（十四）日本親善の端緒〉，《臺灣日日新報》第 1 版，1909 年 10 月 26 日。
〔註37〕〈新評林 傳近況〉，《臺灣日日新報》漢文版第 2 版，1910 年 12 月 12 日。
〔註38〕子爵 長岡護美，〈譯稿 中國國民教育論〉，《臺灣日日新報》第 5 版，1901年 11 月 3 日。
〔註39〕潤庵生，〈南清遊覽紀錄（四）〉，《臺灣日日新報》漢文版第 1 版，1911 年 1月 19 日。
〔註40〕潤庵生，〈南清遊覽紀錄（十四）〉，《臺灣日日新報》漢文版第 1 版，1911 年2 月 5 日。

因此，在「南清」的內容中可以看到包含商業航路、區域動盪、抒發感情的詩作、教育問題以及遊歷。而「南清」一詞與同文同種的交集也與「北清」一樣，是介於 1900－1911 年。

如果從使用的數量來看，則「南清」一詞多於「北清」。從內容來比較「北清」與「南清」兩者時，係以「南清」在地理上鄰近「台灣／本島」，使得內容中提到「南清」的比「北清」的來得重要。

再接著來看在「中國」成立之後，這種南北之分的地理位置出現的頻率。在「北支」的部分有 2 則，發表時間介於 1938－1939 年間，內容也與戰事相關。

1938 年這一則「軍閥の壓政から北支の民衆を解放してくれた日本軍に感謝し東亞永遠の和協を力說してある北京市立北魏胡同小學校の蘇秀蘭君は高一の男生徒ですが」〔註41〕是北京小學校的學生蘇秀蘭撰文以感謝日本軍從軍閥壓力之下解救北支的民眾，並且將為東亞永遠的和諧盡力。在這個引文中可以得知北支的實際位置大約是在北京附近。

　　　今や支那事變も　天皇陛下の御稜威の下皇軍將兵の赫々た
　る武勳により第二の首都漢口及廣東の攻略成り茲に北支、中支及
　南支の大部分卽ち所謂支那中原の地を我が手中に納め〔註42〕

在天皇光輝之下的皇軍將兵的征戰功勳已經攻下了漢口以及廣東，可以說被稱為「支那中原」的地區都在日本的手中了。透過這個引文可以知道當時戰爭的行進路線與日本占領的中國區域。

再來看「南支」的部分，有 3 則提到「南支」的內容。

　　　南支南洋號……然らば以上の論據に於て彼此親善の實は、如
　何に體現せられずるべからざるか、此原理に基きて南支南洋に對
　せば如何の問題に至つては、機を新にして更に之れを述ぶること、
　しやう〔註43〕

引文中指出面對日中親善的這個事實與體現的方法，依據這個前提來面對南支南洋時，需要新的機會來進一步說明。在 1918 年刊出的這則引文，表

〔註41〕蘇秀蘭，〈僞らぬ眞實の叫び平和に惠まれゆく北平の小學生から〉，《まこと》
　　　　第二九八號，1938 年 1 月 1 日。
〔註42〕花蓮港廳長　高原逸人，〈年頭の辭〉，《臺灣地方行政》第五卷第一號，1939
　　　　年 1 月 1 日。
〔註43〕角土木局長談，〈南支南洋號 日支親善 同種同文とは何ぞ 唇齒輔車の關係〉，
　　　　《臺灣日日新報》第 4 版，1918 年 9 月 27 日。

現當時對於從日中親善，再進一步借這個根基作爲南支到南洋發展的未知
性，隱含雖然有朝南洋發展的意圖，可是得看日中親善的情況。

　　在提到「支那中原」的內容中，也提到了「南支」〔註44〕的區域，因此
可以參考上述北支的引文，得知日本占領中國的區域範圍。

　　而這一則「南支處理の態度は殊に消極的の内容外觀を表明して居るや
うに感ぜられるが、然し乍ら之は支那の有する量を充分認識し且南北の人
文地文を究め盡してゐる」〔註45〕是談到面對處理南支的態度雖然看起來是
消極的，但其中包含對支那的充分認識與究明其人文地理。

　　透過這3則提到「南支」的內容，知道其發表的時間1則出現在1918年，
剩下的2則則是在1939年發表。前者是與「南洋」連結，組成「南支南洋」
這樣的詞彙。後者的內容則多與戰事相關，與出現「北支」的內容相似。

　　又，從「南支南洋」這樣的詞彙來看「南洋」時，則南北地理之分的「北
洋」並未出現在同文同種的內容中，即在同文同種的內容中沒有出現「北洋」
的用法。因此，就「南洋」的部分可以看到有5則引文。

　　　　南洋に關係を有たせるが必要と思ふ、なぜならば南洋と福建
　　省とは非常に密接の關係を有つて居るからである何が故に密接の
　　關係があるかと云へば南洋の勞働者は福建省の者か多さを占めて
　　居るからである〔註46〕

〈臺灣と福建〉這一則先從南洋和福建的關係說起，表示南洋有多數的
勞工都是來自福建。

　　　　以上は福建省は恰も其國内の生産の爲めに富んだと同□結
　　果になるから勞力者の儲蓄して歸るとが盛になる程福建省は富有
　　となる其れから勞力者は南洋其他の地方に於て生産した品物が一
　　度廈門に於て集散せらるゝことになると自から種々間接の利益が
　　福建省内に落ちると云ふとになるから成るべく〔註47〕

接著提到當時有許多福建人前往南洋工作，也將南洋的東西帶回來廈門，使
得廈門成爲貨物集散地，使得福建逐漸富有起來。在這一則中看到了1900年

〔註44〕花蓮港廳長　高原逸人，〈年頭の辭〉，《臺灣地方行政》第五卷第一號，1939
　　　　年1月1日。
〔註45〕西村高兄，〈廣東復興誌序〉，《臺灣地方行政》第五卷第四號，1939年4月1日。
〔註46〕〈臺灣と福建〉，《臺灣協會會報》第十九號，1900年4月30日。
〔註47〕〈臺灣と福建〉，《臺灣協會會報》第十九號，1900年4月30日。

當時的勞動關係與物品集散的結構，也顯示了廈門的重要性。

　　而 1910 年 6 月 5 日中國的南京舉辦南洋勸業博覽會，日本實業團也到中國參與。「余代表實業團感謝今夕歡迎。抑余等實業團以觀覽南洋博覽會爲主要之目的。因時日從容。故利用此期間以爲汗漫遊耳。」〔註48〕對於北京報界的歡迎表達謝意。

　　接著以林輅商，也就是林輅存（1879－1918）〔註49〕，說明他的經歷，「福建鐵路。初係法人魏池與廈商某秘密運動。時機將熟景商恐蹈滿洲覆轍。起而排法。由是而廈門親法親日兩派起。後遊南洋到處受歡迎。演說多被刊錄。竝無繫獄押迫等情。景商乃親日派非排日派也。上野瀨川領事。知之最詳。」〔註50〕提到當時 1911 年的社會背景，表明林景商親日的身分，但並未說明爲何林景商親日。

　　而 1918 年這則〈南支南洋號 日支親善 同種同文とは何ぞ 唇齒輔車の關係〉則從人種角度出發，「若し單に黄色なるが故に同種なりとなすに於ては、南洋の馬來人も亦同種となり其範圍は愈々擴大して……然らば以上の論據に於て彼此親善の實は、如何に體現せられずるべからざるか、此原理に基きて南支南洋に對せば如何の問題に至つては、機を新にして更にこれを述ぶること、しやう」〔註51〕表示以膚色來看，南洋的馬來人也是同種；對於南洋的發展，與日中親善息息相關。在同文同種的內容中，這則引文也將「南支南洋」視爲一特定區域的地理名詞使用在標題上。

　　最後在同文同種內容中提到「南洋」的，是戰爭期間 1938 年發表的〈在臺華僑諸君に望む〉。

　　　　諸君のこの幸福感に引換へ、香港、或は又南洋方面に在留してゐる我日本同胞は、如何なる現狀にあるかと云ふ事を知つて貫ひ度いのである。勿論支那本國に在留してゐる我同胞は、事變勃發と同時に着のみ着の儘で引揚げたのであるが、香港及南洋は諸君の

〔註48〕〈北京報界聯合歡迎日本實業團之誌盛〉，《臺灣日日新報》漢文版第 4 版，1910 年 6 月 10 日。

〔註49〕施懿琳撰，〈林輅存〉，智慧型全臺詩知識庫，（來源：http://xdcm.nmtl.gov.tw/twp/TWPAPP/ShowAuthorInfo.aspx?AID=1040，2018 年 4 月 25 日瀏覽。）

〔註50〕潤庵生，〈南清遊覽紀錄（十四）〉，《臺灣日日新報》漢文版第 1 版，1911 年 2 月 5 日。

〔註51〕角土木局長談，〈南支南洋號 日支親善 同種同文とは何ぞ 唇齒輔車の關係〉，《臺灣日日新報》第 4 版，1918 年 9 月 27 日。

知れる如く支那の領土ではなく、英國、或は和蘭の領土である、に
も拘らずこの土地に在留してゐる我日本人は、此の臺灣に於ける諸
君の如く經濟的にも、精神的にも保護されてゐないのである。……
南洋方面では殺害、暴徒、傷害なとが頻りに行はれる、それに英國
の警察も 和蘭の警察も 知らぬ顔をしてゐるのである。×××　之
等の殺害、傷害、暴徒事件は何れも無智か有智か知らないが、世に
云ふ南洋華僑の手に依つて爲されるのだある。……南洋の英、蘭に
於ける我日本同胞は戰慄を感じて居るのである。〔註52〕

上述內容中主要表明在中國、香港或是南洋的日本人在這段時間的情況，顯
示出與在台灣生活的日本人的差別。這一則內容也是同文同種的內容中首次
表現出當時日本人在海外的生活情況：在事變發生的同時一無所有地從中國
撤走，以及揭示在非中國領土的第三國領土遭遇暴行卻求救無門。與此相較，
則在台灣生活是幸福的。

　　在提及「南洋」的內容中，可以知道「南洋」一詞在1900年時已經出現
在同文同種的內容中，且明顯指出人口移動的經過與原因。而1918年以後便
只有1則內容提到「南洋」。與1938－1939年同時期的「北支」或「南支」
相比數量確實較少，但內容也和「北支」或「南支」一樣與戰事相關。

　　與「南／北清」或「南／北支」相比而言，「中清」〔註53〕或「中支」〔註54〕
的用法在同文同種的內容中較少見。因而仍以「南／北清」與「南北／支」

〔註52〕一記者，〈在臺華僑諸君に望む〉，《臺灣自治評論》第三卷第二號，1938
　　　　年2月8日。
〔註53〕天南生，〈張中堂と日本（十四）日本親善の端緒〉，《臺灣日日新報》第1版，
　　　　1909年10月26日。
　　　　「張之洞氏が前後四十餘年間を通じての政治的生涯と其間の事業治績と學
　　　　術性□とを詳述すれば勢ひ數十篇に亙らざるを得ない湖廣總督若くは署理
　　　　兩江總督時代に於ける各種の事業を經營せる事、北清事變に際し李鴻章、
　　　　劉坤一と東南互保の約を立て、中南清の動搖を防げる事、軍機大臣として
　　　　兩宮崩御の大變に當り措置宜しきを得たる事」
〔註54〕花蓮港廳長　高原逸人，〈年頭の辭〉，《臺灣地方行政》第五卷第一號，1939
　　　　年1月1日。
　　　　「今や支那事變も　天皇陛下の御稜威の下皇軍將兵の赫々たる武勳により
　　　　第二の首都漢口及廣東の攻略成り玆に北支、中支及南支の大部分卽ち所謂
　　　　支那中原の地を我が手中に納め蔣政權をして遂に西北及西南の一地方軍閥
　　　　たるに過ぎざるに至らしめたのでありまして」

爲主要討論對象。

綜覽上述關於「南北／清」、「南／北支」、「南洋」的內容，前期主要以商貿航路爲主，意即日本在 1918 年以前與清國／中國的關係是以商業利益爲考量。1918 年爲一界線，使得地理位置上的南北之分在同文同種的內容中，出現商業與戰事的兩種樣貌——尤其在進入戰爭期後，內容較多提到戰爭，因而與前期以商業爲主的內容產生了區別。

在「南／北清」、「南／北支」、「南洋」這種呈現日本對清國／中國拓展的商業／戰事版圖方向中，從「南清」發展比「北清」重要的這一點來看，以至於「南支」往「南洋」這種朝南方發展的路線，不難看出在這些內容中，台灣處於「南清／南支」與「南洋」之間。間接顯示台灣在日中關係位居連結的角色之外，其實也埋下日本往「南洋」發展的跡象。

此外，透過從「南／北清」、「南／北支」到「南洋」觀察區域地理的人口移動，可以看到這種人口移動在戰爭期間也形成了一種對抗：海外的中國人與日本人對抗的可能。

（二）台灣在「同文同種」的日中關係之角色

在前者已經出現「台灣／本島」於日中關係處於連結的角色的雛形，但實際來看這角色的性質是否有變化？在以下提及同文同種的引文中，可以觀察出主要的移動地點與時序變化。

> 今中國與我國同種同文。同風同教。唇齒輔車之誼。親且切矣。目擊其宗教頹靡。眞理淪亡。愚民只拘毫末。不究根原。至尊之宏德。竟若有未被其澤者。吁可慨矣。竊念吾輩執守慈悲濟度之職。何能膜視。<u>因在南臺地方。創設總教堂。</u>擬將中國佛教挽回。普濟眾生。〔註55〕

首先指出中國（即當時的清國）與日本因爲文化與區域鄰近的親密感，接著表明中國佛教發展現況，爲了在中國宣傳佛教的權益，而在南臺地方設總教堂。從這一則發表的時間來看，在 1906 年 4 月西本願寺將福建與廣東視爲台灣教區的開教範圍〔註56〕，因此可以看出在佛教宣教層面上，因爲區域

〔註55〕〈福建布教權問題（承前）〉，《臺灣日日新報》漢文版第 1 版，1906 年 9 月 23 日。

〔註56〕闞正宗，《臺灣日治時期佛教發展與皇民化運動：「皇國佛教」的歷史進程（1895 －1945）》（新北：博揚文化，2011），頁 88-90。

鄰近而延展開來的宣教範圍。

而下面 2 則是從商貿的關係來看台灣與清國的關連。

> 本島與南清蜜邇。商業關係。自昔固結不開。……夫商業關係。我國之與清國。其緒實啟自南清。故欲商業之發展於清。似宜仍自南清始。而欲圖南清商業之發展。則又宜以本島為偏師。藉當一面。乃足以握霸權於清。是母國既圖改善對清之商略。而於本島對南清之商略。亦不可不加之意也。〔註57〕

> 欲圖日清交誼之親善。須重視南清經營。是吾儕夙所持論。欲我國朝野人士。知留意及此。……廣東者為南清重鎮。而我南清貿易之策源地也。……本島與南清密邇。〔註58〕

在這 2 則引文中皆可以看到「本島與南清蜜邇／本島與南清密邇」表明台灣與清國——特別是關注台灣與中國南方的關係。並且也描述了區域地理的鄰近使得應當強化或注意台灣對清國的貿易策略。

最後則是提到在海上航路的運輸，需要分別從北清與南清的兩個路線前進。

> 現日清航路。雖通行不少。然向後之兩國經濟關係。不無幾許推移。則該航路之應增應廢。自宜慎重覆察。如北清及樺太間以至臺灣及南清關。皆要密接聯結。蓋由日清貿易之狀態觀之。將來樺木木材及水產貨之輸出于清。必大繁昌振起。北京樺太之航路。決不可不保其聯絡。〔註59〕

而這兩條海運路線並無偏廢，因為各別有物產需要輸送連結，導致上述引文中將南北兩區域各自腹地轉運的增廢視為需要慎重考慮。

透過上述的 4 則引文中筆者所加註底線的內容，可以看到在地理的行進路線上分為北南兩個進入中國的路線。亦即，一是從日本本島到中國再到樺太、滿洲國，即日本北方到中國北方；二是從台灣總督府到中國的廣東、福建與廈門等地，即日本南方到中國南方。

這種行進路線確實係基於地理位置鄰近，而使經濟行進也較於便利。但也突顯了日中兩國交惡時，過於親近的經濟關係會造成惡果，亦即「排貨」

〔註57〕　〈就實業團渡清言〉，《臺灣日日新報》漢文版第 2 版，1910 年 3 月 13 日。
〔註58〕　〈日清親善好望〉，《臺灣日日新報》漢文版第 2 版，1910 年 3 月 27 日。
〔註59〕　〈日清航路整理〉，《臺灣日日新報》漢文版第 1 版，1911 年 7 月 3 日。

（boycott）〔註60〕。

在中國成立之前，日本對清國的連接目的，從報紙上來看主要呈現在商貿運輸上。但若來看中國成立之後與台灣相關的引文，1915 年有 3 則，1918年、1919 年、1925 年、1932 年以及 1939 年皆各 1 則，1938 年則有 2 則。與中國成立之前的引文數量有些差異。因此，以下從內容有無涉及滿洲國，分成 1915 年－1925 年與 1932 年－1939 年兩個分期來討論。

在 1915 年－1925 年的 6 則引文中，1915 年的 3 則係因友人前往日本在中國的報社任職，而獻上祝福與期待。「到是同文同種地。好將親善□□□。」〔註61〕林知義詩中表明到中國應盡親善之責；「今爲比鄰國。昔爲父母邦。勿作秦越視。日支□寵光。同文兼同種。衣帶水一方。」〔註 62〕曾逢辰則以中國與台灣曾有的關係與現在作爲鄰近地區的基礎，期許魏清德赴中任職能有所兼顧；「同文同種視同仁。唇齒相依形影親。願囑先生寫白禍。喚醒黃色亞洲人。」〔註 63〕黃純青則從世界局勢來冀望赴中的魏清德能對中國人呼喚以看清世界大戰的後果。

因此在這 3 則引文中除了可以得知是祝賀友人任職之外，「今爲比鄰國。昔爲父母邦。」也點出台灣和中國從前的臣屬關係。3 首詩中含有念在從前的關係及「同文同種」，前往中國應爲日中關係盡一己之力。以詩作表現抒情之意，因此說理性質並不強烈。

接著再看下面 3 則引文。就地理位置來看時，在 1918 年〈南支南洋號 日

〔註60〕〈日清親善好望〉，《臺灣日日新報》漢文版第 2 版，1910 年 3 月 27 日。
「稽諸往者。南清與北清異。無阻隔之懸案。迨至廈門事件。辰丸事件。交涉之案續出。兩國交惡。交誼就疏。遂激成排貨之舉。然是為一時之變調。兩國因自然之勢。仍不得不為親善。」
〈日日小筆 口を開けば同文同種と云ひ〉，《臺灣日日新報》第 1 版，1913年 9 月 6 日。
「往々排貨熱の勃發□んとするが如き其一證也、我對支那外交の□に□宜を失す□に依□とせば、所謂同文同種唇齒輔車の關係□る丈甚だ遺□也とす。」
〔註61〕林知義，詩壇欄〈送魏潤庵君轉駐福州閩報館〉，《臺灣日日新報》第 6 版，1915 年 9 月 16 日。
〔註62〕曾逢辰，詩壇欄〈送魏潤菴之閩中〉，《臺灣日日新報》第 6 版，1915 年 10月 19 日。
〔註63〕黃純青，詩壇欄〈寄贈閩報館魏潤菴社兄〉，《臺灣日日新報》第 6 版，1915年 10 月 22 日。

支親善 同種同文とは何ぞ 唇齒輔車の關係〉「最近二十餘年間には、南は臺灣に依つて、福建と一衣の帶水に□り、西は朝鮮に□つて彼の大陸と接壤するの機運に達した。卽ち此天然の地理的關係こそは、單に利害と云ひ得失と云ふが如き微溫的關係の存するところにあらずして、眞に兩者の死活の繫がろところ、生命の存するところである」〔註64〕點出日本的南方有台灣與福建這樣一衣帶水的關係，並且在這層地理位置的關係之下，日中兩國是存活相繫。

此外，針對中國排貨的問題，「……支那の日貨排斥はやがて自繩自縛である、困るのは日本よりも寧ろ支那にある、た□在福州の日本內臺民が多少迷惑を蒙るの外、日本としては何等の痛痒をも感じない」〔註65〕這段引文可以得知是以在中國福州生活的「內臺民」的視角，連接中國和台灣。

而以增進日中兩國貿易連結時，〈中華民國に對する雜觀〉指出物資相互供給運輸的路線。如以下引文：

> 支那民衆の利益幸福を增進するには、日本と經濟的提携が必要である、それには先づ其の第一步として、臺灣と經濟的に接近して置くべきである、卽ち廣東の咽喉を扼して居る香港が經濟封鎖を如何に持續したからというて、何等の苦痛も影響も受けずに廣東の重要產物たる絹絲を、臺灣を中繼として米國に輸出するか臺灣よりの日本汽船を廣東に直接入港せしめて之を搬出するの便利もあり、且つ亦廣東に於て缺乏してゐる石炭、砂糖、米などを臺灣より供給を仰ぐことが出來〔註66〕

表明航運的路線從廣東、香港再到中繼站台灣，最後前往美國。並且認爲這種經濟利益是基於增進中國民眾的利益幸福，因而需要與日本經濟合作，互相疏通貨物。點出在區域鄰近的地理事實之中，將台灣置於日中兩國運輸航路的重要位置。

從這 3 則內容中，確知在地理位置鄰近的優勢下，台灣被置於日中兩國貿易結構的重要位置。這點與中國未成立之前、仍爲清國時相同。

〔註64〕角土木局長談，〈南支南洋號 日支親善 同種同文とは何ぞ 唇齒輔車の關係〉，《臺灣日日新報》第 4 版，1918 年 9 月 27 日。

〔註65〕〈同文同種の兄弟が 牆に鬩ぐは愚也と下村長官 福州事件を歎じて語る〉，《臺灣日日新報》第 3 版，1919 年 11 月 29 日。

〔註66〕片寄學人，〈中華民國に對する雜觀〉《臺灣警察協會雜誌》第壹百號十月號，1925 年 10 月 1 日。

　　但如果來看 1932 年－1939 年的 4 則引文時，原先台灣處於日中兩國的這種商貿性質便產生了變化。

　　在〈滿洲新國家　對同文同種臺灣人務欲拔擢登用人材　外交部長謝介石氏談〉訪談謝介石的內容中，「謝氏續言昨年旅行臺灣觀臺灣民治進步。令人驚嘆。臺灣人得改隸日本領土。爲無上幸福。滿洲國家。對於同文同種之臺灣人。亦務欲登用其人材。終言云介□紙。爲我故鄉人士道好云々。」〔註67〕可見基於謝介石的出身，而把台灣和滿洲做了連結。滿洲國雖然不像直接繼承清國而來的中國，但觀察其以溥儀爲皇帝，仍可見滿洲國於清國的承繼關係。

　　而下面這則引自〈在臺華僑諸君に望む〉的內容，更能看出其他日本人對於隸屬日本統治的台灣的看法。

> 　　諸君は臺灣にゐたが爲め、平和の建設者として歷史的事業に
> 參與し、東亞の進むべき道を知つたのである、その偉大なる認識
> は、要するに日本と云ふ仁政の下に保護されてゐたからである。
> ……諸君が日本の仁政に浴して、日本國民の心を、姿をハツキリ
> と知り得た爲め、諸君は大きな幸福を握つた事は、時代の幸運兒
> であつて、臺灣に今日迄在住した事に依つて、日本の本當の姿を
> 知り得た譯である。……諸君が、熱と、意氣と、自分を愛する叫
> びを我臺灣より起したと云ふ事は、臺灣の誇りであるのみならず、
> この臺灣が又一方世界平和に金塔不磨の先驅を爲す、人類救命の
> 聖地であることを物語るものである。〔註68〕

　　〈在臺華僑諸君に望む〉中認爲「諸君」，也就是住在台灣的日本人能作爲和平的建設者參與這個歷史事業，爲世界和平盡心力。也顯示台灣在戰爭期間與其他地方相對起來是幸福的。這種將台灣形塑爲美好天地，視爲日本與中國友善這個大整體的縮影，並以此連結日本與中國的關係，形成戰爭期中台灣在日中關係的基本樣貌。

　　這種基本樣貌在〈讀者論壇　車中雜感〉的引文中也是十分清楚的。「この際臺鮮の教化の完成は滿支への發展の楔となりひいては東洋平和の確保、八紘一宇の大理想の實現となるのだ。吾々事務擔當者の使命の重大なるを

〔註67〕〈滿洲新國家　對同文同種臺灣人務欲拔擢登用人材　外交部長謝介石氏談〉，《臺灣日日新報》夕刊第 4 版，1932 年 3 月 8 日。
〔註68〕一記者，〈在臺華僑諸君に望む〉，《臺灣自治評論》第三卷第二號，1938年 2 月 8 日。

痛感する。お互に緊褌一番ふんどじをひきしめて精進しやう。」〔註69〕指出教化台灣與朝鮮是往滿洲國和中國發展之基礎、實現東洋和平和八紘一宇的大理想。這種從小個體來展現大整體的作法，也必須出於其地理位置的鄰近與彼此的歷史因緣，才能串連整個東亞成爲一體。

對於地理鄰近而串連成一個區域體的概念，在廈門盧用川的謝辭中「日支は同文同種、特に廈門を臺灣は一衣帶水の間にありまして今後の關係は一層密接なるものがありませう。」〔註70〕又再次提出這種地理位置的連結。更表明了日中兩國係基「同文同種」，呈現了「同文同種」的歷史因緣與「一衣帶水」的地理位置在戰爭期間作爲連接日中兩國的要素。而台灣便是這種要素的最佳代言人。

在這種以日中關係爲主的同文同種提到台灣時，因爲時間轉變而使得台灣在日中關係的角色產生變化，除了呈現出經濟勢力消長之外，更展現出政權以及人民對國家的忠誠度（排貨，boycott）影響經濟的跡象。而在戰爭期間，原先台灣在日中關係的商貿連結性質，轉變成強化台灣人的日本認同，並且企圖透過這種認同來導向東亞和平的結果。表示台灣在日中關係的角色，從商貿的地理中繼站，變成政治民族認同（日本的／中國的）的角力區。

對於實際上作爲連接日中關係存在的同文同種，從本論文所探討的範圍來看，可以知道《臺灣日日新報》和臺圖日治期刊影像系統多數是在台灣出版的。亦即，在台灣發行的這些刊物中，對於同文同種的敘述，大多數是指涉日中兩國，這種以台灣爲言論擴散地的形式，間接地強化台灣人作爲日本民族的一支，而代表日本與清國／中國「親善／東洋平和」。

第三節　小結

從《臺灣日日新報》和臺圖日治期刊影像系統的同文同種內容中，確知以日本爲主的官方民族主義發展經過，以及台灣在日中兩國關係中所處的角色。基於這些刊物多數是在台灣發行，間接地表明台灣在日中關係的特殊性。意即，曾爲清國的領土，後來又成爲日本殖民地的台灣，是兩國的混血兒。

〔註69〕 新巷　猪腰生，〈讀者論壇　車中雜感〉，《臺灣地方行政》第四卷第十一號，1938 年 11 月 1 日。

〔註70〕 鈴木秀夫，〈歡迎廈門市政府員一行來臺〉，《臺灣地方行政》第五卷第九號，1939 年 9 月 1 日。

從官方民族主義（或殖民地官方民族主義）來看日治時期台灣這個區域的民族之形成時，首先有一個先決條件是：官方民族主義的反對民族主義特質。這樣似乎與「官方民族主義」中的「民族」兩字抵觸，但如果從「只能夠建立以官方所屬民族爲民族認同」的話，那麼非官方所屬民族者當然會構成官方民族主義中的「反民族主義」。意即：只能夠建立以日本民族爲認同的官方民族主義，非日本民族主義的便成爲反日本民族主義了。這也就形成《成爲日本人：殖民地台灣與認同政治》所言之「新民族主義論述的構成是指向 1920 年代和 1930 年代與日本帝國主義和中國民族主義有關的更大規模的地緣政治的變遷與危機」〔註71〕的可能。荊子馨的「新民族主義」其實就是本文指的非官方民族主義，他表明這種非官方民族主義的形成是處於日本帝國主義與中國民族主義之間，也就是 1920、1930 年代存在族群認同（ethnic identity）的擺盪。

在這種 1920、1930 年代認同的擺盪中，台灣人面對官方以「成爲日本民族」的官方民族主義的應對至少有兩種面向：一是希望尋求台灣自己的認同，例如台灣文化協會；二是與官方較親近，例如公益會。但本章觀察同文同種的內容中，則無法看到台灣人對自我認同的建構過程，忽略台灣人建立自我認同的可能。因此，從「非官方認同的民族主義」——台灣人建構自我認同的角度來看「官方民族主義」時，具有官方民族主義色彩的同文同種就成爲台灣人建構自我認同的民族幻象。

再回過頭來看以同文同種爲口號而行的地理實像，其實際上是爲了取得中國資源。而後將東洋和平這樣的概念，加以同文同種這淺顯易懂、易於宣傳的口號，使進入戰爭期的台灣對於日本與中國的戰爭因由，趨於合理與接受。

因此，雖然都是同一文化、文字表象（同文）與同爲黃種（同種），但日中兩國仍有不同，所以才需要反覆在日中關係上提及同文同種，以達成各自的目的。而本章在同文同種的民族幻象與地理實像各別觀察出這種心理認同與位置的重要性。例如第二節之（二）對於戰爭期台灣作爲連結日中兩國的樣貌，猪腰生〈讀者論壇　車中雜感〉認爲需要國語（日語）普及與內台融合，並且對台灣、朝鮮教化是往滿洲國、中國發展東亞和平的基礎，表明當時民族融合的未完成而需要完成的感觸與族群認同（ethnic identity），以及日本殖民地在對中國發展的未來之重要，也就突顯了同文同種在連結族群（community）與空間（space）的表現形式。

〔註71〕荊子馨著，鄭力軒譯，《成爲日本人：殖民地台灣與認同政治》（台北：麥田出版，2006），頁 85。

第五章 結 論

　　同文同種的內容這麼多都是提到日中兩國，那為什麼要在台灣發表？台灣在這些提到日中同文同種的內容中有什麼樣的特殊性？在這樣的前提之下，回過頭來看本文的研究成果。

（一）研究成果

　　在本文的研究中，以同文同種為主要的關鍵詞，從同文同種的內容開始分析，了解了同文同種的內容所呈現出的面向與各時期的關連。接著就台灣在日中兩國關係的位置，理解同文同種的對外性質（中國）中所包含的對內性質（台灣），也就是，在台灣發表日本與中國同文同種的同時，而之中也包含著日本與台灣同文同種，以後者為前者的根基進行同文同種的敘述。

　　因此，首先面臨的問題，便是分析《臺灣日日新報》與臺圖日治期刊影像系統中包含同文同種的內容。分析了兩者的內容後發現：（1）在第三章的前言中得知《臺灣日日新報》提到同文同種一詞的內容，在盧溝橋事變後至第二次世界大戰時比臺圖日治期刊影像系統來得少。如果只單看《臺灣日日新報》的內容，會認為在這段期間少有同文同種的內容。但透過第三章第一節之（二）的研究結果實則不然。

　　從第三章第二節中，自盧溝橋事變至第二次世界大戰時在臺圖日治期刊影像系統可以看到與《臺灣日日新報》不同之處：臺圖日治期刊影像系統提到同文同種一詞的內容中，提到了「蔣介石」、「共產黨（赤魔／赤化）」以及「聖戰」，在盧溝橋事變至第二次世界大戰時透過國共合作抗日的這個切入點，把蔣介石與共產黨（Communist party）作連結，以日本是打擊萬惡的「赤

魔」，意圖合理化日本與中國的戰爭。

（2）第二章第二節中討論同文同種的隱含效益，最明顯與主要的是達到東洋和平。這一點貫徹了整個日治時期的同文同種內容。並且更進一步來說，在第四章第一節可以看到以東洋和平這個隱含效益為結果，回溯出黃白種族衝突的前因，契合同文同種中的種族主義（racism）成分。也就扣合在歷史脈絡（historical context）中，同文同種在文化（culture）的層次上區別出東方與西方的差異，且種族上區別出黃種人與白種人。並就這兩方面的根基，因而使得這個詞在弭平日中戰爭衝突上，導出應該以西方、白種人為戰爭對象，而非同文同種的日本人與中國人自相殘殺的意義。

此外，日本一直想要透過同文同種這個想像來拉近日中兩國的關係。在第四章中可以得知即使是以官方民族主義為討論對象，但對於日治時期的台灣民族主義並非沒有發展，因此以官方民族主義與台灣民族主義的比較也是爾後可以深入的問題之一。並且對於從種族（race）過渡到民族（nation）的期間，可以看到同文同種的敘述裡並沒有放棄從「種族（同種）」的角度來區分黃白人種，以達到東西方的對立。也可以說同文同種一詞是隱含著區域人文對立的可能，並非只是為了一特定區域（東亞）的和平為前提。

（二）大亞洲主義、大東亞共榮圈視點的盲點

在這種從種族到民族的過程，得知當時日本並未放棄以種族來區分的想法。而且民族主義當中原本就有其對種族的討論與界定，只是透過本文對同文同種的研究得知日本在民族的概念上，加上了地域的區別，以「東亞的」、「亞細亞的」逐漸形成「大東亞共榮圈」——一個與西方、西歐相對的集團。

而這個「大東亞共榮圈」的「大東亞」區域概念，在 1924 年 11 月 28 日孫文於〈對神戶商業會議所等團體的演說〉中提到「我們講大亞洲主義，研究到結果，究竟要解決什麼問題呢？就是為亞洲受痛苦的民族，要怎麼樣才可以抵抗歐洲強盛民族的問題。簡而言之，就是要為被壓迫的民族來打不平的問題。受壓迫的民族，不但是在亞洲專有的，就是在歐洲境內，也是有的。」〔註 1〕可以看到孫文所提的「大亞洲主義」具有的意義：一是對抗歐洲民族，二是為受壓迫的民族打抱不平，這與第四章第一節之（一）研究日治時期台

〔註 1〕 廣東省社會科學院歷史研究所、中國社會科學院近代史研究所中華民國史研究室、中山大學歷史系孫中山研究室合編，《孫中山全集第十一卷》（北京：中華書局，1986），頁 409。

灣同文同種內容存在著區分種族與區域的結果一致。

但孫文的大亞洲主義並未看到日本在殖民地內部的民族壓迫，大東亞共榮圈也不將日本殖民地內部的壓迫情況展現出來。因為大亞洲主義或是大東亞共榮圈主要的抵抗對象是亞洲外部的異民族，對於亞洲內部日本對殖民地異民族的壓迫並未多加著墨。

（三）日本強化台灣的日本認同以及台灣對中國的連結效用

再來看荊子馨在《成為「日本人」：殖民地台灣與認同政治》提及「日本在殖民地台灣推行的『皇民化』運動，其主要目的之一正是要切斷台灣與中國之間的文化與歷史關係（去中國化），並將台灣導向日本帝國對抗南中國與東南亞的戰略堡壘。」〔註 2〕但以本文的研究時期範圍與結果來看，不論是在盧溝橋事變或皇民化運動，仍然使用同文同種一詞，這顯示日本在對於去中國化的選擇與實際操作上並未完全放棄以文化與歷史來連接中國。因此荊子馨的說法在本文以同文同種為研究對象所導出的結果並不適當。

甚至於吳漫沙在〈南方文化的新建設〉寫到「我們所處的地位，是帝國的南端，和華南只隔一衣帶水；所以在文化溝通的原則上，為南方文化的據點，就是提攜的第一線。『文化』更是日華滿親善的唯一根本要素，我們是發展這民族固有的靈魂的鬥士。」〔註 3〕點出文化與地理位置的連結，可以見得在戰爭期以文化作為連結日中關係的要素，而台灣是南方文化溝通的重要據點。這種將台灣作為「日華滿親善」的文化溝通者，正是第四章第二節之（二）的強化台灣人的日本認同，以達到戰爭期的日中文化連結。

（四）研究局限與突破

除上述之外，以本文的研究素材來說，因為採錄系統的檢索結果，所以也可能會出現完全沒有被系統檢索到的內容。例如附錄二第 4 則《臺灣日日新報》1901 年 11 月 3 日第 5 版長岡護美發表的〈譯稿 中國國民教育論〉一文。在《臺灣日日新報》檢索「同文同種」、「同文」以及「同種」的結果中並沒有長岡護美發表的這則內容。但筆者在看其它相關文獻時發現了這則內

〔註 2〕荊子馨著，鄭力軒譯，《成為「日本人」：殖民地台灣與認同政治》（台北：麥田，2006），頁 88。

〔註 3〕吳漫沙，〈南方文化的新建設〉，《南方》第 133 期，1941 年 7 月 1 日。
風月俱樂部、南方雜誌社編，《風月・風月報・南方・南方詩集第 7 冊》（台北：南天書局，2001）。

容。僅能以題目或作者找到這則，而不能以「同文同種」、「同文」、「同種」在系統檢索結果中找到。因此在這個系統的限制之下，也許仍有未被發現的同文同種也說不定。但對於同文同種整體的數據來說，只是增加，而非減少。因而表示了同文同種在數據量上仍然具有龐大的研究意義。

另外，日本與其殖民地（日本的殖民地）爲同一個文化圈與種族（同文同種），造成在議題的操作與研究形成盲點與難處。這個意思是說：知道同文同種可能指的是同文化或同文字、同種族或同人種，可是卻沒有辦法明確地說明它的活動年代、實際相關的內容以及再延伸的議題。

很可能是因爲同文同種所牽扯的太廣：例如第三章第一節之（二）中白柳秀湖〈日本民族の大陸還元〉指的「同文」同時具有文字與文化兩種意義；第四章第二節之（一）提到〈日清親善好望〉與〈日清航路整理〉2 則的內容不只是提到商貿航路，也表明文化與地理的關連；而第二章第一節之（五）〈南支南洋號 日支親善 同種同文とは何ぞ 唇齒輔車の關係〉這則訪問角源泉的內容，從南支到南洋的發展上透露出拓展人文與地域的關係。

在以上這 4 則內容中就可以初見同文同種不只是本身「同文同種」四個字有層次與歧異（difference），而且包含同文同種的內容所呈現出來的複雜度也因爲解讀視角不同，使得複雜度提高。這導致了：視同文同種爲理所當然地出現在日中關係與日台同化的內容之中。但如果不去詳細比較這些同文同種的內容，則對於日治時期人文與區域的流動關係也無法深入地體會。

再者，如果去細分這種對象（日中、日台）與目的（日中親善、日台同化）的區別，則實際上同文同種這種被認爲牽扯太廣、複雜度太高正是它的特色與特別之處，也是它被研究的意義所在。意即：透過分析日治時期報刊裡的同文同種，發現它在這五十年的變化，即使是以日中關係爲主，但對於日台關係也會使用同文同種。並且要特別注意這種視爲理所當然的基礎中——把同文同種視爲理所當然敘述日中關係或日台關係的用詞，可能包覆著控制思想的情況。

（五）未來展望

對於本文僅以《臺灣日日新報》與臺圖日治期刊影像系統兩者來觀察分析同文同種一詞的功能與影響，但仍有未納入討論的素材，例如《詩報》、《三六九小報》、《臺灣民報》、《臺灣》、《臺灣新民報》、《風月報》與《南方》等仍有提到同文同種一詞的內容，甚至台灣漢詩數位典藏資料庫中也有提到同

文同種一詞的詩作。而與同文同種一詞相關的議題，如新舊文學、日台同化、日中親善以及南洋發展或南進政策。尤其同文的文字層面，在陳端明〈日用文鼓吹論〉一文中觸及台灣人學習漢文於日中、甚至是對東亞和平而言都有其重要性與特殊性。因此，雖然相關的研究著作甚多，然而轉換視角以及結合現在的時事，也能夠成為觸發研究者好奇去深究的基礎。

　　因此，透過本文探討日治時期台灣的同文同種，除了開拓一個檢視日治時期族群（community）與空間（space）關係的方向，也可以在檢視同文同種時，理解在日中政治關係下台灣的報刊言論。

參考文獻

（一）專書

1. 《コンサイス日本人名事典》，東京：三省堂，1993。

2. Benedict Anderson（班納迪克‧安德森）著，吳叡人譯，《想像的共同體：民族主義的起源與散布》，台北：時報文化，2014。

3. Chris Barker，羅世宏主譯，《文化研究：理論與實踐》，台北：五南出版，2015 二版五刷。

4. 三省堂編修所編，《コンサイス日本人名事典》，東京：三省堂，1993。

5. 于凌波，《民國高僧傳續編》，台北：昭明出版社，2000。

6. 小熊英二，《〈日本人〉の境界：沖繩‧アイヌ‧台湾‧朝鮮植民地支配から復帰運動まで》，東京：新曜社，1998。

7. 小熊英二，《単一民族神話の起源：〈日本人〉の自画像の系譜》，東京：新曜社，1995。

8. 王天濱，《臺灣報業史》，台北：亞太圖書出版社，2003。

9. 日本近代文学館小田切進編，《日本近代文学大事典　机上版》，東京：講談社，1984。

10. 王泰升，《台灣日治時期的法律改革（修訂二版）》，台北：聯經出版，2014。

11. 王學新，《日本對華南進政策與臺灣黑幫籍民之研究（1895－1945）》，南投：國史館台灣文獻館，2009。

12. 王學新編譯，《日據時期籍民與南進史料彙編與研究》，南投：國史館臺灣文獻館，2008。

13. 王樹槐，《庚子賠款》，台北：中央研究院近代史研究所，1974。

14. 外務省編纂，《日本外交年表竝主要文書（上）》，東京：原書房，1976 年第四刷。

15. 外務省編,《日本外交年表竝主要文書(下)》,東京:原書房,1976－1978。

16. 台灣省行政長官公署統計室,《臺灣省五十一年來(民國前十七年至民國三十四年)統計提要》,南投:台灣省政府主計處,1994。

17. 台灣總督府警務局編,吳密察解題,《台灣總督府警察沿革誌(三)》,台北:南天書局,1995。

18. 伊澤修二,信濃教育會編,〈新版図人民教化の方針〉,《伊沢修二選集》,長野:信濃教育会,1958。

19. 伊藤隆、季武嘉也編,《近現代日本人物史料情報辞典》,東京:吉川弘文館,2004。

20. 李大釗,《李大釗文集(上)》,北京:人民出版社,1984。

21. 李大釗,《李大釗文集(下)》,北京:人民出版社,1984。

22. 吳文星,《日治時期台灣的社會領導階層》,台北:五南圖書出版,2012。

23. 李文卿,《共榮的想像:帝國·殖民地與大東亞文學圈1937-1945》,台北:稻鄉,2010。

24. 李明水,《日本新聞傳播史》,台北:大華晚報社,1980。

25. 吳鈺瑾,《島民,新民與國民:日治臺籍教師劉克明(1884－1967)的同化之道》,臺北:秀威資訊科技,2015。

26. 近藤正己,林詩庭譯,《總力戰與臺灣——日本殖民地的崩潰(上)》,台北:國立台灣大學出版中心,2014。

27. 林佛國撰,《長林山房吟草》,台北:龍文出版社,2006。

28. 林偉洲、張子文、郭啓傳撰文,盧錦堂主編,《臺灣歷史人物小傳:明清時期》,台北:國家圖書館,2001。

29. 林進發,《臺灣官紳年鑑》,台北:成文出版社,1999。

30. 林淑慧,《再現文化:臺灣近現代移動意象與論述》,台北:萬卷樓,2017。

31. 林淑慧,《旅人心境:臺灣日治時期漢文旅遊書寫》,台北:萬卷樓,2014。

32. 風月俱樂部、南方雜誌社編,《風月·風月報·南方·南方詩集第7冊》,台北:南天書局,2001。

33. 若林正丈、吳密察主編,《跨界的臺灣史研究——與東亞史的交錯》,台北:播種者文化,2004。

34. 洪桂己,《台灣報業史的研究》,台北:台北市文獻委員會,1968。

35. 南滿洲鉄道株式会社編,《南滿洲鉄道株式会社三十年略史》,大連:南滿洲鉄道,1937。

36. 南滿洲鉄道株式会社調査課編,《南滿洲鉄道株式会社二十年略史》,大連:南滿州鉄道,1927。

37. 荊子馨著，鄭力軒譯，《成為「日本人」：殖民地台灣與認同政治》，台北：麥田，2006。

38. 陳培豐，《「同化」的同床異夢：日治時期臺灣的語言政策、近代化認同》，台北：麥田出版，2014。

39. 陳惠貞，《南瀛佛教故事體作品研究》，新北：花木蘭文化，2016。

40. 陳瑋芬，《近代日本漢學的「關鍵詞」研究：儒學及相關概念的嬗變》，台北：國立臺灣大學出版中心，2005。

41. 翁聖峯，《日據時期臺灣新舊文學論爭新探》，台北：五南，2007。

42. 陳聰輝主編，《廈門經濟特區辭典》，北京：人民出版社，1996。

43. 張子文、郭啓傳、林偉洲撰文，國家圖書館特藏組編輯，《臺灣歷史人物小傳　明清暨日據時期》，台北：國家圖書館，2003。

44. 清陳寶琛等修撰，楊家駱主編，《清光緒朝文獻彙編——第四冊大清德宗景皇帝實錄》卷 340，台北：鼎文書局，1978。

45. 清陳寶琛等修撰，楊家駱主編，《清光緒朝文獻彙編——第六冊大清德宗景皇帝實錄》卷 532，台北：鼎文書局，1978。

46. 梁華璜，《臺灣總督府的「對岸」政策研究》，台北：稻鄉，2001。

47. 黃炎武編，《瀛海詩集（上）》，台北：龍文出版社，2006。

48. 黃美娥，《古典台灣：文學史‧詩社‧作家論》，台北：國立編譯館，2007。

49. 黃美娥，《重層現代性鏡像：日治時代臺灣傳統文人的文化視域與文學想像》，台北：麥田，2004。

50. 黃靜嘉，《春帆樓下晚濤急：日本對臺灣殖民統治及其影響》，台北：臺灣商務印書館股份有限公司，2002。

51. 廈門市政誌編纂委員會，《廈門市政誌》，廈門：廈門大學出版社，1991。

52. 廈門市檔案局、廈門市檔案館編，《廈門抗日戰爭檔案資料》，廈門：廈門大學出版社，1997。

53. 楊師群，《中國新聞傳播史》，北京：北京大學出版社，2007。

54. 新潮社辭典編輯部編集，《增補改訂新潮日本文學辭典》，東京：新潮社，1988。

55. 緒方武歲編，《臺灣大年表》，台北：成文出版社，1999。

56. 翟新，《東亞同文會と中國　近代日本における対外理念とその実踐》，東京：慶應義塾大学出版会株式会社，2001。

57. 翟新，《近代以來日本民間涉外活動研究》，北京：中國社會科學出版社，2006。

58. 臺灣新民報社調查部編，《臺灣人士鑑昭和九年版》，台北：臺灣新民報社，1934。

59. 臺灣總督府編著，《詔敕・令旨・諭告・訓達類纂》，台北：成文出版社，1999。

60. 駒込武著，吳密察、許佩賢、林詩庭譯，《殖民地帝國日本的文化統合》，台北：台大出版中心，2017。

61. 劉仲敬，《近代史的墮落・晚清北洋卷：劉仲敬點評近現代人物》，新北：八旗文化出版／遠足文化發行，2016。

62. 廣東省社會科學院歷史研究所、中國社會科學院近代史研究所中華民國史研究室、中山大學歷史系孫中山研究室合編，《孫中山全集第十一卷》，北京：中華書局，1986。

63. 劉元孝，《古典日文解讀法》，台北：中研院臺史所，2006。

64. 劉寧顏總纂，《重修臺灣省通志卷六》，南投：臺灣省文獻委員會，1995。

65. 賴光臨，《中國新聞傳播史》，台北：三民書局，1992。

66. 薛化元，《近代化與殖民：日治臺灣社會史研究文集》，台北：臺大出版中心，2012。

67. 薛宗明，《臺灣音樂辭典》，台北：台灣商務印書館，2003。

68. 薛建蓉，《重寫的「詭」跡：日治時期臺灣報章雜誌的漢文歷史小說》，台北：秀威資訊科技，2015。

69. 闞正宗，《臺灣日治時期佛教發展與皇民化運動：「皇國佛教」的歷史進程（1895－1945）》，新北：博揚文化，2011。

70. 顧力仁編，《臺灣歷史人物小傳——明清暨日據時期》，台北：國家圖書館，2003。

（二）期刊論文

1. 庄司潤一郎，〈日本における戰爭呼稱に關する問題の一考察〉《防衛研究所紀要》第 13 卷第 3 號（2011）。

2. 李竹筠，〈日據時期台灣傳統詩文中的「同文同種」認識（1895－1930）〉，《台灣研究集刊》總第 156 期（2018）。

3. 李承機，〈植民地新聞としての《台灣日日新報》論——「御用性」と「資本主義性」のはざま〉《植民地文化研究資料と分析 2 特集》（2003）。

4. 吳玲青，〈日治時期臺灣的日記本——以《臺灣日日新報》的記事爲例〉，《歷史臺灣》8 期（2014）。

5. 岡本眞希子，林琪禎譯，〈殖民地人民政治參與過程中之折衝與挫折：以臺灣同化會爲中心〉，《臺灣文獻》62 卷 3 期（2011）。

6. 陳若蘭，〈臺灣初次地方選舉：日本殖民政府的制度性操作〉《臺灣史研究》第 22 卷第 3 期（2015）。

7. 陳豐祥，〈歐戰結束前後的日本總體戰思想與大陸政策〉，《歷史學報》

15 期,（1987）。

8. 許俊雅,〈眞實或虛構？／新聞或小説？——《臺灣日日新報》轉載《申報》新聞體小説的過程與理解〉,《東吳中文學報》28 期（2014）。

9. 張圍東,〈日據時代臺灣報紙小史〉,《國立中央圖書館台灣分館館刊》第 5 卷第 3 期（1999）。

10. 張圍東,〈日據時代臺灣的雜誌小史〉,《國立中央圖書館臺灣分館館刊》第 7 卷第 2 期（2001）。

11. 曾巧雲,〈故國之內・國境之外——日治前期《臺灣日日新報》上傳統文人的西渡經驗初探〉,《台灣文學研究學報》18 期（2014）。

12. 黃美娥,〈帝國漢文的「南進」實踐與「南方」觀察：日人佐倉孫三的臺、閩書寫〉,《臺灣文學研究學報》24 期（2017）。

13. 黃美娥,〈當「舊小説」遇上「官報紙」：以《臺灣日日新報》李逸濤新聞小説〈螢花記〉爲分析場域〉,《臺灣文學學報》20 期（2012）。

14. 黃福慶,〈九一八事變後滿鐵調查機關的組織體系（1932-1943）〉《中央研究院近代史研究所集刊》第 24 期上冊（1995）。

15. 蔡佩玲,〈論日治初期臺灣傳統文人謝雪漁在《臺灣日日新報》的漢文記者初體驗〉,《中正臺灣文學與文化研究集刊》3 輯（2008）。

16. 謝世英,〈由魏清德《臺灣日日新報》〈忙中賞心錄〉談中日臺書畫交流〉,《國立歷史博物館學報》39 期（2009）。

17. 蘇淑芬,〈日治時代《臺灣日日新報》所刊載之詞研究〉,《東吳中文學報》21 期（2011）。

（三）研討會論文

鍾淑敏,〈館藏『臺灣日日新報』的史料價值及其利用〉,「慶祝國立中央圖書館台灣分館建館七十八週年暨改隸中央二十週年紀念館藏與台灣史研究論文發表研討會彙編」,台北：國立中央圖書館台灣分館,1994。

（四）日治時期報章雜誌

1. 〈日日小筆 口を開けば同文同種と云ひ〉,《臺灣日日新報》第 1 版,1913 年 9 月 6 日。

2. 〈日清航路整理〉,《臺灣日日新報》漢文版第 1 版,1911 年 7 月 3 日。

3. 〈日清親善好望〉,《臺灣日日新報》漢文版第 2 版,1910 年 3 月 27 日。

4. 〈北京報界聯合歡迎日本實業團之誌盛〉,《臺灣日日新報》漢文版第 4 版,1910 年 6 月 10 日。

5. 〈同文同種の兄弟が 牆に鬩ぐは愚也と下村長官は 福州事件を歎じて語る〉第 3 版,《臺灣日日新報》,1919 年 11 月 29 日。

6. 〈同種同文の不祥事　永遠に絕滅せん〉,《まこと》第三四二號,1939年3月20日。

7. 〈年頭の辭〉,《臺灣公論》第四卷第一號,1939年1月1日。

8. 〈南支南洋號　日支親善　同種同文とは何ぞ　唇齒輔車の關係〉,《臺灣日日新報》第4版,1918年9月27日。

9. 〈問題數則／支那人使用問題／稅關問題〉,《臺灣日日新報》漢文版第4版,1906年12月2日。

10. 〈就實業團渡清言〉,《臺灣日日新報》漢文版第2版,1910年3月13日。

11. 〈福建布教權問題（承前）〉,《臺灣日日新報》漢文版第1版,1906年9月23日。

12. 〈新評林　傳近況〉,《臺灣日日新報》,1910年12月12日漢文版第2版。

13. 〈滿洲新國家　對同文同種臺灣人務欲拔擢登用人材　外交部長謝介石氏談〉,《臺灣日日新報》夕刊第4版,1932年3月8日。

14. 〈漫錄◎臺灣協會招待會、席上に於ける＝＝井ノ角さん〉,《臺灣產業雜誌》第參號,1898年12月20日。

15. 〈臺灣と福建〉,《臺灣協會會報》第十九號,1900年4月30日。

16. 一記者,〈在臺華僑諸君に望む〉,《臺灣自治評論》第三卷第二號,1938年2月8日。

17. ヌー、エス生,〈廈門ページ　日支親善に就て〉,《臺灣日日新報》第57版,1919年1月1日。

18. 子爵　長岡護美,〈譯稿　中國國民教育論〉,《臺灣日日新報》第5版,1901年11月3日。

19. 日本《亞細亞時論》,君實翻譯,〈亞細亞主義〉,《東方雜誌》第14卷第10號。

20. 天南生,〈張中堂と日本（十四）日本親善の端緒〉,《臺灣日日新報》第1版,1909年10月26日。

21. 水野庵,〈屑籠から文字と言葉〉,《霸王樹》第一卷第二號,1933年2月20日。

22. 片寄學人,〈中華民國に對する雜觀〉,《臺灣警察協會雜誌》第壹百號十月號,1925年10月1日。

23. 本刊,〈禪榻一喝〉,《臺灣日日新報》第3版,1918年8月24日。

24. 白柳秀湖,〈日本民族の大陸還元〉《臺灣大アジア》第五十一號第三版,1938年8月1日。

25. 石崖,〈同化論〉,《臺灣日日新報漢文版》漢文版第3版,1911年7月13日。

26. 石崖，叢錄欄〈母國人與土著人〉，《臺灣日日新報漢文版》漢文版第 6 版，1908 年 7 月 26 日。

27. 西村高兄，〈廣東復興誌序〉，《臺灣地方行政》第五卷第四號，1939 年 4 月 1 日。

28. 角土木局長談，〈南支南洋號 日支親善 同種同文とは何ぞ 唇齒輔車の關係〉，《臺灣日日新報》第 4 版，1918 年 9 月 27 日。

29. 吳漫沙，〈南方文化的新建設〉，《南方》第 133 期，1941 年 7 月 1 日。

30. 犰糞漢，〈狂頓詩　大問題〉，《臺灣日日新報》第 7 版，1915 年 7 月 17 日。

31. 空山同人來稿，〈論議　保民論〉，《臺灣日日新報》第 6 版，1900 年 8 月 26 日。

32. 松岡正男，〈母國人と殖民地人との關係〉，《臺法月報》第六卷第十號，1912 年 10 月 18 日。

33. 林知義，詩壇欄〈送魏潤庵君轉駐福州閩報館〉，《臺灣日日新報》第 6 版，1915 年 9 月 16 日。

34. 花蓮港廳長　高原逸人，〈年頭の辭〉，《臺灣地方行政》第五卷第一號，1939 年 1 月 1 日。

35. 南治生，〈人類平和の築成に持久して時艱克服に邁進を要す〉，《臺灣自治評論》第三卷第九號，1938 年 9 月 10 日。

36. 浮田和民著，高勞翻譯，〈新亞細亞主義〉，《東方雜誌》第 15 卷第 11 號。

37. 徐莘田，〈時事有感八首〉，《臺灣日日新報》第 1 版，1898 年 7 月 15 日。

38. 清國進士度支部主事樓思誥，〈題臺灣日日新報祝辭〉，《臺灣日日新報》漢文版第 5 版，1908 年 5 月 3 日。

39. 曾逢辰，詩壇欄〈送魏潤菴之閩中〉，《臺灣日日新報》第 6 版，1915 年 10 月 19 日。

40. 黃純青，詩壇欄〈迎蔣公使〉，《臺灣日日新報》第 8 版，1935 年 4 月 12 日。

41. 黃純青，詩壇欄〈寄贈閩報館魏潤菴社兄〉，《臺灣日日新報》第 6 版，1915 年 10 月 22 日。

42. 黃純青，藝苑欄〈和社友黃丹五君遊閩粵〉，《臺灣日日新報漢文版》漢文版第 1 版，1910 年 4 月 20 日。

43. 鈴木秀夫，〈歡迎廈門市政府員一行來臺〉，《臺灣地方行政》第五卷第九號，1939 年 9 月 1 日。

44. 楠正秋，〈臺灣大發展論（十）〉，《臺灣日日新報》第 3 版，1920 年 5 月 8 日。

45. 零哉居々人，〈時局に對する吾等の覺悟〉，《台灣佛化》第一卷第六號十一月號，1937 年 11 月 16 日。

46. 新巷　猪腰生,〈讀者論壇　車中雜感〉,《臺灣地方行政》第四卷第十一號,1938 年 11 月 1 日。

47. 潤庵生,叢錄欄〈南清遊覽紀錄（四）〉,《臺灣日日新報漢文版》漢文版第 1 版,1911 年 1 月 19 日。

48. 潤庵生,叢錄欄〈南清遊覽紀錄（十四）〉,《臺灣日日新報漢文版》漢文版第 1 版,1911 年 2 月 5 日。

49. 雜報欄〈瀛社會況〉,《臺灣日日新報漢文版》,1909 年 10 月 19 日第 5 版。

50. 藤井草宣,〈謎の支那を解く〉,《南瀛佛教》第十五卷第一號,1937 年 1 月 1 日。

51. 蘇秀蘭,〈僞らぬ眞實の叫び平和に惠まれゆく北平の小學生から〉,《まこと》第二九八號,1938 年 1 月 1 日。

（五）學位論文

1. 王淑蕙,〈日治時期臺灣司法保護事業之發展——以臺灣三成協會爲中心〉（台北：國立臺灣師範大學歷史學系碩士論文,2013）。

2. 早崎眞實,〈報紙廣告與種類變化：以「臺灣日日新報」爲例〉（新北：淡江大學日本語文學系碩士班碩士論文,2010）。

3. 吳坤季,〈帝國符碼與殖民策略——《臺灣日日新報》圖像內容分析〉（台北：國立臺北教育大學台灣文化研究所碩士論文,2009）。

4. 徐郁縈,〈日治前期臺灣漢文印刷報業研究（1895~1912）－以《臺灣日日新報》爲觀察重點〉（雲林：國立雲林科技大學漢學資料整理研究所碩士論文,2008）。

5. 陳靜瑜,〈「新家庭」的想像與型塑：《臺灣日日新報家庭欄》的分析與討論〉（台北：國立政治大學台灣史研究所碩士論文,2009）。

6. 梁鈞筌,〈「新世界」話語及其想像研究——以《臺灣日日新報》中的漢詩文爲探討核心〉（嘉義：國立中正大學台灣文學研究所碩士論文,2010）。

7. 張詩勤,〈台灣日文新詩的誕生——以《臺灣日日新報》、《臺灣教育》（1895-1926）爲中心〉（台北：國立政治大學台灣文學研究所碩士論文,2014）。

8. 張端然,〈日治時期瀛社之研究〉（台北：中國文化大學中國文學研究所碩士在職專班論文,2003）。

9. 黃千珊,〈日治時期旅人的城市經驗－以《台灣日日新報》、《漢文台灣日日新報》爲觀察核心〉（嘉義：國立中正大學台灣文學研究所碩士論文,2010）。

10. 朝野嵩史,〈排日問題與中日交涉（1919－1920）〉（台中：東海大學歷史學系碩士論文,2017）。

11. 黃薇勳,〈1906~1930《台灣日日新報》漢文短篇小說中家庭女性婚姻與愛

情的敘寫〉（台北：國立臺北教育大學台灣文化研究所碩士論文，2009）。

12. 歐人鳳，〈臺灣出發，踏查東亞：《臺灣日日新報》主筆木下新三郎的東亞遊記（1906）〉（新竹：國立清華大學台灣文學研究所碩士論文，2013）。

13. 蔡承逸，〈日治時期（1895-1935）臺灣日日新報之廣告圖像研究〉（高雄：高雄師範大學視覺設計學系碩士論文，2011）。

（六）資料庫

1. 中央研究院臺灣史研究所臺灣日記知識庫，http://taco.ith.sinica.edu.tw/tdk，2018 年 4 月 16 日瀏覽。

2. 中央研究院台灣史研究所台灣總督府職員錄系統，http://who.ith.sinica.edu.tw，2017 年 11 月 20 日瀏覽。

3. 國史館臺灣文獻館館藏史料查詢系統，http://ds3.th.gov.tw/ds3/index.php，2017 年 11 月 20 日瀏覽。

4. 臺灣圖書館日治時期期刊影像系統，http://hyerm.ntl.edu.tw:2136/cgi-bin/gs32/gsweb.cgi/ccd=ZjvZk7/main?db=webmge&menuid=index，2018 年 7 月 10 日瀏覽。

5. 臺灣總督府府報資料庫，台北：漢珍數為圖書股份有限公司，http://www.tbmc.com.tw/chinese/index.php?option=com_sobi2&sobi2Task=sobi2Details&sobi2Id=1&Itemid=0，2015 年 9 月 2 日瀏覽。

6. 臺灣日日新報資料庫，系統製作暨獨家行銷：大鐸資訊股份有限公司，瀏覽日期 2017 年 8 月 16 日。

7. 臺灣日日新報 -YUMANI 清晰電子版，漢珍數位圖書股份有限公司，瀏覽日期 2017 年 8 月 16 日。

8. 漢文臺灣日日新報，漢珍數位圖書股份有限公司，http://hyerm.ntl.edu.tw:2222/cgi-bin2/Libo.cgi?，瀏覽日期 2017 年 8 月 16 日。

（七）網路資料

1. 国立国会図書館近代日本人の肖像，（来源：http://www.ndl.go.jp/portrait/datas/517.html?cat=20，2017 年 11 月 23 日瀏覽）。

2. 国立国会図書館デジタルコレクション，（来源：http://dl.ndl.go.jp/info:ndljp/pid/1271690，2017 年 11 月 24 日瀏覽）。

3. 何義麟撰稿，「台灣協會」，台灣大百科全書，（来源：http://nrch.culture.tw/twpedia.aspx?id=5820，2018 年 2 月 5 日瀏覽）。

4. 施懿琳撰，〈林輅存〉，智慧型全臺詩知識庫，（来源：http://xdcm.nmtl.gov.tw/twp/TWPAPP/ShowAuthorInfo.aspx?AID=1040，2018 年 4 月 25 日瀏覽。）

附錄一：《臺灣日日新報》同文同種之目次列表

編號	發刊年月日	版別	標題	作者	指涉國家
1	1898 年 7 月 15 日	01 版	時事有感八首	徐莘田	未知、清
2	1899 年 6 月 15 日	04 版	雜事 官場習氣說	蔚村散人來稿	日、清
3	1900 年 8 月 26 日	06 版	論議 保民論	空山同人來稿	日、清
4	1901 年 11 月 3 日	05 版	譯稿 中國國民教育論	子爵 長岡護美	日、清
5	1903 年 9 月 17 日	04 版	告白 臺灣創設華民會館敘	本刊	日、清
6	1905 年 11 月 22 日	漢文版-01 版	墺國政治家之論日本		日、清
7	1906 年 6 月 2 日	漢文版-03 版	蕭逢源氏之臺灣談	蕭逢源	日、清
8	1906 年 8 月 31 日	漢文版-01 版	雜報 出洋大之奏改官制	本刊	日、清
9	1906 年 9 月 23 日	漢文版-01 版	福建布教權問題（承前）		日、清
10	1906 年 11 月 2 日	漢文版-03 版	支那雜觀（十四）／大動亂豫想（中）	大東生	日、清

11	1906 年 12 月 2 日	漢文版 -04 版	問題數則／支那人使用問題／稅關問題		日、清
12	1908 年 5 月 3 日	漢文版 -05 版	題臺灣日日新報祝辭	清國進士度支部主事 樓思誥	日、清
13	1908 年 7 月 26 日	漢文版 -06 版	母國人與土著人	石崖	日、台
14	1908 年 11 月 15 日	漢文版 -02 版	清皇殂落		日、清
15	1908 年 11 月 22 日	漢文版 -07 版	大羅天（四續）	木兒	日、未知
16	1909 年 10 月 26 日	01 版	張中堂と日本（十四）日本親善の端緒	天南生	日、清
17	1909 年 12 月 3 日	漢文版 -01 版	同仁大會		日、清
18	1910 年 1 月 15 日	漢文版 -02 版	島政要聞 品紫評紅	本刊	日、清
19	1910 年 3 月 13 日	漢文版 -02 版	就實業團渡清言		日、清
20	1910 年 3 月 27 日	漢文版 -02 版	日清親善好望		日、清
21	1910 年 4 月 1 日	漢文版 -01 版	大宴國賓		日、清
22	1910 年 4 月 8 日	漢文版 -06 版	日清交誼		日、清
23	1910 年 4 月 20 日	漢文版 -01 版	和社友黃丹五君遊閩粵	黃純青	日、清
24	1910 年 6 月 10 日	漢文版 -04 版	北京報界聯合歡迎日本實業團之誌盛		日、清
25	1910 年 7 月 14 日	漢文版 -02 版	日俄協約及列國		日、清
26	1910 年 10 月 20 日	漢文版 -03 版	楓葉荻花		日、清
27	1910 年 12 月 12 日	漢文版 -02 版	新評林 傳近況	本刊	日、清

28	1910年12月15日	漢文版-03版	編輯日錄（十二月十四日）		日、台
29	1911年1月10日	漢文版-02版	新評林 似輔車	本刊	日、清
30	1911年1月19日	漢文版-01版	南清遊覽紀錄（四）	潤庵生	日、清
31	1911年2月5日	漢文版-01版	南清遊覽紀錄（十四）	潤庵生	日、清、台
32	1911年7月3日	漢文版-01版	福建省高等師範學堂教習永澤定一氏云		日、清、台
33	1911年7月3日	漢文版-01版	日清航路整理		日、清
34	1911年7月13日	漢文版-03版	同化論	石崖	日、台
35	1911年7月22日	漢文版-01版	康梁聞赦之一夜快談		日、清
36	1912年7月3日	05版	陸總理代表與訪員		日、中
37	1913年4月6日	05版	新評林 計非愚	本刊	日、中
38	1913年9月6日	01版	日日小筆 口を開けば同文同種と云ひ		日、中
39	1915年3月12日	03版	電報 國辱を奈何せん（十日北京發）	本刊	日、中
40	1915年7月17日	07版	頓狂詩 大問題	狆糞漢	日、中
41	1915年9月16日	06版	詩壇 送魏潤庵君轉駐福州閩報館	林知義	日、中
42	1915年10月19日	06版	詩壇 送魏潤菴之閩中	曾逢辰	日、中
43	1915年10月22日	06版	詩壇 寄贈閩報館魏潤菴社兄	黃純青	日、中
44	1916年4月29日	06版	詩壇 東薈芳席上偶作	何丙奄	未知
45	1917年1月1日	27版	丁巳早春	陳元亨	日、台

46	1917 年 12 月 14 日	03 版	日日小筆 日本と支那とは同文にして同種地理上に於ても	本刊	日、中
47	1918 年 5 月 20 日	06 版	南壇詞瀛 將遊于支那臨發記感	琴堂 松本誠之	日、中
48	1918 年 8 月 5 日	02 版	電報 對岸と病院事業（上）日支兩國の親善は口に同種同文の國なりと稱し	本刊	日、中
49	1918 年 8 月 24 日	03 版	禪榻一喝	本刊	日、中
50	1918 年 9 月 27 日	04 版	南支南洋號 日支親善同種同文とは何ぞ 唇齒輔車の關係	角土木局長談	日、中
51	1919 年 1 月 1 日	57 版	廈門ページ 日支親善に就て	ヌー、エス生	日、中
52	1919 年 11 月 29 日	03 版	同文同種の兄弟が 牆に鬩ぐは愚也と下村長官は 福州事件を歎じて語る		日、中
53	1920 年 4 月 1 日	02 版	移植民と教育問題 同文同種	本刊	日、朝、台
54	1921 年 1 月 1 日	13 版	祝辛酉元旦	許柱珠	日、台
55	1921 年 1 月 23 日	03 版	內地電報 日支親善の要訣（上）	龍居賴三	日、中
56	1922 年 3 月 30 日	03 版	持地先生蒞廈賦此以贈	歐陽楨	日、中
57	1922 年 4 月 15 日	03 版	吳越遊草（上）廈門次歐陽楨見示韻却寄	持地六三郎	日、中
58	1924 年 8 月 26 日	03 版	東西南北		日、中
59	1926 年 5 月 19 日	06 版	普通試驗問題（の三）支那語問題 和文支那語譯		日、中
60	1926 年 9 月 16 日	04 版	敬步蔗庵總督瑤韻	伯漁 陳其春	日、台

61	1926年11月30日	夕刊04版	招待青厓翁　蔗庵總督雅宴　全島官民會於東門　官邸五十餘人	蔗庵、松軒、伯漁、碩卿、國年、炳煌、述三、純甫、綠野、東軒、成野、養齋、家珍、篁邨、雪漁、天籟、岳陽、梅樵、潤庵、壺溪、信齋、以南、種玉、石崖、茂笙、龍庵、榕庵、潯山、仲佐、純青、古邨、淡水、子安	日、台
62	1932年3月8日	夕刊04版	滿洲新國家　對同文同種臺灣人務欲拔擢登用人材　外交部長謝介石氏談		滿、台
63	1932年11月2日	08版	謝外交總長爲滿洲國答禮專使來朝賦此以誌歡迎	神戶　莊櫻癡	日、滿、中
64	1934年1月21日	08版	詩壇　新年非常時	許杜珠	日、中
65	1935年4月12日	08版	詩壇　迎蔣公使	黃純青	日、中
66	1937年4月15日	07版	日支は矢張り　同文同種の國　抗日運動に反比例し　日本書籍が全支で愛讀さる	東京十四日發本社特電	日、中
67	1939年5月20日	夕刊04版	臺日漢詩壇　選者魏清德　次和雨軒□韻	謝尊五	未知
68	1940年2月13日	08版	新東亞	駱子珊	日、滿、中

附錄二：《臺灣日日新報》同文同種之節錄內容

註：1.「□」指無法辨識字跡。2.「●、▲、□、○、□、＝、▽、■」是原文使用之分節符號。3.「……」爲筆者節錄，表示該段前後仍有行文。

1	1898 年 7 月 15 日 01 版【標題】時事有感八首【作者】徐莘田
	明治 31 年 7 月 15 日 第 1 版 第 60 號
	欄：文苑
	同種同文感喟同。東南危局苦兵訌。皇天變態風雲異。客路交情水乳融。讓地已拚盟玉帛。衝霄亟欲脫樊籠。請君廻首聊西顧。金氣橫流滓太空。
	亞洲壁壘鞏金湯。衆志成城萬里長。形錯犬牙森建樹。勢成牆角固苞桑。鬩牆須把前嫌釋。同室休將外侮忘。寄語東瀛諸俊傑。好籌良策禦西方。
	傷心愁見黍離離。誰假軍前仗五旗。倘拯蒼生將及溺。縱罹赤族不相辭。狼烟料已重迷目。馬革何妨一裹屍。惟願內山亡命者。弄兵休更在潢池。
	互市何如自閉關。開門揖盜悔藏姦。榻容側臥猶甘夢。庫窘中虛屢厚顏。四百兆民叛半教。廿三行省例諸蠻。可憐草野無知輩。戮士焚堂釀鉅艱。
	驚聞雜種據膠洲。俄法乘危恣索求。鼎畔子公爭染指。□中王粲懶凝眸。憤從旅邸沾巾哭。思向軍門伏劍投。二百餘年恩澤渥。逋臣奚敢惜顱頭。（以下次號）

2	1899 年 6 月 15 日 04 版【標題】雜事 官場習氣說【作者】蔚村散人來稿
	明治 32 年 6 月 15 日 第 4 版 第 335 號
	欄：雜事
	官場習氣說　蔚村散人來稿
	帝國與清國同文同種　嗜欲同體統同惟官場之習氣　則大致有同有不同　何者清國百尚鋪張　帝國一惟誠樸　彼虛此實　此則不同處也　而其畧同者官愈高者　心愈降　位愈下者　氣愈揚　綜攬政權　待群材而禮遇　職居顯要　惟自牧以謙卑　虛以受人　讓爲美德　其與臺僕隸佐貳吏胥　每々顧盼

	自雄矜情傲物　蒙馬以革　假虎以威　儼然威福獨專　其實俯仰唯命　意在欺人心甯　無愧小人得志　大率類然吁　可慨已此　則其同者也　然同中亦有不同者　清國官府聽訟遇有疑案在　往往延請品望紳衿　虛懷咨訪　以資參考藉定權衡　由今時法院之有鑑定人　也然霽顏溫語　虛左相需然後應召者趨承恐後□論　指陳曲直是非　務昭公允　若法院雖亦選擇搢紳見招望族所異者投以呼出狀界以日當金抑思　彼原非爲已而來……
3	1900 年 8 月 26 日 06 版【標題】論議 保民論【作者】空山同人來稿
	明治 33 年 8 月 26 日　第 6 版　第 697 號 欄：論議 保民論　空山同人稿 ……夫以今北清事變　其開釁於列國者　結黨之團匪也　其縱容之以開釁者養奸之權臣也　若附近之小民遭難　皆屬可憫　即或有被人煽惑迹曾涉　夫嫌移而其無知之情　亦多可宥　頃乍經夫兵燹　身家性命咸惴惴焉　懼其不保　列國之中誠有念切慈祥汲汲以保民爲事者　使之得安其居而復其業　想彼歸管之民　必有感激稱贊動景　慕於四方者　焉大抵民情多昧　而其觀在上之行政　則若甚明列國將來方務各伸權力際茲政廳　假設初與民相與周旋事務　分任之間　其能保民者　較之不能保民者　民心向背之機無難明驗 帝國於清國人夙推同種同文仁政之見　功最易北方土地占領　帝國之出力居多　則保民之要端不尤宜加用意乎哉
4	1901 年 11 月 3 日 05 版【標題】譯稿 中國國民教育論【作者】子爵 長岡護美
	明治 34 年 11 月 3 日　第 5 版　第 1053 號 欄：譯稿 中國國民教育論 子爵 長岡護美 亞細亞洲地積廣闊人口夥多　非他洲所可企及　然國于此地　其能保全獨立體面者　能有幾何　今東亞爲世界各國所注視競爭勝敗之大博場　中國與日本正立在此場裡　欲支持國家之運命豈不日其難其難　夫中國與日本人同種書同文　人情風俗亦不甚異　自古己相依如輔車脣齒　況今日以往不更當親切耶　中國亞細亞之大國也　中國之隆替不特于日本之利害受其影響　卽東亞全土之消長亦係之　以是欲冀東亞將來之平和者　無不置重于中國焉　予雖不敏冀我日本運命長久及東亞永久平和之心甚切　是故慮中國之富強發達亦甚深　乃不顧不敏盡東亞同文會之力謀事業之進步　紃設南京同文書院並躬臨其開院　式藉此機會以觀風于南清各地者　一不外出于圖中國開發之精神而已　此中國人士之所深諒者也　予今欲有所述但與政客相異　于中國之內政外交上不置一詞　只欲於國民教育上略呈鄙見　耳內政外交之事非敢謂不重大　然較之國民教育之事則有枝葉根本之別　外本內末可乎不可　願都人士勿以予言爲迂遠而留意幸察之則幸甚……

5	1903 年 9 月 17 日 04 版【標題】告白 臺灣創設華民會館敘【作者】本刊
	明治 36 年 9 月 17 日 第 4 版 第 1616 號
	欄：告白
	臺灣創設華民會館敘
	夫以日本。與清國。均在亞細亞之一洲。固同文同種。唇齒相依之國者也。自臺灣改隸以來。而清國人之東渡者。每以未諳風化。而誤犯刑章。致後來者裏足。此皆由會館之未立。商旅無所指歸故耳。不知帝國政府。一視同仁。凡絕域不通之國。且懷柔招徠。使之鱗集□聚。推廣利源。況同在一洲者。詎忍聽其人情扦格也乎。蓋嘗思之。非人情之扦格。實政令風俗言語之扦格耳。……
6	1905 年 11 月 22 日漢文版 01 版【標題】墺國政治家之論日本
	明治 38 年 11 月 22 日 第 1 版 第 2268 號
	欄：雜報
	●墺國政治家之論日本
	在墺國有勢力貿易政治家瞥珠氏。曾著世界政策難問題。謂世界列強中。如日本無有苦情。圓滑而進強國之列者。實爲未曾有也。戰勝之實。日本戰勝之花。所散而結之也。濠洲與美國。對日清之移住民。恆施不當之法律。其措置眞爲大謬。蓋濠洲與美國。皆使其商業家。在日清兩國。自由而收其利。又謂拓殖支那之任。一委諸同文同種之日本人可也。
7	1906 年 6 月 2 日漢文版 03 版【標題】蕭逢源氏之臺灣談【作者】蕭逢源
	明治 39 年 6 月 2 日 第 3 版 第 2425 號
	欄：雜報
	●蕭逢源氏之臺灣談
	蕭君逢源。原爲鳳山籍。移寓臺南。登辛卯科會榜。簽分知縣。即往浙江候補。旋授景甯縣宰。昨因丁太夫人憂。守制不仕。因買棹渡臺。一展墳墓。現僑寓臺南。本社和文記者。詣其旅邸訪之。而詢其觀今日之臺灣。其亦有感於懷者歟。渠曰。
	予自光緒十九年。即距今十三年前。去臺灣。而移寓清國內地。即轉補各官職。目前爲浙江省景甯知縣。其間。曾爲石桐釐金局委員。亦曾調廉。及今得閑渡臺。見當前之事物。較諸疇昔。迥不相侔。不勝驚駭。就中。觀清國之現度制。與現時臺灣之制度。全殊其趣。於社會狀態之激變。尤爲驚心。比諸予在臺之時。殆有別天地之感。是之進步發達。皆由於布設鐵路。使南北四百七十餘清里之長途。僅一日而得到。始有此效也。且到處開鑿道路。只觀臺南附近。其運輸交通。有如何之便利。可以推知矣。其餘。所見所聞者。皆足爲予所取法。而嘆賞不措也。特如我國制度。不論警察權、刑罰權、裁判權、即其他行政諸權。皆爲知縣所掌握。責無旁貸。組織頗爲單純。爲此。每無紀律。到底不能如貴國之發達也。予抵臺南後。見監獄、法院、郵便電信局。悉爲獨立。而與

地方行政法分離。各有專司。其制度之妙。不勝羨望。予利用此機會。務必考究諸制度。以爲清國改良制度之資。畢竟貴國之所以有今日者。實由上而官長。下而僚屬。竭慮殫精。十年如一日。以登進步之途。有如此良制度。能圓滿行之。且能遵守之。俾國民有所信賴也。豈我國之所能爲者乎。惟尙有一線之望者。近頃我國之制度。亦略啓改良之端而經於一部分。著手爲之。爲將來之所繫望也。然欲改良我國之制度。而求可以爲模範者。則於德不可。於英不可。於美法亦均不可也。何以故。彼之人種既殊。其國之發達狀態。亦自不能強同。不甯惟是。我國之相沿慣俗。與是等之諸邦。亦判然不同也。其所以必求諸貴國者。則亦非無故。貴國之於我國。不特同種同文。且於過去歷史。亦深有關係。欲移制度於我國。舍貴國而外。難以他求也。

特現時之治臺政策。參酌臺灣之舊慣。而設特種之制度。將使據此法。以馴致於良。採治臺之良法。以行諸我國。頗爲適切。何則。在清國之習慣。其與臺灣相同者。實爲不尠。臺灣之行政法。係以舊慣爲骨子。而編成制度者。移此良法。以治我清民。則無激變之患。而可徐徐以收效也。予回顧前此在臺之時。土匪時出時沒。人民苦之。及今匪氛既靖。無分聽夕。得以安然旅行。人民之生命財產。極爲安固。對此治績。不特爲貴國祝福。即於予之故鄉。亦不能不深謝之也。又臺南之街車。殊令予不勝今昔之感。現時島人之人口。比諸予在臺之時。實形減少。且祠廟守院。其他高樓峻閣。昔之號爲名勝者。今聞敗瓦頹垣。荒蕪滿目。不勝爲之悵然。惟是諸般之新計畫。其業經竣成。而足惹人目者。亦爲不少。已足以償所失也。如日本商賈。雲聚南城。比諸前此之臺南。實已殷盛幾分。可以無疑矣。云々。

8	1906 年 8 月 31 日漢文版 01 版【標題】雜報 出洋大之奏改官制【作者】本刊
	明治 39 年 8 月 31 日 第 1 版 第 2502 號
	欄：雜報
	出洋大　之奏改官制
	出洋大臣端方戴鴻慈兩氏。謁見西太后及清帝之際。主唱立憲政治。憲法可傚同文同種之日本　且日。農工商之改革。亦爲當務之急。然須採日德之模範爲要也。復論官制之改革日。若不從速改革。必中有如唐之藩鎮。日本之藩主。枝扈飛揚。不可制止之々日云々。其所結局。清國政府。將大革新地方官々制云。

9	1906 年 9 月 23 日漢文版 01 版【標題】福建布教權問題（承前）
	明治 39 年 9 月 23 日 第 1 版 第 2522 號
	欄：雜報
	福建布教權問題
	（承前）
	先是西本願寺。於北京建築一大傳道所。現正在著著進行工事之中。迨至此次。北京政府遽爲撤去之談判。在福州。則府知事召喚教堂之家主。責以何故貸與家屋於教堂。而暗講撤回之方法。觀其行爲。似必欲達其目的而後已者。

余書至此。適接一飛報日。我領事對於西本願寺。與以如左之告示。

出示佈告事。據本國本願寺布教使原田了哲稟稱。哲等奉本願寺大法主之命。前來考察佛教。殊見衰微。曷勝感慨。伏思佛教起於天竺。東渡中原。轉入我國。宗教派流俱同不紊。惟積年既久。各家自異其說。於今有愈愈下之勢。往昔我國佛教中衰之時。與中國近勢相似。幸得名哲中興。力求真理。採摘精華。故近日大有可觀之氣象。其宗旨不外濟世度人。誘良勸善。萬民蒙澤。於國計民生。大有裨益想我之現勢。蒙受佛教之影響。誠非淺鮮。今中國與我國同種同文。同風同教。唇齒輔車之誼。親且切矣。目擊其宗教頹靡。真理淪亡。愚民只拘毫末。不究根原。至尊之宏德。竟若有末被其澤者。吁可慨矣。竊念吾輩執守慈悲濟度之職。何能膜視。因在南臺地方。創設總教堂。擬將中國佛教挽回。普濟眾生。合行具稟。聲明等因前來。據此查本願寺創設在本國京都。業已五百餘年矣。其支寺遍於全國。皈依者數百萬。皆被其澤。令四海萬邦。欽佩該寺教法。豈偶然哉。本國在中國按約。應有傳教之權。查在中國各處。均可開堂宣布。華民奉教之後。覺悟迷津。且有汲汲努業。蒙福受化者甚多。所以至今視師如慈。口碑載道。屢有所見。據稟前由合行出示佈告。爾中外諸色人等。勿以謠言為惑。應將該教宗旨。細加考察。熱心信奉。獲福自無涯矣。為此特示。

我領事之告示如此。所謂特權斷行之者。正謂此也。不知清國官吏。當如何以處此為耳。（完）

| 10 | 1906 年 11 月 2 日漢文版 03 版【標題】支那雜觀（十四）／大動亂豫想（中）【作者】大東生 |

明治 39 年 11 月 2 日　第 3 版　第 2554 號

欄：雜報

●支那雜觀（十四）大東生

▲大動亂豫想（中）

我國維新之大業。非因德川氏之奉還政權。而立能定之者。明治元年三月所頒五條之御誓文。至能發射光輝。使全國之人心歸一者。殆閱十生霜。即平德川氏之殘黨。山口佐賀之亂。鎮壓西南之戰氛。此間維新之大業。猶不能十分活動也。回思往事。彼德川氏之殘黨。或以報舊主之恩為口實。或執反對維新之態度。以與明治政府為敵。其他一度入明治政府。為議論不合。解組歸田。遂有結連惡政府之施設者。謀為不軌。蓋維新之基礎。能安如磐石者。在乎鎮定明治十年之大亂也。翻顧支那之現狀。其頒發準備立憲之上諭。雖有似於我明治十四年之開設國會敕諭。然可擬為彼之五條御誓文也。唯今日之支那。與我國之明治初年有異。其國民久與外人相接觸。且方布文明之政治。有同文同種之我國。可以為模範。甚便於仿傚。其受益不亦深耶。雖有此便利。然支那之革新。不償何等之價。而能行之圓滿者。尚不可得而言。余信支那之革新事業。視諸我國之維新。當有數倍之困難者也。

新政云者。雖其名與實。俱為佳妙。然欲使頑冥國民。認知新政之功德。須經許多之歲月。況當新政之局者。似不多得其人乎哉．不知新政之旨趣者．實皆

以歷朝之舊政爲妙也。本島人民之慕新政者。亦屬四五年來之事。而在今日。彼頑陋之徒。懷思舊政者。亦不得謂絕無其人也。在今日之支那．彼戀舊政者。比諸喜新政者。諒多有幾百倍。惟出諸上意。無能爲力。故暫俯首屈從若政府有起軋轢。大勢力之政治家。與政府當局者割席。退居於野。則人心因而動搖。必如我國之當時。有前原一誠者。有江藤新平者。又有西鄉南洲者。在今日支那政府之部內。已起滿漢之軋轢。朋黨之分裂。其兆歷然。對於革新事業。袁世凱之位置。與西鄉南洲之位置。大略相似．其人物之高下．姑措不論。袁民凱實以我國維新當時之西鄉南洲位置。而左右支那政府者。彼得全國之人望。又爲王大臣等所推重。而翼替革新事業。然彼不似西鄉南洲之高潔。其所唱革新事業。不利於已者。則不肯斷行。甚不辭直爲反對。他之王大臣等。亦非如高潔之士。能爲所持主義。而奮不顧身者。彼雖口談革新。若有利於已者。彼則持守舊主義。支那之革新事業。因無可爲中心者。而頻爲動搖。既如餘之疊述。其革新事業。正而有頑固派爲反對。側而又有漢滿兩族。互爭勢力。更窺其裏而。則在革新派中。亦有彼此之排擠。其事實不可掩。其革新事業。若只外觀似爲圓滿。則決不能爲眞面目之進行也。滿漢兩族之爭閱。不可視爲無關。新舊兩派之軋轢。亦不能不決定。革新派中之衝突。又不得不調和。是之紛錯。終非尋常手段之所能治。必有一大勢力者出。壓倒爲反對者。而驅諸廟堂之外。是爲革新之前途。必先起之自然現象。是之現象。不出一年。必見諸事實。在政府內部之爭勢力者。於玆告一段落。而弱者暫爲屛息也。

| 11 | 1906 年 12 月 2 日漢文版 04 版【標題】問題數則／支那人使用問題／稅關問題 |

明治 39 年 12 月 2 日　第 4 版　第 2578 號

欄：雜報

●問題數則（譯和文報）

支那人使用問題

在臺灣本島統治問題。須費考慮者不尠。然在對岸日籍民之統治。亦一問題也。與以權而濫用壓制。國權所關。不可不察也。彼等生于道德程度殊低之地。以外交的策略。爲生存之武器。舍道義之外。以爲勝策。甯知所謂名譽耶。去歲福州。日籍民頗起不評判。其後之騷動。皆根源于此。本島人于對岸對日籍民之問題。有照日本法律處分之權利。故萬一有事。尚可繩之以法。以公明正大處分之。雖然苟對清國人。時有國際的溝渠。存乎此間。勿論如何之惡事。均爲他國法律所不關。顧清國法律。法者法也。大清律例之印刷。實際極不規則。其紊亂之度。蓋可知焉。要之即判官之志意問題也。判官之志意問題。化而爲黃白問題也。有黃白。即正可爲邪。邪可爲正。故日本人側。支那人使用者。在對岸之一問題也。其大者領事館之使用．大牛支那人．凡小使書記者。屬在官衙者。利用其偉大之勢力。以作爲醜事。而就中取民家利。若福州、若廈門。有足供吾人許多之伏魔材料者。似非同種同文之謂。于兩國人種之性情。及社會組織之關係。相去天淵也。惟此等之支那人。徒擅其私有之性情。而爲彼等所利用。愚弄之至。其如文明人士之資格何。

稅關問題

顧支那之性情動作。勿論于官衙。于實業家。每招意外之損失者不少。友人某久在此地。精通土語。如九月中日本商船會社。積載貨物到著。一封之通告狀受取。蓋其價格總計三十八圓八十六錢。內海關稅九圓。傭費六圓三十六錢。甲工四圓六十錢。倉賃十八圓九十錢也。然以僅少之物品。而要如此多額之費用。不當也。特支那人遣而精查之。此次倉賃十一圓十二錢□。傭費爲六圓三錢也。九圓之海關稅。變爲八圓○二錢也。諸如此例。有不得不喫一驚者。結局三十八圓八十六錢之通告書。實際爲三十四圓五十八錢也。稅關之主任者屬外人。外人且有如此失態者。或爲其下所使嗾也耶。勿論支那人之行爲。其他有關于鑑查官之外人之風說若日。某鑑查外人者。凡自國之物品發送人之申請價格。大都皆便宜通過。惟關係日本人之物品。監查之上。特以最高價處置之。高橋福州領事聞之。以爲歐米人公德心。非常發達。安有高價之品。而當爲低價狗私之事。若此之卑劣乎。然日本人之商品等。前年于上海等處。屢屢以高價之品。而按爲低價以送達者。嗣爲發覺。稅吏之信用失墜。比較的外人尚公平也。自吾人之俗聞察之。外人雖一般公平。只以久染支那之習。在下等之地位者。得毋與之同化。是雖不過風說云云。然風說時。保無包含事實之真相耶。吾人前陳之事實。雖以爲支那人之行爲。惟有責任之稅關。對此支那人而無有告之者。不信也。（未完）

| 12 | 1908 年 5 月 3 日漢文版 05 版【標題】題臺灣日日新報祝辭【作者】清國進士度支部主事 樓思誥 |

明治 41 年 5 月 3 日 第 5 版 第 3000 號

欄：祝辭　次第不拘

‧題臺灣日日新報祝辭

清國進士度支部主事樓思誥

世界競爭之問題。自二十世紀後。惟黃白種族而己。天然的界限。關於地理。人爲的界限。關於文字宗教。顧自政教分離。宗教之力蓋已浸弱。而惟文字爲著。東洋尙漢文。西洋尙羅馬。其淵源遠自二千餘年前。各足代表其國粹。昨年日本學者。倡導廢漢文用羅馬字之說。意取大同。而不知放棄國粹。實自失其東洋之文明。且隱隱有附庸白種之懼。卒經多數志士反對。斯議以寢。蓋日本文字。來自吾國。而變通以假名。期於合固有之語言。而得識字之簡易。其於教育普及之效。影響於文字簡易者爲多。不可謂非善於模仿也。顧舍漢文。則假名亦不能獨存。故全國報紙。大都參用漢和文字。以供一般國民研究之資料。而純用漢文者。獨日日新報。茲者出版以來。適滿三千紙。徵文當世。以作紀念。余惟報章者。輿論之母也。余深祝其流行日廣。以表我東洋高尙優美之文字。更進而研求道德。昌明孔子之教。兩國提攜。以鞏固亞東平和之局。則因同種同文之誼。而使感情日深者。豈無繇哉。爰爲之辭曰。

倉頡肇興。始作文字。匪獨紀事。寔啓民智。日之與清。唇之與齒。同洲同文。輔車相倚。東亞平和。千穟萬穧。

13 | 1908 年 7 月 26 日漢文版 06 版【標題】母國人與土著人【作者】石崖

明治 41 年 7 月 26 日 第 6 版 第 3071 號

欄：叢錄

・母國人與土著人

歐美人苟說及植民地者。便生出熱地、黑奴、鼠疫、瘧疾、猛獸、毒蛇之思想也。歐美人之植民地。若亞弗利加、印度、若印度洋上諸島、太洋洲中群島然。今皆如道具之並列而未獲用者。殊難以措施之。其中劣人種國土之觀念。尤深印于歐美人之腦裡。故凡經營植民地云云者。概謂在於本國人入於劣等人之國營名得利之事。而於土著人則皆忽之不顧。此其人之思想。常現於植民制度、社會、社交之上。由是本國人與土著人之間。乃有天淵之判。如事業之經營。本國人□能邀種種殊恩特典。而土著人□弗與焉。更就晚近之待遇上言之。土著人縱若何富豪、紳士。亦不能泊于本國人之頭等旅館。火車火輪等亦自不待言。至若最宜公平之法廷者。出召單時。於本國人則加之以稱。而土著人唯書姓名而已。於堂中。本國人則與之坐。土著人僅使之立。由此觀之。則□者之待遇。如是之尊卑也。明矣。

植民地某官廳曾致札于一土人婦女。札上書土婦某某。詎料此女生於名門之家。頗知書識理。遂草書投諸該地之歐字新聞。深辨其是非。大意謂古來居是地者必爲該地之人。此係理之固然。惡可侮蔑耶。譬如居德之德人。未嘗聞呼之爲土人。巴里之法國婦人。亦未聞名之爲土婦。且本國婦人曰夫人曰令孃。此固稱呼之宜然。妾安敢妄自擬議。唯土婦之喋喋者。未解存何意也云云。語直氣壯。落落千萬言。揭載於新聞紙上。新聞記者深表同情。且附記數語曰。今後願各官廳大加猛省。勿復作此惹出惡感情之行爲也云。試思此事。則臺人誠可云幸福矣。法制之規則。社會之待遇。毫無異于內地人。苟有資財。奚止于一旅宿火車等得爲佳賓上客哉。

略有身分名望者。概得爲紳士。雖宴會夜會。皆可以應請。方今之世。殖民地中本國人諸紳士淑女所出席之夜會。亦招待土人者。除臺而外洵無有也。縱有之遇歐美婦人之驕傲者。亦早自汗顏而告退矣。是皆爲種族不同所生之懸隔。抑亦植民經營上之一大障礙物也。良可悲哉。

日本領臺以來。即爲卓絕之新例於世界之植民史上蓋本邦之母國人與土著人。同文同種。而亦同奉典教。是以得通情達意。而互和合者。此係我邦獨有而列國所無者。夫臺灣植民政治之成功。豈唯當局者之玆其人。其最大原因吾敢謂是治人者與治於人者之意思。克自融和以致也。彼英國統治印度之現狀。得何如。較諸創政纔十三年之臺灣。其政績何得遠軼乎。

在臺七萬之內地人。其寓臺灣未卜存何心。將爲新陳代謝茫茫若浮萍之徒歟。抑將爲臺之內地人而俾子子孫孫於玆歟。吾所願者。臺之內地諸君子毋以臺爲浮家泛宅之念。好使子子孫孫不知臺之爲臺。日本之爲日本也。斯時也。深山窮谷之醜類。必變爲盛世之良民。而艸萊之地或盡開拓無遺。如高等教育者。更有高等專門學校。大學校出而施之。何至如今日望東□歎修學之□由矣。苟

	能如此。則生於臺學於臺。官於臺而盡瘁於臺者。乃可以無愧經營植民地者之本分。倘一朝告變。則執武器。守孤島。使本國無南顧之憂。即是忠于日本本國之所以也。要之。必有以臺灣爲累代墳墓地之覺悟。則可。而尤宜兩相研究言語。使之□辭不達意之憾。此亦母國人結合土著人之好個連鎖也。母國人臺人各宜勉之望之。（石崖）
14	1908 年 11 月 15 日漢文版 02 版【標題】清皇殂落 明治 41 年 11 月 15 日 第 2 版 第 3063 號 欄：本報 清皇殂落 昨接東電。痛悉清國光緒皇帝龍馭上賓。我國介在鄰對。同文同種。凡諸臣民。莫不痛切傷心。矧本島曩隸版圖。流風善政。猶有存者。能不爲之蹐踽呼天也。謹按光緒皇帝以皇族繼嗣大統。沖齡踐祚。恭已祗爲。享昇平者幾二十年。迨親政後。厲精圖治。明燭幾先尤爲不遺餘力。不幸事多見制。其志不伸。致有戊戌政變之舉。羈縻南海。幾至廢立。其時西太后會下詔垂詢各省督撫多有結舌不敢言者。獨劉坤一奮不顧身。毅然上奏。有君臣之分已定。中外之口難分。等語。復因各國力爭。乃得幸免。然歸還庶政。僅擁虛名。其處心積處。殆不可以言語形容也。嗣復遭團匪之亂。聯合軍入京。翠華西幸。車駕蒙塵。以金枝玉葉之身。冒彈雨烽煙之險。目擊時艱。志悲社稷。大權旁落。不能自主。其受病已自此深矣。迨戡定還朝。強敵日侵。內政日壞。於是廢科舉。備立憲。更張維新。以冀有所挽回。然其社會上。政治上。腐蝕朽敗之現狀。欲一朝盡去。迴非易言者。本年革命黨屢起風波。小醜跳梁。轉瞬即滅。數月前又頒詔實行立憲。首重六事。方謂從此鑒古今。憲東西。文化蒸蒸日上。兵制何以改革。教育何以改良。內之可以涵養國民之元氣。外之可以發揚武勇之神威。以立於亞洲之上。以立於世界競爭之無臺。與我國並駕齊驅。維持東亞和平之局。此固同種人民。所共希望者也。不料殷憂抑鬱。澽爾星沈。天奪寶算。有是之速者在位僅三十二年。享年僅三十有七。哀哉。清國之前途。此後如何。今人不無隱憂焉。今雖冊立已定。溥儀王已即天子位。醇親王總理萬機。諒可維持大計。然革命黨之首領猶存。所以未達極點者。以或有保皇黨等爲之牽制耳。今也皇帝已宴駕。保皇失其主旨。大勢已孤。革命之餘波。勢將復振。非竭力豫防。恐有不可問者。則光緒皇帝之一身。關係國家之安危。社稷之存亡。豈淺鮮哉。西太后現已心神昏亂。發熱甚劇。極形危篤。后黨帝黨之分。又不知若何決裂也。至於列強環視。各有所圖。外交方策。尤爲緊要。與衰之機。危於一髮焉。嗚呼。時局如斯。所冀各大臣和衷共濟。消融朋黨之見。以補未竟之功。以慰在天之靈。竝以保存我東洋之文明。此則鄰邦所最希望□也若其不然。各分黨援。竊恐勢成水火。難保無擁立爭權。如文宗熱河登遐之日。往事俱在。可爲車鑒也。然當時猶幸定策禁中。宴然無事。今則非其時矣。若不幸果有此變。更恐典午解紐之舊劇復演於一十世紀新世界之大舞臺也哀悼之餘。披瀝所見。雖不免過於杞憂。然鑒於光緒皇帝在日之艱難。故痛聞凶耗。所以愾歎哀吟。不能已於言者也。

15	1908 年 11 月 22 日漢文版 07 版【標題】大羅天（四續）【作者】木兒

明治 41 年 11 月 22 日 第 7 版 第 3069 號

欄：班本

大羅天（四續）木兒

（丑扮孫悟空戎服掄棒上）（唱）（倒板）漫說是一老子幫著金星。敢不敢尤有何難乎爲情。便任是齊請到諸天神聖。亦一定要和爾孤注一拚。孩兒們可爲我齊聲響應。（爾後吶喊）鳴雲鑼擂通鼓助我威稜（場後鉦皷大作）搶著棒直殺入無人之境。看老孫弄一個虎活龍生（太白金星指介）（白）有貧道在此。不可無狀。（丑揖介）（白）老孫稽首金星休要動怒。請聽老孫道來。（唱）（西皮平板）此一舉乃擊我興亡運命。非故意犯大逆抵抗天兵歸山後潛不出當知猛省。尤何苦必如是乃見膺懲。我情願。削去那。齊天大聖。我情願除仙籍不履天庭。但求得如罪囚恩准保釋便把這花果山當作囚城。（太白金星笑介）（白）爾再也不必伸訴肺腑。奈有李老君隨著我來。恐他饒爾不得也。丑怒介（唱）（前板）爾道他有偌大通天本領。聞道他□便使我□膽戰心驚。我知他曾解得變形幻影。誅仙陣把一氣化作三清。又知他有弱人一大陷阱。就是那五千言道德眞經。但老孫本具這如三心性那怕他用甚麼設陷變形。況未戰那便知誰敗誰勝。教爾看那一個是眞有才能。（李老君牽獨角青牛杖沈香拐上）（喝介）（白）猴兒且莫誇著。（舉手介）當教爾知我金剛琢的利害呢。（丑驚介）噯呀。（唱）（掃板）光萬丈若金龍在空際橫。且舞爪且颺下欲把人櫻稍近身尤重似泰山壓頂。任金剛不壞身亦恐無力支撐。（頓足介）（白）不好了。這一回恐無再生之望了。不知我生身的如來佛。可能來救我麼。（嫦娥扮如來尊佛披白衲衣上）（白）老君請莫傷此猴性命貧僧尚有用處。他日佛力東漸。發揮我西土的文明。卻少他不得也。（見介）（老君云）既是尊佛的法旨。貧道焉敢故違。即今就付尊佛帶去。好令太白金星歸去繳旨也。（如來佛云）如此有勞了。（喚介）猴兒還不稽首來謝老君麼。丑云領命（雜扮道童慌忙奔上報云）。有啓各位仙長。現有鼕皷鼕鼕之聲。似從那南天門殺來。不知是何處軍馬。（丑驚介）（白）這是那裡說起。難道是我這裡大吹大擂。卻驚動了帝國。故遣此軍前來探望不成麼。我們不妨且將此戲團圓了罷。大家就在此閑坐片刻。等道童再去報來。（道童下）（丑唱）（緊板）天地間本是個一大夢境。逢著場做著戲亦算夢裡怡情。難得我衆神仙一齊高興。變卻了舊面目來作優伶。萬不料齣未終樂方未極。驀然間忽逢此小怪大驚。豈果是有瞎眼的値日神聖。把一個謀反事去報天庭。但此去處並非是八公山頂。何所見便疑卻草木皆兵。（雜扮道童奔上再報云）那枝兵已越迫越緊。直望我們的洞府殺來。不知何故。乞即定奪。（丑唱）（尾聲）這眞是悶葫蘆使人不明白。把這一片鸞鳳笙歌。忽變作鶴淚鳳聲（白）待老孫登高一望便知（笑介）（白）此道童倒似個天聾地啞。連眼睛亦沒有。竟如此胡言亂語。爾道那一面大旗。旗上明書著關聖帝君四字。此乃關聖前月去鹽池征那蚩尤。日前已至帝前報捷。此一定是他凱旋。是我們此場大武戲。倒可當作歡迎凱旋的祝戲。他是不來尋我們的。我們不如再來暢飲一番。然後盡歡而散。披香博士拍手）云。妙甚妙甚。（丑笙介）我們今日皆弄得辛苦得狠。獨爾一人不曾插足其間。絕似一個觀劇者。如此快活。爾亦過意不去。總要想

一個法兒纔好。（披香博士云）我歷來不會作戲。請歌以侑酒可乎。（丑笑介）
（白）如此亦妙。（披香博士拿檀板歌云）漫板）水簾洞主豪且雄。隻手直欲
掀蒼穹。矇矓醉眼空所有。翻把天宮當戲場。演出空前大活劇。諸天神聖旨驚
惶。幸有如來施宏法。度一切苦明五空。當此昇平日既久。兵且不知何論強。
得此突飛高手段一棒眞堪喝群襲。天有百神護魏闕。國有干城衛王宮非兵何以
資護衛。天上人間將毋同。君不見蓬萊古號仙人島。隔斷紅塵不與通。近紀風
潮忽澎湃。王氣直奔東海東。在上聖明如此意。枕兵拔劍日皇皇。奮然一戰至
再戰。終伏巨獅殱虎狼。一躍遂躋最強國。我武維揚宣國光。餘威遠被同文種。
漫天匝地施帡幪。兵本國家之元氣。強尤國民之春糧。民不自強國斯弱。兵不
能強國乃亡。日本古有武士道。大和魂兮是濫觴。眾雖億萬心惟一。至死皆慕
爲國殤。（緊板）天人相應類如此。失之者亡得者昌。今歌此歌謝大聖還德此
德頌東皇。（丑拍手喝采）（白）此歌最有趣。實可爲此齣一大結穴。大家可各
浮一大白。散歸洞府罷（齊唱）這正是樂奏鈞天無俗調。噌吰場中只笙歌。（場
後吹動皷樂齊下）（完）

16	1909 年 10 月 26 日 01 版【標題】張中堂と日本（十四）日本親善の端緒【作者】天南生
	明治 42 年 10 月 26 日 第 1 版 第 3450 號
	張中堂と日本（十四）　天南生
	……▲日本親善の端緒
	張中堂は博學鴻儒であるから日清兩國は同文同種の間柄である支那の逸書が却つて日本に保存されて日本は貫むべき經史國であると云ふ點で政治的意味よりも寧ろ□術的意味に於て中堂の壯年時代、日本親善の意見を有して居た故に中堂が未だ翰林院詹事府に奉職中北京に於て我が井々居士竹添進一郎氏と筆談を試て一見舊の如く肝膽相許した流□博學の中堂も竹添氏の春秋左傳に就いての議論には深く敬服した併し此の時分は別段日本の國勢事情に通じ深く日本を解したと云ふ次第ではなかつた……
17	1909 年 12 月 3 日漢文版 01 版【標題】同仁大會
	明治 42 年 12 月 3 日 第 1 版 第 3480 號
	欄：內外紀要
	●同仁大會
	上月念日午後二勻鐘。早稻田大隈伯爵庭園。開同仁會第四回大會。會長大隈伯起演開會大要。謂本會所重盡力于清國者。以數十年來于政治、教育、經濟、衛生、醫術等各方面。爲長足之進步。所當于我親誼之友邦。將來益加其親密。現歐美列國。方爭灌輸教育。並一切文明於清國不少。我邦與清國同文同種。豈可袖手旁觀。故本會之設。無非由此而起。今比較之尙無多大發展。殊爲缺遺。然本會勢力。實爲動機。將來我國欲使清國得到十分活動者。不得不深望本會益爲國家效力也。次丹羽副會長報告一昨年以來公務。次來賓總代目賀田男爵演說。理事山根正次氏朗讀海外同仁醫院祝電。後藤節藏氏報告會計。又次入團遊會及餘興。以四勻鐘散會。云云。

18	1910 年 1 月 15 日漢文版 02 版【標題】島政要聞 品紫評紅【作者】本刊

明治 43 年 1 月 15 日 第 2 版 第 3513 號

欄：島政要聞

・品紫評紅

▲丐知大義　清國與我邦同種同文。相依若唇齒。故我當局不憚爲之保護。休戚相關。洵非列強可比也。近清國準備立憲。一洗墨守舊章。漸進文明。創立社會。人民具有愛國心。有不惜以身爲犧牲者。而捐款亦多踴躍構輸。不僅上流會社爲然。即微賤之人亦有之。如昨閱神州畫報。中有乞丐也知愛國一圖。其事最足動人。眞鄰邦可喜之現象也。特爲錄之。日前有一乞丐。在煙臺某商肆行乞。正值該肆人閱商會籌還國債傳單。遂謂丐曰。汝猶至此行乞。恐不久即無行乞之地矣。丐問故。該肆人曰。外人將瓜分吾國。倘一經瓜分。肯容汝自由行乞乎。丐又問尚有挽救之策否。曰有。汝不見商會所佈之傳單乎。我輩能將傳單上所說的國債。籌還清楚。即可免瓜分之禍。但國債太鉅。非一二人所能籌還。故商會現辦理國民捐云云。丐聞之。立時將腰中銅元二枚。制錢二十七文。一律繳由該肆收存。充作國民捐。又云。嗣後每日來繳。噫。以乞丐猶且熱心愛國如此。人心不死。即此可見一斑。鄰邦四萬萬人。倘同具此心。何患不立致富強。若本島改隸已歷十餘年。島人沐浴明治天皇新化。於各種義舉。踴躍解囊者儘多。間亦有擁財自豐。視國事無關痛癢者。□昇平之世。順帝則而不識不知。聞此丐之風。其亦知所變計與。

19	1910 年 3 月 13 日漢文版 02 版【標題】就實業團渡清言

明治 43 年 3 月 13 日 第 2 版 第 3561 號

欄：社說

就實業團渡清言

語云。。能見千里之遠。。而不能見目睫之近。。我國人於清國之關係即是也。。舉朝野上下。。浮於歐山美水。。一言西域事情。。雖虎穴龍潭。。魔窟鬼域。。亦不忘於探討。。至於一□帶水之清國。。如風馬牛之不相及。。不努力以查究其事情。。況於計彼我兩國人之親善融和者耶。。於是乎兩國人之意思常疏遠。。區區瑣事。。亦爲牙角之爭。。遂至反目嫉視。。激而爲排貨之舉。。爲野心之外國所乘。。其責雖因爲清國人之僻根性。。然亦由我國人口言同文同種。。輔車唇齒。。而□於大局。。付日清親善於等閒。。自馴致今日之勢也。。近雖一部識者之覺醒。。東亞同文會。。同仁會等略爲活動。。然猶未能挽既倒之狂瀾。。憾何如也。。日昨東電報云。。我實業家將聯袂渡清。。是蓋去四十一年間。。某實業家之所籌謀。。因事直展期至於今日。。頃者因熱心改善日清商業關係之大浦農相勸誘。。遂見諸實行。亦近時之一美舉也。。其人員擬自東京大阪京都神戶名古屋橫濱六處商業會議所。。選出有力者七名。。吾濟雖以其人數之少。。比諸渡美團有遜色有不滿志。。然望其拔萃擇尤。。有足以使清國朝野之欽仰者。該渡清團之旅程。係欲自天津入北京。以考察漢口上海廣東香港等處者。。其所帶使命。。實比諸美團尤重者。。夫清國對於我國之感情。。漸淪於不妙。。故所有交涉事件。。殊難解決。。而

彼嫉視我國者。。又乘間布散謠言。。以收漁人之利。。清國不之察。。墜其
術中。。而日清之關係。。遂至有今日之暌離。。然如此現象。。實日清交受
其害者。。其在政治的關係者。。姑措弗論。。但就商業的關係而言之。。我
國之於清國貿易。。除日俄戰時而外。。皆爲一億四五千萬圓左右。加以由香
港再輸於南清各地者。。則約達二億萬圓。。在我國之與外國貿易者。。計約
八億萬圓。。與清國貿易者。。實占四分之一。。比諸我國之與美國貿易額。。
計一億九千九百六十三萬餘圓者。。工力悉敵。。況清國貿易。。銷路比諸美
國尤廣。。厚望者多耶。。我國之製品。。所以銷售之者。。實不可不以清國
市場爲要樞。吾儕甚望我實業家。。毋捨近以圖遠。。而瞠若於歐美人之後。。
沾其餘澤。。乃爲計之上者。。此次之渡清團。。祖鞭先著。。厥後有力者之
接踵而起。。以遊楚甸商郊者。。定多其人。。日清兩國之人。。或因此而意
思疏通。。關係親善。。商業既預之趨勢。。得砥柱而不橫流。。其餘□遂及
於政治的關係。。兩國和衷共濟。。以維東亞平和。。可預期已。。吾儕於此
更有欲言之隱。。本島與南清蜜邇。。商業關係。。自昔固結不開。。嚮者雖
曾銳意於南清經營。。冀益發展。。而今則視爲無足重輕。。夫商業關係。。
我國之與清國。。其緒實啓自南清。。故欲商業之發展於清。。似宜仍自南清
始。。而欲圖南清商業之發展。。則又宜以本島爲偏師。。籍當一面。。乃足
以握霸權於清。。是母國既圖改善對清之商略。。而於本島對南清之商略。。
亦不可不加之意也。。行遠自邇之言。。是不可不三覆之者。。

| 20 | 1910年3月27日漢文版02版【標題】日清親善好望 |

明治43年3月27日 第2版 第3572號

欄：社說

日清親善好望

欲圖日清交誼之親善。。須重視南清經營。。是吾儕夙所持論。。欲我國朝野
人士。。知留意及此。。而常提撕鼓吹不怠者。。然朝野似猶未深以吾儕之論
爲然者。。殊如臺島之於對岸。僅隔衣帶水。。關係素深。。嚮亦有所經營。。
今則所謂經營者。空存形式。。吾儕深以爲憾。。試觀清國之輸出入數。。約
十億圓。。其分頭額只得三圓。。以之例諸英國之約二百圓。。德法美之約百
圓。。我國之二十圓。。爲數蓋亦微矣。。然富源深遠。。殆無盡藏。。目前
正振起殖產興業。。革新經濟狀態。。則其隨歲序之推移。。輸出輸入二者。。
漸次增加者。。不待驗諸龜蓍。。其在最近將來。。如倍蓰今日之貿易額。。
略匹敵於我國。。則清國之貿易額。。當達約七八十億圓。。縱令我國之與清
國貿易。。至於其時。。猶如今日。。則勻攤其數。。當有一成四五分。。優
有十一二億圓。。與今日之我貿易總額適均。。清國實爲我國商品之大市場。。
清國人爲我國商品之大顧客也。。況以人文則同文同種。。以關係則唇齒輔車
者耶故日清親善。。是爲急務中之尤急者。。稽諸往者。。南清與北清異。。
無阻隔之懸案。。迨至廈門事件。。辰丸事件。。交涉之案續出。。兩國交惡。
交誼就疏。。遂激成排貨之舉。。然是爲一時之變調。。兩國因自然之勢。。
仍不得不爲親善。。且彼我洞織時勢之朝野人士。。對於此事。。協力以挽既
倒之狂瀾。。近來兩國親善之潮流。。其勢漸轉。。如本月五日。。在香港清
國人所創之時事書報社。。倡開日清新聞社親睦會。。清國則華字日報。。公

益報。。中國日報。。實報。。日本則上海日報。。香港日報。。獨立通信社。。
各派代表記者臨會。。相與爲歡。。台十二日。。香港日報爲圖瓊報。。亦設
宴以款清報諸代表者。。我船津總領事代理以次重要者蹌濟與會。重溫交情。。
議仿營口大連鐵嶺之例。。創日清協會於香港。。由是觀之。。是日清親善之
機已動也。。廣東者爲南清重鎭。。而我南清貿易之策源地也。。萬香港之支
那人。。數有三十萬。。粵人占十分之七八。。故寓香港之日清兩國人士。。
置酒高會。。以敦交誼。。以之謂即日本與廣東之親善。。當無不可者。。吾
儕於日清親善。。由此爲香港耳目。。作日粵人機關之新聞社。。融和感情。。
啓其端緒。。而喜之不措也。又次於此者。。尙有一可喜之現象。。即在福州
之日清人親善是也。。據該地訪員所報。。現任高洲領事。。自接篆以後。。
與清國宮憲樽俎折衝。。圓滿無缺。。交誼親密。。酬應頻繁。。曩我第三艦
隊旗艦須磨。。駛泊閩江。。寺垣司令官詣省垣。訪松總督與崇將軍。。總督
將軍亦殷勤返禮。。又開未曾有之例。。特於南臺洋務分局。肆筵設席。。鄭
重招待。。領事夫人亦爲與清國官憲夫人敦交誼。。既歷訪藩憲尙其亨氏夫人
其他事雖似小。。然亦日清親睦之一端也。。再次吾儕樂爲紹介者。即籌設廈
門大學是也。。因見英國之籌創香港大學。。漢口大學。。德國之籌創青島大
學。。有所感觸於懷。。而遂有創廈門大學之謀。。發起者爲漳州人林文慶氏。。
既定以四十萬圓經費而設立。。將相宅於鼓浪嶼。。是雖規模狹小。視諸香港
大學。。投費百數十萬弗者。。遜色甚多。。然小者爲大者之基。。終有由小
而大之一日。。其課程爲理工醫三科。。林氏自其祖僑寓新喜坡。。經營一切
事業。。獲利甚溥。。今其家資已稱有百萬。。氏幼入英國基督教會。。習英
語。。修醫學。。長即留學英京。。研究多年。。既得學士之位。。通英法德
三國語。。且精哲學文藝。。爲計日清親善。。乃倡設廈門大學。。欲日清共
同經營。。其經費仰給幾分於日本。。教師則悉由日本招聘。。即令經費全歸
清國自辦。。教師仍欲招聘自日本。吾儕於此廈門大學。其設之果否。。雖尙
不可知。。然鑑於香港大學青島大學等之先例。。或英人與清人共營。。或德
人與清人共營。。清國官憲撥款補助。。燦然成立。。當此日清親善之潮流既
轉。。視發起者之努力何如。。其成立當不難也。。要之。。日清親善之氣運。。
已萌於兩國之間。。我實業家之渡清。。與東三省觀光團之來我邦。。是皆可
喜之現象。。而本島與南清密邇。。官若民至於今日。。仍袖手旁觀。。無所
爲計。。其淡然忘之耶。。抑將有所待耶。。殊滋吾惑。。時不可失。住臺之
官民其奮諸。。

| 21 | 1910年4月1日漢文版01版【標題】大宴國賓 |

明治43年4月1日 第1版 第3576號

欄：東京特電

▲大宴國賓

廿九夜小村外相。以載濤殿下爲國賓。大宴之霞關官邸。先是小村外相。起爲
清帝舉壽杯。殿下亦起爲我聖上舉壽杯。既而賓主各述辭贈謝。殿下殊滿意云。

小村外相禮辭如左。

日清兩國。於政治經濟。尤爲密接。然又宜使益加密。今殿下之來遊。本大臣

甚喜。凡所欲視察者。自爲力爲計便宜。茲謹祝殿下之健康。

載濤殿下謝辭如左。

日清兩國之政治上貿易上。關係密接者。良如貴大臣所言。孤自幼確信兩國之密接。係同文同種之原理所致也。此次自下關上陸以來。多蒙貴國官民。熱誠歡迎。不勝感佩。今夕且爲孤大張瓊宴。榮幸何加。爰祝貴大臣並政府當局各大臣之健康。

| 22 | 1910 年 4 月 8 日漢文版 06 版【標題】日清交誼 |

明治 43 年 4 月 8 日 第 6 版 第 3582 號

欄：叢錄

• 日清交誼

日前外相官邸晚餐會席上。小村外務大臣對載濤貝勒殿下述歡迎詞。及殿下答辭如左。歡迎辭曰。

載濤貝勒殿下。今次殿下奉大命歷巡各國。先惠臨本邦。本邦官民所共感焉。顧日清兩帝國。政事上經濟上皆具有密接關係。當共提攜。交情親密。以維持東亞大局。殿下聰明洞察。必能看取大勢。恒以日清兩國敦睦爲念。本大臣所確信也。殿下今茲來貴。親與我邦官民交遊。其重誼熱誠洋溢。本大臣特爲欣幸。自是兩國交情日鞏。交際日厚。本大臣所決信無疑。但以殿下滯留不長。此事殊令人抱憾。望本邦凡百事物十分視察。茲特擎觴與我閣下並諸君爲殿下壽。

次貝勒殿下答辭如左。

本爵自下關上陸以來。沿途蒙貴國各官民歡迎。昨抵京。今朝謁見貴國大皇帝陛下。深荷優渥待遇。本爵所感謝不措焉。抑日清兩國關係匪淺。本爵深與小村外務大臣同感。夫以同種同文之天然事由。而兩國間關係親密。當益加兩國間之人民人力。而關係日以親密。此本爵所希望而不能自已也。今夕小村外相爲本爵開盛大宴會。並當局諸公一同列席。本爵所深快焉。茲特舉盃爲主人及當局諸公壽。又國際新聞協會。擬於去月二十八夜。奉呈歡迎文於清國陸軍特使載濤郡王殿下。遽爾延期。至三十日上午九時。會長箕浦勝人。偕千葉秀甫。至芝離宮。奉呈如左漢譯之歡迎文。文曰。

國際新聞協會謹呈濤郡王爺殿下鈞鑑竊惟殿下以天璜近支之尊萬里駕長風東渡攷查軍政贊祐之偉績中外均莫不景仰弊會爰得恭迎帥節於日本帝京誠不勝光榮之至也弊會即係清日歐美各邦新聞記者團體以融洽國際間之感情解釋列國間之誤會爲宗旨力圖保全環球之睦誼並期增長各邦之公益貴國爲亞東之一大帝國其於大局關繫至重乃弊會每聞貴國官紳力圖改革深表同情額手相慶大屬期望於前途今幸恭迎星軺遠來得瀝陳微衷欣慰曷勝伏思東亞和平以清日兩邦之輯睦爲要世界和局有賴東亞豈淺鮮也哉故清日兩國益篤親睦共維全局是當務之急而弊會員等所共盼望也此次欽差東臨必當向此目的更進一步有裨益於時局者豈是啻爲清日兩國而已抑亦爲世界文明更增赫灼之光也峀肅蕪詞驪迎敬請鈞安

23	1910 年 4 月 20 日漢文版 01 版【標題】和社友黃丹五君遊閩粵【作者】黃純青
	明治 43 年 4 月 21 日 第 1 版 第 3592 號

欄：藝苑

和社友黃丹五君遊閩粵

作者：黃純青

粵水閩山三月春。馬蹄踏遍杏花塵。此行佇看奚囊滿。莫吝新詩贈故人。
廿紀風潮論說新。囂々黃禍發言頻。前途若問東方事。同種同文一脈親。
思筆雙清。次首以感概起。得機得勢。不得目爲尋常酬應詩也。

湘沅　漫評

24	1910 年 6 月 10 日漢文版 04 版【標題】北京報界聯合歡迎日本實業團之誌盛
	明治 43 年 6 月 10 日 第 4 版 第 3636 號

欄：叢錄

・北京報界聯合歡迎日本實業團之誌盛

北京函。云日本實業團行抵北京。所有北京報館七家即北京日報。（代表朱君淇）帝國報（代表陸君鴻逵）中國報。（代表黎君宗嶽）帝京新聞（代表康君十鐸）英文北京日報（代表羅君星樓）憲志日刊。（代表孟君昭常）順大時報。（代表上野君）會議於十八日晚。邀請該團並旅京日本官紳。假座崇文門外三里河大街織雲公所。開催歡迎會。屆期主賓到者七十餘人。中日主賓交互坐席。以便談笑。酒數行。北京日報朱君淇起身上壇代表報界全會。演說歡迎詞曰。貴觀光團諸位。均是大日本實業界有力之名士。此次不遠千里光臨敝邦。鄙人朱淇茲代表報界同人得歡迎貴賓諸位。實感爲無上之榮譽。謹陳一言以表歡迎之微意。我等同人。亦係實業家故。歡迎實業家之貴團。敝報界是中國國民故。歡迎大日本國民之貴團。願我兩國國民同托大日本大清國兩國皇帝之福。永享昇平。實業日臻發達。又願我兩國國民。從此日益親睦。不失同文同種之好也。朱君又撰有歡迎日本實業團之文。由上野君翻日文朗讀之。來賓聽畢拍掌喝采。嗣由日本實業團長近藤君演說答辭略云。

余代表實業團感謝今夕歡迎。抑余等實業團以觀覽南洋博覽會爲主要之目的。因時日從容。故利用此期間以爲汗漫遊耳。何期被貴國官民諸紳之如此歡迎哉。然在奉天天津到處被異常歡待。禮遇情殷。特此日此夕是何時也。北京報界諸君子互相聯合開催歡迎會。情意慇懃。殆出豫期之外。感激莫名。蓋貴國諸君子優待余等如此者。無他故。因中日兩國之交誼日形親善。自有不期而然者矣。想貴國土廣民眾。洵足爲富國強兵之資原也。而貴國今日之進步。復能利用此強富資原也。余在國之日。以爲貴國今日之情形似或與敝邦卅年前之情形相似。迨一踏貴國之土。一握貴紳之手。與前日之想像全然相反。轉驚貴國發達之銳。進步之速也。以一事例之。余每以爲貴國有官尊民卑之習。官民之間必相疏隔。情意不洽和。今親與貴國官民諸君子晉接。復被邀請官商聯合之歡迎會。觀其交際之情。見其談笑之狀。深感官尊民卑之習。早已消化官民之情意疏通。夫官民之情意疏通。官尊民卑之弊自除。則工業可興。商務可振。而貴國業已達其地位。嗚呼貴國備富強之資。鞭進步之大勢而際會振興實業之氣運。貴國諸君子。尚不滿意。而竭力奮勵直前。

數年之後進步可見。富強可期也。凡立邦於亞東者。只貴國與敝邦備獨立國之體面。維持亞東之大局于將倒。故貴國非速謀富強。將來之事即難預言。貴國之富強與否。不徒關貴國之安危存亡。實關于敝邦之利害休戚也。余等今遊貴國。目繫貴國進步之速。殊愜我意。幸賴報館諸君子之提倡。貴國之進步更加一層。爾我兩國之實業家。互相來往交際則兩國愈敦睦誼。得以維持亞東之平和。講求亞東富強之策。余等實有厚望矣。敢陳蕪辭申謝。並頌報館君子之健康。主賓聽畢鼓掌喝采。嗣由中日歌妓周旋席間。酒酣興濃。是時由中日報界諸君迭行演說。並由駐東日本使署各官。以次演說。最後日本伊集院欽使。由席起立演說。論兩國人士來往交際。最有裨益於兩國交誼。感歡北京各報館率先國民。而有歡迎日本實業團之盛舉。畢。請眾舉杯三唱中日兩國皇上萬歲。遂撤席。時已近子夜。實稱一大盛會云。

| 25 | 1910 年 7 月 14 日漢文版 02 版【標題】日俄協約及列國 |

明治 43 年 7 月 14 日 第 2 版 第 3664 號

欄：社說

日俄協約及列國

接東電報道。日俄協約。近日間當在東京及俄都同時發布。顧日俄兩國親交。乃貴勢自然趨潮。所謂協約者非偶然而成也。而各國論議。錯生如雨後□。表歡迎者眾口同音。謂是足以解決東亞萬事。如某紙謂此協約乃對局外者畫鴻溝界。結局軍備當得縮小。黑龍江之鐵道。西比利亞沿海州之植民皆得受其影響。容易成功。即此可以知俄人之期待矣。

竊謂我國由該協約正文中得來之利益。曰罪人引渡何者日俄兩國。言語事情不通。自此正文。而漁民紛起事件。及對韓人取締。皆得利便。又我國對歐鐵道之運輸交通。亦藉以獲便不少。至於軍備縮少云云者。殊非事情洞察之語。蓋滿洲守備隊。為警戒馬□非為敵視俄人也。契約之成立與否。與滿洲守備不關。

美為滿洲供給貨物競爭者之一人。德於近年亦□起而欲爭之。日俄之不和。兩國之利益也。協約立而鴻溝成。此兩國所不肯甘心。而故為猜疑議論。墺則一意冀俄人事急東方。藉苟安一時。協約立則俄人方針一□。□臂亞方。已耳幹半島。行且多事。故因墺國之猜忌協約。亦非無故也。

支那外字新聞。動輒出以亂雜口吻。利權收回病熱使然也。彼其對外。□疑懼不安。雲南之於法。山東之於德。滿蒙之於日俄。其抗爭排詆。未一非病熱中所孕出也。各國熟視。知其弱點。因乘隙而市恩之。藉擴張勢力。於是日俄協約之原因。不得不被激而成。□如某外紙之所論也。

吾□謂此協約。決非無視滿洲利益。侵寄清廷權利。夫以同文同種之日本。不□東亞大勢。不思輔車相依。而則心□意。惟友國是危者。其愚孰甚。吾國所不為也。

又某國謂□國勢力。行當發展南方。□□□□。□□浮言。是亦不思之甚。要之日俄協約。不過□時勢之□□。進一層□□實之。其內容決非合猜忌之條件。其分子決非帶危險之性質。而我海外移民。此後前途穩健云云者。蓋同協約成立自然之結果。所不待論也。

26	1910 年 10 月 20 日漢文版 03 版【標題】楓葉荻花
	明治 43 年 10 月 20 日 第 3 版 第 3746 號
	欄：雜報
	‧楓葉荻花
	嘉義廳佐佐木事務官。當在新竹任內。曾築無何有齋讀書其間。一時有鄭杏谷輩皆作詩以咏之。及轉任嘉義。文人逸士。唱酬者既不少。而中南部之和之者亦日多。可謂同聲相應者矣。（大雅事）近者廈門學界紳商復開孔子紀念會于白鹿洞。會我菊池領事亦偕副領事亦偶至。並趨孔子神位前行禮。會眾大喜。各贈詩以聯聲氣。（同文種）如邱某年踰知命。而好漁色。窺其隣寡媼頗多金。遂與之交冀其助也。無何媼欲購婢。缺五十金。商于邱。邱思有以餌之。自顧家無餘蓄乃質其弱女子人。得其資以與媼。後因乏資經營。請媼假二萬金。屢說不就。媼厭惡之。竟與絕。從此所視同路人矣。邱始知已墜其術中。不勝悔恨。（陷深坑）昨有人來自廈門。往觀高松同仁社活動寫真。歸而語人曰。余閱此多矣。曾聞深于此道者所云。世界活動寫真之佳。無有踰于法蘭西及日本者。今乃知果然。則其入于目感于心可知矣。（醒心丹）嘉義北門外洋迄竹頭崎溪邊鐵道。除載貨外。搭客則惟商人而已。苦力或村農。則往來仍徒步也。彼盖爲省資計。不知有時反較花費尤吃虧也。（胡不思）
27	1910 年 12 月 12 日漢文版 02 版【標題】新評林 傳近況【作者】本刊
	明治 43 年 12 月 12 日 第 2 版 第 3794 號
	●新評林
	○傳近況
	南清傳近況。勢力墜泥塗。本是同文種。何因分越吳。願言肝胆露。務俾齒唇孤。可惜學徒數。晨星直不殊。
28	1910 年 12 月 15 日漢文版 03 版【標題】 編輯日錄（十二月十四日）
	明治 43 年 12 月 15 日 第 3 版 第 3797 號
	欄：雜報
	‧編輯日錄（十二月十四日）
	言唇齒相關。而不確守平和。時致衝突者。日清間之問題是也。近聞滿鐵沿線附近日清官憲。漸臻平和．可謂東亞前途慶賀．吾人竊願此
	狀態之維持永久也。即近日臺灣母國人及本島人間感情亦頗圓滿。可見同文同種。自無不可同化之理。因誌之以筆墨除瀝。
29	1911 年 1 月 10 日漢文版 02 版【標題】新評林 似輔車【作者】本刊
	明治 44 年 1 月 10 日 第 2 版 第 3821 號
	‧新評林
	○似輔車
	業已同文種。相依似輔車。興亞哀種禍。義會壯皇居。國粹眞堪寶。風潮已舒。莫言彊界異。將伯願乎予。

30	1911 年 1 月 19 日漢文版 01 版【標題】南清遊覽紀錄（四）【作者】潤庵生
	明治 44 年 1 月 19 日 第 1 版 第 3830 號

欄：叢錄

南清遊覽紀錄（四）

作者：（潤庵生）

汕頭日本領事館。距英德領事館數百武。建築雄壯華美。庭之兩椽。置草本盆栽數十百盆。濃綠淺黃。鮮妍可愛。庭中植溫熱兩帶植物。綠幹參天。清陰匝地。由樓上一望。澄海千頃。舸艦相接。前控層巒。汪汪浩浩。頗稱巨觀。領事館樓上。惡博文公及李鴻章吳汝綸諸賢筆跡。李氏落款。則稱德丸學生□。蓋母國人之漢學家。往往私淑支那名儒碩彥。中清俞楊曲園老人之門下尤多。可見同種同文。何處不可披胸襟露熱誠而同化之。有故為鴻溝之論者。皆私而害公。有玷於聖明盛世。蠧蠹之徒也。室之几上。更列祝枝山文徵明暨古今名人書畫。集成數帖。德丸領事之風流儒雅。於茲窺見一斑。同領事出當地貿易重要出入品目錄相示。當與廈門及各處之目錄。附錄於遊覽文後。供世之參考。

時間太早。出領事館。邐迤行東北數清里。觀吳氏祠堂於舊砲臺之傍。吳臣當地鉅族也。觀其堂宇懸額。貴聚一門。有狀元探花及按察司各等匾額。廩貢舉人不在列焉。其建築法。則純用支那式。金光炯燦。丹青儼然。一行之內地人皆娛目焉。第論其建築工手。雖極雕□鏤楹之致。然乏其高尚。於美術最憒焉無識之余。猶有所不足。歸途徧遊市街。綢緞布帛之類。農工藝術之品。羅列店頭。有骨董癖者。倡議欲觀同地骨董店。到則價甚貴。而品不甚精。間嘗□四指或八指。初意即□拾錢或八拾錢。筆書之。則一四圓而其一八圓。一行因不欲購。或云。內有數百金珍奇之點甚多韞匵深藏。不輕示客。向午十二時。同地官民饗應觀光團於聯芳之料理屋。主賓酬酢。各三呼萬歲。宴闌□小舟歸大仁丸。下午□勾鐘拔錨向香港。

是日天氣晴暖。風恬浪靜。舟中人或上甲板舒嘯。或臥船艙觀書。或趺坐對奕。忘其舟之行也。晚餐後。斜日墜西海。暮色蒼然。自遠而至。舟中電燈忽放光。上甲板者紛紛下船底。一行有某氏年甚少。忽顧謂其旁之老人曰。異哉余所攜百金。忽失其九十。問以失自何時。則曰剎那之前尚在。老人大驚曰。是不獨子之不幸。余與子□接。萬一子金誤落予旁。予受不白之名矣。因盡搜其行李。脫衣裳以檢。海上涼甚。老人忽肌膚作栗。狀欲惡寒。一行因疾某之不慎而貽累他人。交訾之。某因宴飲。酒臭薰蒸。語言多前後矛盾。因請團長青山醫學士至。告其情。團長詢以遺失時間及方向。則云入浴前。置金囊於浴室外。後遂不見。團長笑而頷之曰噫。子飲酒醉。健忘乃爾。宜乎衛武公作抑戒。周公作酒誥。謂荒惑敗亂之尤者。予入浴後。子乃入浴。於捧金囊余曰。團長。予信用子。九十金託子暫時管理。子浴巾乞借我。予因以浴巾授子。而子以金囊授余。今子忘之耶。浴巾何處。謂予言非。則子之金囊在茲。出而示之。某如膺九錫。急崩角無數。同人益訾之。謂此後當禁酒以某為戒。嗚呼年少無旅行經驗。往往至是。余仍同情。而不忍攻擊也。其所以筆諸報端。欲令人知麴蘗之為害。嫖賭飲三字。平居最易犯之三大惡敵。況旅行乎。犯其一。尚狼狽如斯。況兼而有之。黃鶴一去復返。余又深為某幸之也。

31	1911年2月5日漢文版01版【標題】南清遊覽紀錄（十四）【作者】 潤庵生

明治44年2月5日 第1版 第3846號

欄：叢錄

‧南清遊覽紀錄（十四）

（潤庵生）

八日清晨早起。蔡君應運。紀君玉環復到旅館。談話間偶詢及林麗生狀況。紀君玉環因為道林家三傑授函之誤傳。据云麗生為臺北英芳號後人。積資鉅萬。倡辨潮汕鐵路。被舉為總司理。股友擬聘歐美技師。麗生則專主聘日本技師。冒艱難毀謗。然後克達目的嗣汕人有閩粵派之分。張煜南。欲依眾意。完閩粵分派之感情。麗生亦慨然讓與。經手款項。均登報聲明。廈門商會總理林爾嘉及三五公同繙譯王乾生亦署名為證。不難調查此第一傑之被誣也。第二傑林景商即鷺雲水部之繼室子。年十五。以試時務策。補博士弟子員。首倡風氣。李樞少懷重其才。且為保送經濟特科。自非夤緣入洋。福建鐵路。初係法人魏池與廈商某秘密運動。時機將熟景商恐蹈滿洲覆轍。起而排法。由是而廈門親法親日兩派起。後遊南洋到處受歡迎。演說多被刊錄。竝無繫獄押迫等情。景商乃親日派非排日派也。上野瀨川領事。知之最詳。至於三傑之自由結婚亦屬牽附。景商有妹雖皆諳曉中西文。然乃翁拘束甚嚴。幼曾學旂裝隨乃翁參觀軍艦。稍長已無復出門。其一嫁與內閣侍讀楊廷機胞侄。御史葉題雁為媒。餘未字。何嘗有自由結婚。並乞正之。夫自東洋大勢同文同種及唇齒關係而言。則不宜排日。自臺灣籍民而言。則更不宜排日。景商君果能親日。則固吾儕之所喜也。麗生氏以臺灣籍民能成功而不失敗。吾儕所喜猶甚。東洋男女有別。為倫常之一。天尊地卑。足以比譬。且婦人貴貞靜幽閒。三從克守。不似西洋婦人之跋扈。林氏妹果能採西洋婦人之美點。而折中東亞固有之慣習。如是則男女界不混爻恐慌。亦吾人所希望者。故不憚遊覽文中。略撥數行以記其梗槩也。記者心事。欲籍民之親善政府。而非徒形式。成功發展於海外。男女新學界皆能參酌折衷。不為極端。以舉其精神之實在。則庶幾哉。偕二君遊石門嘴。石門嘴香港遊廓地。建築物亦雄壯。紀君云臺灣遊廓之纏頭錦最高。往往破人財產。香港雖廉甚。賤物買破家。亦不少其例也。下午。二君又偕余遊九龍。九龍與香港相對。近英政府整頓頗佳。有九龍廣軌鐵道。臺車一切。其規模視臺灣大甚。且堅固。狀亦異。乘車洋女。多帶耳環。籤以寶石。黑奴面黑甚。充巡警或充火夫。聞支那廣東官民力計廣東鐵道與九龍連絡。尚未成功。可見文明程度之差別。於事業創設之遲後可見。區區一鐵道尚落人之鞭後。況其他乎。九龍建築物。亦多高三四層。住民多支那下級人所居。污穢不潔。有害觀瞻。由油蔴地乘汽船還香港。下午六時也。按九龍碼頭新設及未設者以十餘計。英人將經營之為第二香港。九龍與香港關係若唇齒。英政府不得九龍。則香港不能安心。宜其朝夕思念不置。其地有英國學校。英人女教習數人集穢服跣足支那人男女兒童數十。教之不厭。

32	1911年7月3日漢文版01版【標題】福建省高等師範學堂教習永澤定一氏云

明治44年7月3日 第1版 第3990號

欄：時事小言

……▲今次來臺之福建省高等師範學堂教習永澤定一氏云。閩之日本教育不振。外國人之教育。勢力且扶持。外國人教習之爲各學堂所聘也。甘薄給。或無償。教授懇切。以是而知臺灣之教育困難。同化不可之說不宜起也本島人種固支那人之一部也。**同種同文之教育**。與異種異文之教育。孰難孰易。識者辨之……

33	1911 年 7 月 3 日漢文版 01 版【標題】日清航路整理

明治 44 年 7 月 3 日 第 1 版 第 3990 號

欄：內外紀要

・日清航路整理

近海航路整理。關係於航運界之隆替綦重。政府以該件廳行周密調查。經派吏員。前赴各地實察航路情況。一面□商業會議所。調查航海經營者之意見。並一切事情。蓋所以期查核精密。使將來對各航路增加廢撤。各適其宜。但本邦與清國。乃**同種同文**。其航運應爲倍加密接。現日清航路。雖通行不少。然向後之兩國經濟關係。不無幾許推移。則該航路之應增應廢。自宜愼重覆察。如北清及樺太間以至臺灣及南清關。皆要密接聯結。蓋由日清貿易之狀態觀之。將來樺木木材及水產貨之輸出于清。必大繁昌振起。北京樺太之航路。決不可不保其聯絡。又臺灣南清之航路則以臺灣產糖之輸出于清。十分利便。將來可與爪哇產糖。競爭其利。其航路亦不得不特爲施設。要之。近海航路整理。爲關係本邦航運之隆替大問題。其最堪注目者。即社外船之活動也。據所聞。近來本邦船舶輸入。超過甚鉅。而其所謂超過者即爲新造船。該船中等多擬於濠洲爪哇印度等處。從事航途不受政府補助。自圖發展。又近來社外船之隻數頓數。亦一體增加。於內外航路。試爲活動。該等與近海航路整理。皆堪爲研究也云

34	1911 年 7 月 13 日漢文版 03 版【標題】同化論【作者】石崖

明治 44 年 7 月 13 日 第 3 版 第 4000 號

・同化論

作者：石崖

善治民者。攻其心而已矣。故雖悍然不遵之夷狄。猶可使俯首投誠。而謂神靈之胄。不可以化誨悖服者。不書信也。古之人。所取者遠。則必有所待。所費者大。則必有所忍夫以一人謀一事。猶必如此。然後可以望其成。而謂一國家。治一勝國之民。不十數年之間。欲以大成其功者。又不吾信也。王者以民爲天。得民爲本。天下有待勝國之民。若慈母之於赤子。惟恐有所不至。而民亦己欣然奉其正朔。用其服飾。樂從其政教。而猶謂不可以同化者。又不吾信也。嗚呼。天下有可治之民。得其道而治。雖文種不同。亦可得需化之。亦可得而吾有之。如滿蒙之入主支那。墺大利之併匈牙利。又何異乎。然則吾國之於臺灣。甯有優焉者。吾國之與臺灣。蓋**同文種**者也。世之迂者。乃倫於一已之管見。而謂臺人。終不可以同化。此豈情理之當耶。臺人漢民族也。人文原稱發遠則以爲政之人。生聚教訓。咸得其宜。故自改隸于茲。百般庶政。歲臻于隆。中外之遊植民地者。莫不足跡而至。說植民事者。亦莫不首屈而言。臺灣之名以彰。臺灣之吏以譽。此尤爲臺人者。所當引以爲幸。爲國民者。當引以爲榮矣。

臺人名爲植民。而其實豈眞以外國之待植民者待之。伏思我皇上。至仁至德。以天地之量。日月之明。特下一視同仁之詔。朝野上下。體而言之。顧其所以未去植民之名者。亦備時機之未至耳。夫天下事。唯求其實而已矣。實既無憾。名又何論哉。古來世之最難于改革。習俗也。勝國之民。最難于同化者。亦如是也。回溯歸清二百餘年以來。傚清人辮髮。故辮髮。實其牢不可破之習俗也。纏足又其久且病者也政府寬之。務使知所自新。故雖歷十七秋之久。而此之斷或解者。猶廖落若晨星。近者大勢已至。風氣迫人。我同人。一出提倡。全島人士。雲龍相從。鼓桴相應。到處設曾獎勵實行。其始也。以千計。今則以萬計。次而十萬。而百萬。以今日已然之成效推之則剋日未然之普遍。直可計日而待矣。嗚乎舉數百年牢不可破之習俗。一旦□然而改善之。雖云大勢之所趨。亦未必不由於知同化之要而然也。其尤難者。既能斷然而行。則其易者。又何躊躇不爲之有。利害之事。苟能間判然而別之。當就者就。當避者避。則人自文明。而地自發達矣。求所謂獨立者此也。望所謂同化者亦此也。人爲有用之人。地爲有用之地。積極消極。直接間接。皆有利於國家。此其所由不以外國之待植民者待之也歟。印度高加索人種也。非可與言人種之優劣者也。英治之。今且還而保護之。比律賓馬萊人種也。亦非可與言人種之優劣者也。美治也。今亦欲還而獨立之。嗚乎。以印上之人。英美治之。猶可以化誨懷服。而謂漢民族之臺人。不可以同化者。不吾信也。吾故曰。善治民者。攻其心而已矣。

| 35 | 1911 年 7 月 22 日漢文版 01 版【標題】康梁聞赦之一夜快談 |

明治 44 年 7 月 22 日 第 1 版 第 4009 號

欄：內外紀要

・康梁聞赦之一夜快談

康梁特赦之電一傳。有東朝社記者。即往康梁所居之客寓相訪。（在須磨）時康梁方在亭內賞月。與同志五六人環桌而談。記者曰。近天津新到特赦之電。曾閱過否。康梁隔桌顧記者曰。電報從何處來。某等尙未公式接到通知。若果事實。某等之喜。何以加之。（實是可喜）梁舉首仰月。徐曰。今見此月。我同志又要談故國之事。貴君所談電報眞乎。

如眞。某等之時來矣。前此十餘年間。某等在海外。遙爲鼓吹同志之改革。今既特赦歸國。某等之時可謂來矣。惜尙無具體成案。爲貴君告。記者向康問曰。君得此信。早速赴國事否。康曰。未得故國政府之所與國位又未知其原因若何。似難決其去就。然吾若得如李鴻章之地位。必設一絕大之大學。鼓吹支那三千年來之文明昌盛孔教。及降而王陽明一派道德。以定清國獨得文明之基礎。其時日本學生。可任意前往留學。言罷。哈哈一笑。（可謂談得痛快惟恐落空）既而正色曰。世人多以予等爲革命黨。其實不然。予蓋主保存國粹之極端論者。嘗與故品川子爵

大申其旨。謂苟捨自國之特長。而徒仿西學便是亡國之兆。清國留學生少壯者。多皮學外國形式。而自誇眞似。蠻視自國特長。棄之弗顧。此等最爲巨膽。總之。清國之送學生出洋甚多。就中所謂西洋崇拜主義者。最爲無用。惟留學日本者。深有健全思想及素養。能知竭力改善清國事業。頗爲可喜。十餘年前予唱國政改革。至於出亡。其中素受予薰陶而留學日本者。多漸居要津。現有數

千人。予今日多倚之爲股肱。予思同文同種之我日清國民。於物質上道德上。深有固結不可切斷之關係。此後宜更親善交誼。是予等同志所注眼之點。四國借款。予與梁君共爲反對。蓋仰外國之資金。不可不知外國。我若能用經濟方策。必得其財源。如棄清國之自國富源。而徒仰外國資金。其愚莫甚。梁操日語曰。呵。此報眞耶。顧謂其女曰。予十幾年出亡故國。旅居須磨。今對此月。殊有無限慰藉。惟此次得赦歸國。雖爲素志然予生來本多情之人。遽棄此月。而奔勞故國國事。似有不忍。康接口曰。梁君予所最深信同志。渠談國事之外。常對此月有無限感慨。我二人對月吟詩。殆成卷帙。然其所言。不外爲多情之須磨景色。足以慰藉逃亡之客。今歸故國。雖予等極喜。然甚憾電報之傳。眞僞未確。言畢。仰月。長嘆一聲。時正當十六夜。月色溶溶。水輪清溢。傍卓坐客聞報。亦非常忭喜。向記者曰。君不嫌深夜。來此相訪。予等永久所不能忘。此時感慨。當述之詩章奉送。言畢。記者興辭而去

36	1912 年 7 月 3 日 05 版【標題】陸總理代表與訪員
	明治 45 年 7 月 3 日 第 5 版 第 4343 號 欄：內外要電 ‧陸總理代理與訪員 据北京近電。大阪每日特派員。訪陸總理代理於外交部。陸曰。我國人之所以遊學貴國者。緣同文同種也。卽最早到貴國。一朝有事。可得迅速歸國。此亦一原因。余遊歷歐洲各國。未赴貴國。貴國亦多知友。望一遊之。次謂唐總理之辭職。雖云未決。然如余之不才。終難勝任。至如六國借款。雖有一部反對。究得成立云々。
37	1913 年 4 月 6 日 05 版【標題】新評林 計非愚【作者】本刊
	大正 2 年 4 月 6 日 第 5 版 第 4610 號 ‧新評林 ○計非愚 同種同文我國殊。美人承認計非愚。□歐猛鷙雖梟險。猶自相攜斯拉夫。
38	1913 年 9 月 6 日 01 版【標題】日日小筆 口を開けば 同文同種と云ひ
	大正 2 年 9 月 6 日 第 1 版 第□□□□號 日日小筆 ○口を開けば同文同種と云ひ、或は唇齒輔車の關係を云爲す、而も事有る毎に事實の甚だ之に伴はさるなきやの感ある、之を日本と支那との關係とす。 …… ○往々排貨熱の勃發□んとするが如き其一證也、我對支那外交の□に□宜を失す□に依□とせば、所謂同文同種唇齒輔車の關係□る丈甚だ遺□也とす。 …… ○同文同種は別問題也、唇齒輔車亦別問題也、今次の如き暴虐事件は之を以て假借す可きものたらず 此□□宜の措置を取るは當局者□□の□□なり。……

39	1915 年 3 月 12 日 03 版【標題】電報 國辱を奈何せん（十日北京發）【作者】本刊
	大正 4 年 3 月 12 日 第 3 版 第 5290 號
	欄：電報
	●國辱を奈何せん（十日北京發）
	支那半官報は十日俄然其の論調を一變し日支兩國は同文同種の國なり這次の交渉は兄弟喧嘩のみ平和の解決は吾人の最も望む所なりされど平和解決は支那退讓の結果ならざるべがらずされば談判破裂に至らざるも支那の損失は測るべがらず但し外交の大權は當局に在り吾人の憤慨も其の效無し平和解決可なるも國辱を思へ云々
40	1915 年 7 月 17 日 07 版【標題】頓狂詩 大問題【作者】狆糞漢
	大正 4 年 7 月 17 日 第 7 版 第 5414 號
	頓狂詩
	大問題　狆糞漢
	本島人增長氣勢。治教上一大問題。元來同種同文邦。對岸排貨有關係。
41	1915 年 9 月 16 日 06 版【標題】詩壇 送魏潤庵君轉駐福州閩報館【作者】林知義
	大正 4 年 9 月 16 日 第 6 版 第 5471 號
	欄：詩壇
	送魏潤庵君轉駐福州閩報館　　林知義
	生花有□好香□。此去見□□□□。伯仲□□原一氣。同□□□合□條。
	親年□□好逍遙。令□□生□　生還未□□□□□□志自超。利器得時堪藉手。故人企□□□々。
	三山一日見昭々。執□猶□分□□。到是同文同種地。好將親善□□□。
42	1915 年 10 月 19 日 06 版【標題】詩壇 送魏潤菴之閩中【作者】曾逢辰
	大正 4 年 10 月 19 日 第 6 版 第 5□04 號
	欄：詩壇
	送魏潤菴之閩中　　曾逢辰
	古越才子窟。夙著大文章。破浪乘風去。錦帆入閩疆。英華防太露。此地有蘇張。問俗資鑒戒。采風任頌揚。今爲比鄰國。昔爲父母邦。勿作秦越視。日支□寵光。同文兼同種。衣帶水一方。鼓吹休明事。惟君力贊襄。澄懷觀時局。今昔感滄桑。勝地供臨眺。旂古千仞岡。清流堪濯足。馬江水汪洋。藉此尋隱者。嘯傲古□皇。藉此訪詩友。佳句貯錦囊。公私兩無礙。退食自徜徉。萬里前程路。祖鞭著□驤。笑余年衰朽。植杖引領望。

43	1915 年 10 月 22 日 06 版【標題】詩壇 寄贈閩報館魏潤菴社兄【作者】黃純青
	大正 4 年 10 月 22 日 第 6 版 第 5507 號
	欄：詩壇
	寄贈閩報館魏潤菴社兄　黃純青
	同文同種視同仁。唇齒相依形影親。願囑先生寫白禍。喚醒黃色亞洲人。
44	1916 年 4 月 29 日 06 版【標題】詩壇 東薈芳席上偶作【作者】何陃奄
	大正 5 年 4 月 29 日 第 6 版 第 5688 號
	欄：詩壇
	東薈芳席上偶作　何陃奄
	同種同文自有緣。覺知席上各啞然。胸中奇策向誰語。只□倩□酒似泉。
45	1917 年 1 月 1 日 27 版【標題】丁巳早春【作者】陳元亨
	大正 6 年 1 月 1 日 第 27 版 第 5928 號
	丁巳早春　陳元亨
	今年氣象一番新。改曆欣逢第一春。　同種同文同造化。優遊作個太平人。
	一團紫氣向東來。臺島從茲泰運開。　最喜今年陽曆改。官民共慶隔無閡。
46	1917 年 12 月 14 日 03 版【標題】日日小筆 日本と支那とは同文にして同種地理上に於ても【作者】本刊
	大正 6 年 12 月 14 日 第 3 版 第 6275 號
	日日小筆
	○日本と支那とは同文にして同種地理上に於ても比隣接壤にして唇齒輔車の關係あり、善隣の舊誼を敦うし兩國民の親交を圖らざるべからざるは兩國具眼者の夙に唱破せる所なるも其の所謂日支親善論なるものは大抵口舌又は新聞紙上の空論と交際的の辭令に過ぎすして實際的行動の未だ之に伴はざるを如何せん。……
47	1918 年 5 月 20 日 06 版【標題】南壇詞瀛 將遊于支那臨發記感【作者】琴堂 松本誠之
	大正 7 年 5 月 20 日 第 6 版 第 6432 號
	欄：南壇詞瀛
	將遊于支那臨發記感　琴堂　松本誠之
	誰道同文同種洲。兩洋禍福此間稠。燕山幾歷風雲險。澤國頻年慘未休。朔雪炎疆應混一。共合復辟儘存謀。日東孤客觀光志。欲賞長江萬里流。

48	1918 年 8 月 5 日 02 版【標題】電報 對岸と病院事業（上） 日支兩國の親善は口に同種同文の國なりと稱し【作者】本刊
	大正 7 年 8 月 5 日 第 2 版 第 6509 號
	欄：電報
	●對岸と病院事業（上）
	……▲日支兩國の親善　は口同種同文の國なりと稱し何等爲すなくも旣に其之に及ぶべきものなろかの如く傳へ居れろが支那人は日常の座臥却つて日本人よりも歐米人に相似たるの慣性を有し動もすれば歐米人と相近づかんとするの傾向あり單に口に文に同種同文と語りて放任し去るべきにあらす眞に親善の實を擧けんには必すや或は施設を以て導くべく或は日常行動の擧措に於て□利の途を□する所なたるべたあ□幸に兩地は
	▲日貨の販路　漸く擴大し到底日貨の非買同盟を行ふ能はざる程の經濟上に於ける優越條件を有し來り加ふるに仁術を以て誇れる我國の醫師屢々來往し其敎へを受けたるもの現に三十六名を算するの狀況にて彼等は今日□雖も尙先師の德を慕ひ技能を稱しつゝあり……
49	1918 年 8 月 24 日 03 版【標題】禪榻一喝【作者】本刊
	大正 7 年 8 月 20 日 第 3 版 第 6528 號
	◈禪榻一喝
	今日此頃でも『同種同文』の四文字をモツトーとして、日支提攜を唱導せんをするものあるは片腹痛いではないか、支那人の果して吾れと同種なりやの細說は須らく言はず、單に黃色人の故を以てせは、絕海の馬來人選に擇はず、同文といふに至つては謬見更に甚はだしく、吾が漢詩と雖も今日果して能く彼れに合するものありや、況んや時文の如きは著々として彼等の勢力を破壞し、僅々三四千文字を彼等の間より借用するに過ぎざるものにして日を逐うて歐文化するは、羅馬字會員の言にも三分の眞理あるを納得せんめんとするにあらずや、而かも若し尙同種同文を以て國際提攜の眞諦の潜めろところとせば、歐洲今日の大亂を如何にか解すべき、要は國土の提挈と言ひ、親善といふは彼此相接通し、利害相係はろところにあり、即ち唇齒輔車なろ一語こそは、其語古しと雖も意の益々新なろを見ろべし、經國の士抑も之れを如何となすと、ヴエランダのソフアーに一抹の紫煙を薰ぜろは滾々局長
50	1918 年 9 月 27 日 04 版【標題】南支南洋號 日支親善 同種同文とは何ぞ 唇齒輔車の關係【作者】角土木局長談
	大正 7 年 9 月 27 日 第 4 版 第 6562 號
	南支南洋號

●日支親善

▲同種同文どは何ぞ

▲唇齒輔車の關係

＝角土木局長談＝

　世の日支親善を說く者、口を開けは輒ち同種同文を云々するの常なるも、其所謂同種同文の眞意義は果して如何なるを指せるであらうか、吾人を以て見るに、之れを解すること甚た難く、徒らに人口に膾炙して、一片當場の辭令に過ぎざるにあらざるかを疑はしむるものがある

　今試に之れを詮するに、先づ日支の兩民族は果して之れを同種と斷するを得るであらうか、余は人類學上の智識無きが故に、茲に確實なる斷案を下すを得ぬとは言へ、若し單に黃色なるが故に同種なりとなすに於ては、南洋の馬來人も亦同種となり其範圍は愈々擴大して、乃ち截然たろ黃色人種なる一大團を劃立し、一方に割據して、自ら他人種に對抗するの結果となる。然るに彼此假りに地位を換へ、歐米白人國にして、公公然白人といふ同種なるが故に、其の白人相互間に於てのみ格別に親善を圖り、黃色人種なるの故を以て之を疎外せんとするが如きに於ては、彼等は白人を目して如何にか評すべき。否彼等は常に白人の行動を以て人種的偏見に囚はる、ものとなし、正義と人道とを云爲して、人種的差別の外に超脫せんとの主張は、外人に對する常套の口吻ではないか。而かも一方に於ては此種撞著矛盾を極むるの說をなして、恬然愧ぢざるが如きは、彼等の行藏の爲めに深く遺憾とせざるを得ない

　蓋し一の民族には　其全民族の箇箇の精神作用から抽象して作り上けられた民族心理なるものがある。日本には日本全國民の抽象的心理作用たる大和民族あり、支那には又同樣に支那民族本然の共通心理がある。とは云へ、此民族心理發生の根源たる種族なるものに至つては、必ずしも同一人種のみの集合でもなければ結晶でもない。卽ち肉體的な、物的な、外的な同一人類の集合が卽民族といふのではない。例せば吾が日本といつても必ずしも三千年來の純粹なる同一系の人種の發展ではない、少數ではあるが其間各種各樣の人種を混入して居るが、民族の心理なるものは、其等の異種異族が渾然として相倚り、相合し、傳承的慣習や環境上の影響やで、茲に精神上の結晶として現出！來つたものである

　されば支那の民族心理と、日本の其れとは同然別物たるべ□は何人にも瞭然であるから、茲に同種說なるものは、精神上の同一を以て附會するの難□を避けて、之れを外的たる人種の上からの同一論を立し、以て議論に根定を据ゑんとしたものだらうが豈圖らんや其論據も亦極めて薄弱なるは述べ來れる如くである

　されば人種問題を以て、聚散離合の標的となさんとするが如きは、其思想の餘りに偏狹なるを表明したるもの、今假りに閩粵對岸の地をして白人種の

居住地たらしめば、尙且つ彼等は、之れが爲めに彼れを疎外せんとするか。例を舊きに求めざるも現歐洲の大戰亂は抑も何に因て之れを發したる、彼等こそは悉く謂ふところの同種の國民でないか、論者の論法を以てせばお互に兄弟同志ではないか。而かも其骨肉の兄弟が、外其侮りを受ける迄に籬牆の間に相閱ぐ所以の原因は抑も何處に在る□詮する所、同種の賴むべからずして、地理的關係の、更に重要意義の潛むところたるを語ものではあるまいか然らば同文の事實は如何、余を以て見るに是れ亦其論據の甚た薄弱なるを感ぜずんばあらず

即ち漢字と言ひ、漢文といふも、王仁、□直岐の古昔ならば兎も角、爾來一千六百年、巧みに邦人の消化するところとなつて、今日に至つては全く其本性を失ひ、僅々二三千の少數を用ひて、立派に假名交りの國文の成立を見るに至つた。されば名は漢字と稱するも、質は全然日本化せられて、同一文字を以てして、彼此意義の相異を見るの類ひも珍らしくない

若し又一步を讓つて、今は專門に□する漢文のみに就いて言つても、邦人の讀み方は決して支那人の夫れの如くならず、洋語ならば縱し發音は拙なりとしても、讀んで何うにか□じ得られろものに、吾が讀法を以てする漢文は決して支那人間には通用が能さぬ。而已ならず所謂吾が詩人や漢學者の詩文なるものも、支那人間に其眞意を傳へ得るものは果して幾許あらうか。之れを歐文に比するに、其讀誦に於て、其通意に於て其作法に於て、最早今日の彼れは、此れに及ばざること遠く、漢字の將來の運命も冷がなる、過去の殘鬱に終るべきを□□□ろに雖からすと□するら□□であるない

是□□て□我等の□□せんとする□□□□□□□　□□□同種□文求めずして、相互の地理的關係の上に置かんとすることである。看よ吾が本土と彼れとの相隣りするは太古からの事實である上に、最近二十餘年間には、南は臺灣に依つて、福建と一衣の帶水に□り、西は朝鮮に□つて彼の大陸と接壤するの機運に達した。卽ち此天然の地理的關係こそは、單に利害と云ひ得失と云ふが如き微溫的關係の存するところにあらずして、眞に兩者の死活の繫がろところ、生命の存するところである

此意味に於て余は、一片の辭令□したる同種同文といふが如き新語を排して、彼の□梁傳中の所謂唇齒輔車なる語を新に主張すべきであると思ふ『唇亡ぶれば則ち齒寒し』語□より古しと雖も、之れを日支の現狀に當て嵌むるに、其意の益々新なるものあるを見るであらう

勿論こは□に日支兩國間にのみ限つた問題でない、樺太と滿洲とに依つて旣に露領と接壤したる今日に於ては又露國に對しても相提攜扶掖するの態度に出づべきは當然のことで之れを論者の異種異文なりとして疎外せんとするが如きに於て、其災害の及ぶところ言を俟たずして知るべ□であらう

然らば以上の論據に於て彼此親善の實は、如何に體現せられずるべからざるか、此原理に基きて南支南洋に對せば如何の問題に至つては、機を新にして更に之れを述ぶること、しやう

51	1919 年 1 月 1 日 57 版【標題】廈門ページ 日支親善に就て【作者】ヌー、エス生

大正 8 年 1 月 1 日 第 57 版 第 6658 號

廈門ページ

●日支親善に就て

ヌー、エス生

日支兩國人は、同文同種なる特殊的關係を□す、兩者の親善が東亞の大局に□すろことの至大なるものあるべきは、□ふまでもなきことである

然かも其□□らずして却て背馳の趨向を示し居れるの觀あるは。吾人の□る□□に□感じつ、ある次第である兩者の經濟的及ひ其の他の關係に於て、著し□接するに□りしは日落戰□□である、□に於て□喜ぶべきこの現□に對し、列強は自家の利權擁護と勢力發展の上よりして、敢て兩者の間を阻隔せしめたるものあるが如くに認めらる、是が爲め兩者の親善即ち提攜なるものが、容易に實行を見ること不可能の立場となつたの。而已ならず列強は支那の□□不如□□なるに□じ、□に□□□□をなして、一般の人□を□りたるがために、吾は反對に不人□の□□に□□ざる□□ざること、なつたのである、とは□り□□の對支政策のみに□るのではない、見よや在支那人の、支那人に對する今□は舊の□く、侮蔑的□□を以て□すろの嫌□る、□も□□□□□親善の骨子として□□を□せんとする者の行爲に□の却き矛盾ありては、支那人が衷心より信賴の念を起さざるは無理ならぬことである、況んや□力關係に於て列強外國人に一□を□し居れあの□點□□に於てなやである。此□に於て。□人の採ろべき方法は，□行一致の□動と誠心誠意とを披歷する外ながるべしと信する、□くて□往に於ける彼等支那人の誤解と疑惑とを氷□せしめ。依つて以て眞の親善の果を收むることに努めなければなら□□□ある

世には、往々支那人の□みし難きものありとて、日支提攜の實行難を稱ふる者あれと、开は思はさるの甚だしきものと言はざるを得ないのである。吾の將來は支那の運命に關聯する至大のものあるべきを以て、難事なりとて顧みすして可なるべきものにはあうず、有ゆる困難と支障とを排除し、勇往□□親善の目的に向つて努力す可きは吾人の責任である、殊に又在支那人は此の點に關して、一層の責任を負はざるべからすと□惟するのである

由來支那人の保守的にして慢々的なる國民性は對し、吾人の一徹短慮の火山性を發揮するが如きは、彼我の親善を阻害する是れよ□甚だしきものはないのである、愼まさるべからず。然らされば結局外人のために漁夫の利を古めらる、に至るべきことを豫期せざるべからずと思ふ

52	1919 年 11 月 29 日 03 版【標題】同文同種の兄弟が 牆に鬩ぐは愚也と下村長官は 福州事件を歎じて語る

大正 8 年 11 月 29 日 第 3 版 第□□9□號

●同文同種の兄弟が

＝牆に鬩ぐは愚也と下村長官は＝

▽福州事件を歎じて語る

■福州に於ける學生等の

盲動にも實際困つたものだ、學生が教師を煽動するのか、教師が學生を唆かすのか、ソンな事はどちらでも構はぬさ、又それを今更穿鑿するのも野暮といふものさ、が一體非買同盟なんか出來てせると思ふのが抑もの間違ひだ、殊にそれを先刻御承知の商人間では、比較的從願いのに反して、何等利害關係の直接しない學生等に依つて、盲動輕舉を敢てするなぞの現象は、一寸常人の想像だも及ばぬ所である、利害を離れて騷ぐ——世にこれ程の馬鹿氣た話はない、支那はこの馬鹿氣た話から何程の利を得やうとするのか、結局暇を潰すだけの損こそあれ、支那自身からも日本からも

■利益はないではないか

有無相通ずるといふ事は人類共存の一大原則であるのに、好んで對日鎖國を行る、その結果は必らず不自由を招く事之より明らかなるはない、支那の日貨排斥はやがて自繩自縛である、困るのは日本よりも寧ろ支那にある、た□在福州の日本內臺民が多少迷惑を蒙るの外、日本としては何等の痛痒をも感じない、例へば石炭にしろ燐寸にしろ、日本必需品の多くが之を日本に仰がずして何處に求め得やう、夫を考へずして無闇に排日騷ぎなんぞは餘りに思慮なき業と言はね□ならぬさばれ日支民は須らく

■世界大局の上に處して

亞細亞民族の將來を慮はねざならぬ、兄弟徒らに牆に鬩ぐは相互の爲めに取らぬ所てある、互の地理、互の歷史、互の事情關係を理解するならば、些々にる感情の行き違ひによつて盲動するが如きは、大に愼しまねばならぬ筈だと思ふ、某々國が日支兩國の間に水を入れるなといふ問題は、寧ろ問題外の問題であつて、考へるだけが野暮の骨頂である、それよりも同種同文の彼我國民は相攜へ相接け合つて、何處までも交互福利の增進を圖るに力めねばならぬ、それは殆んと運命的な要諦であるからである

■但し日支の親善は口に

千萬言を費す共畢竟何等の效もない、猜疑を捨てよ信じ合へ、と如何に强要するも今日の狀態では遺憾ながら所詮駄目である……」とて下村長官は外務省の人物登用問題に論及し、偶々勃發したる福州事件の責任が、其の一牛を日本人、殊に活動を制抑せられたる外交官（制度條件の不□）にも

在る事を說き、彼我親善の根本は彼我意志の疏通にある事、意志の疏通は言語の疏通より始められるべき事を語り、「支那に於ける我が領事其他の外交官が少くとも通譯を要せずして支那人と語り得るならば、日支の親善も容易に行はれやうし

■日本の眞意をして彼に

理解せしむろ事も案外譯なきことであらうと思ふ、外國語で言へば英語か佛、獨語を知らねば幅が利かぬやうに誤信し、支那語をいへば一等下等の語であるかに思つてろるのは甚だ間違ひである殊に支那の領事等にあつては、出來得る限り支那語に明るきを要する、之を臺灣の領事に就て見るに、隨分その異動のあるに拘らす、歷代の領事が何れも多少の邦語を辨へぬはない、然かも異動更迭は大概日本內の各地轉任に限られてろるやうであるその成績から徵しても、日本の駐支公使以下の外交官は、成るべく支那專門に止めで置きたいものである

■話題が歧路に外れたが

福州事件は當然火の如く消□ねばならぬ一時的のものであらう、眞に日本を了解し、眞に支那自身を顧みるならば、斯かる愚昧な騷擾を何時まで演じられるものでない、現に日貨のレツテルを貼りかへてまで、日貨を賣らねばならぬ滑稽を演じてろるのではないか、要するにこの問題は結局國民のカルチュアの問題に歸するのだ……」下村長官は斯ら語つて、書齋の中央、大卓子に身を凭せなから何事か熟思する□の、如く、空間の一所を暫し凝視めてる□、官邸の外面には師走ちかい風が白く光つて見らた（て）

| 53 | 1920 年 4 月 1 日 02 版【標題】移植民と教育問題 同文同種【作者】本刊 |

大正 9 年 4 月 1 日　第 2 版　第 7014 號

●移殖民と教育問題

貴族院議員　江原素六

▲海外在住　の同胞をして永遠に母國との聯鎖を絕たしめざらんと勉むることは、古來移民政策の要訣とする所てある。然れと偏見固陋の愛國主義を楯として、大和民族は世界の如何なる地に移住しても、內地同樣の教育を施し、他國人と別箇の主義の上に飽までも殉國的觀念を存餘せしめざる可らずと考ふる如きは誤解てある。斯の如きは海外の事情に□に、移民政策の何たるやを解せざる徒の僻見に過ぎない。若しも邦人にして今尙斯る守舊思想に囚はるゝとせば、その渴望する所の海外發展事業も快く目的を達することが□束なからうと思ふ

▲邦人移住　の適地は北米大陸であるが、此に一考を要することは、日本人は同化せざる民族として彼國人より排斥を受けて居る事である。米國に於ける排日論には其原因と見るべきもの數多之れありと難も、我か移住民の非同化と無作法とは之が二大事由である樣だ。今少しく我輩の觀察せる所を說

かんに、彼地在住邦人の七八割は恒隆なき下層社會の徒にして偶々善良なる
移住者なきに非ざるも、その收得せる所の資金をば直ちに本國へ送り、在住
地の爲には何等貢獻する事をしない、然れば彼の國民より

▲排斥を受

已むを得ざる次第である、在外移住民が其本國へ送金するのは素より當然の
事にして、獨り日本人に限りなる話に非ざるも、現今米國へ移住せる白人の
多くは、實際米國の國民となつて、經濟界にも、教育界にも、其他の方面に
も相當な貢獻を爲し居るに反して、日本人のみは孤立して居る、云ふ□であ
る。それ□□他國人□融合共同し□事を爲□ことが難かしい。卑見を以てす
れば、移民政策の要は詰込主義の愛國的觀念を養成するよりも、寧ろ住民を
土著の住民と同化し協力せしめて、其廳民たるの資格を養ひ永住の目的を以
て、該國民の一員たる義務に服し、善良なる市民として□動せしむるに在る
べしと信する。然れと他の一方より考ふるに、移住者自身は言ふまでもなく、
又其子孫をして

▲本國を忘　れしめざる方法を講することも肝要である隨つて此目的に伴
ら教育を廢することが出來ない。然れば移住民の子女は米國の學校に入れて
義務教育を□けしめることが必要であるが、同時に又た母國人の修得を懈ら
しめざるの用意があつて欲□いものだ。則ち日本系米國人をば日本語學校に
於て母國語を學ばしめ依て以て母國の事情を知り。母國を愛せしむる方法に
出なければならぬと思ふ。移住民の子弟をして全く日本を忘れて眞に米國人
なりと思はしむるが如きは、拓殖政策上當を得たるものとは言ひ難い。在米
日本人の子孫たる者は、少くとも日本系米國人として日米兩國の間に立つて
兩國民を理解せしめ延いては彼我國交上の緩衝機關たるべき作用を爲し、有
形上、無形上共に大に努力して□ひたいものである。然るに

▲植民地□　教育□植民地の教育とは餘程□□を異にさる植民地に於ては
力めて母國語の普及を圖り。日本主義に基ける忠君愛國の思想を涵養せし
め、純然たる第二の大和民族の養成を以て主□としなければならぬ、是れ古
來各國が植民政策の本旨を爲したる所にして、國語普及の成否を異民族の同
化とは緊密なる干緊あるものである。我か新領土□る臺灣朝鮮に□□□主義
の下に土人教育に□しつゝある事は當然□言はなければならぬ。而も植民政
策□國語普及に關して□□なる困難及び失錯を招きたることは西洋各國の
經驗したる所であるが、幸ひにも我が新領土たる朝鮮、臺灣の如きは、古來

▲同文同種　の誼あり彼我の交涉も頗る頻繁なりし上に殊に朝鮮人の如き
は餘り語學修得に苦しまざる民てあるからして、指導啓發上便宜を有するこ
と多く今日の好結果を□らしたるも決して偶然ではない。言ふまでもなく朝
鮮人に對する日本語の普及は成功すべく、隨つて同化上收むる所の效果も僅
少ではあるまい。之を約言すれば、移民に對する國語の教育は消極的にして、
植民地に於ける國語の教育は積極的てあらねばならぬ。今や我が日本帝國は
公然世界の五大強國たるの資格を得移民に、植民に、漸次其勢力圈を擴大せ
んとするは悅ぶべき事であるが、之と同時に我輩はその發展に關する諸施設
殊に其教育の根本策に於て謬りなからん□と□□□ざるを得ない

54	1921 年 1 月 1 日 13 版【標題】祝辛酉元旦【作者】許柱珠
	大正 10 年 1 月 1 日 第 13 版 第 7389 號 ‧祝辛酉元旦 ○双溪庄　許柱珠 旭日翻揚郅治新。同文同種賜同仁。大千歲首嵐光好。淑氣頻催萬象春。 曙色瀛圖萬彙新。林間鳥語喚初春。昇平氣象三臺遍。四野謳歌頌玉宸。
55	1921 年 1 月 23 日 03 版【標題】內地電報 日支親善の要訣（上）【作者】龍居賴三
	大正 10 年 1 月 23 日 第 3 版 第 74□□號 ●日支親善の要訣（上） 南滿洲鐵道株式會社理事　龍居賴三　述 ▲日支親善　の標語は隨分久しい間耳に泌みて居るが、其の理由は同文同種、一衣帶水の隣隔、輔車唇齒の關係、支那の原料、日本の工業、何うても共存共榮の爲に親善ならざるべからず日支が親善でなければ東洋の平和を維持することが出來ぬといふにある、御尤千萬、誰人も否と言ふものはなからう ▲然らば如　何にして徹底的に親善を加へることが出來るかと問ふつ、經濟同盟とか大亞細亞主義とかいふに歸著するやうであるが、それに達する道□としては、更に更に考慮すべき事が多多あるであらう、約めて言へば先づ互ひに學ぶことが必要であらう學べば互に知るといふことが出來やう、知り合へば相當尊敬心も起る筈である、一方が尊敬することの代りに輕侮を以てするといふやうなことがあれば、對手方も不快の感を深くするばかりである ▲明治二十　七八年の日支戰の如きも支那は日本の立脚地を領解せず、二十餘年來歐米の文明を取り入れて異常の急進步をしたといふでも、高が粟粒程の一島國、何程の事があるべきといふ調子で干戈を執つた、この點に付ては三十七八年の日露戰も同樣で日本の眞意を解し得なかつた過ちから來たのである、若し支那でも露西亞でも、當時モワト日本を知り、日本を解することが出來たならば、彼が如き不幸は避け得られたと思はれぬでもない ▲支那は日　本と戰爭する迄は世界から『眠れる獅子』といはれて□たが、さて戰に負けた蹴に至□ては『病める象』であつたといふ□判を取つた、戰後兩國の關係は、□諺にいふ雨降つて地固まるで、支那は日本の實力の偉大なことも認め、何でも之からは教育でなければならぬ、それには距離も近し、費用もかゝらず、第一歐米の學問が漢字交りの書籍で學ばれる便もあるといふことであつて、數千人の留學生がどし□東京に集つて來た ▲然るに此　等の留學生を歡迎した學校の中には、商賣氣を出した向き

もあつたらしく、下宿屋乃至素人間貸しの中には、留學生を□ひものにしたものも少くなかつたと聞く、殊に日本の一部階級の生活狀態を親しく見た彼等の腦裏には、何んな印象を得たであらうか、後年日本留學生が排日運動の先録となつて居るのは、見方に依ては幾分異むに足らぬやうにも感せられる

▲上海で出　版する排日雜誌『留東外史』は、留學生が經驗した一種の賣笑婦關係を題材として、更に女學生や貴婦人と稱する仲間でも、金の力と巧妙な手段を以てすれば容易に接近することが出來るといひ、東京の地を舉げて淫亂の都會の如く誣いて居る、彼等はこれを以て排日宣傳の一方法として居ることは勿論であるが留學生の内好感を以て歸國したものゝ多からぬことは遺憾ながら一面の事實ではあるまいか

▲凡そ上海　に集つて居る元留學生連中が、學生を煽動する手段として有らゆる日本の惡口雜言を逞くすることは、彼等の立ち場に顧み、暫く咎めずとしても、東京に於る待遇振りも決して行き屆いて居つたとは云れぬ。されば此方でも夙に豫備學堂を起したり、近くは日華學會などで活動を始め、その成績は頗る好良であるさうなから、やがて此等の缺陷も補はれるやうにならうが、兔に角攻先づ支那人の風俗習慣、生活狀態などを會得する必要がある然らざれば折角の好意も何等效果のない場合があらう

▲西洋の宣　敎□□□京に住むやりも北京の方が住□□地が宜い□いふ□は、西洋人□□那人とは衣食住とも餘程似通つた所があつて、同化とまでは行かずも、日本人を共同住居するやうな窮屈を不便を感じまい、これは日本の文明が全く別な形式に發達した爲めにも因らうが、苟も風俗習慣の異なつた客を待つ以上は、此方にもそれ相□の用意がなくてはならぬ、歐米に留學した支那人が歸國後歐米□負になるといふことは、主として其國の家庭に入り、家庭の感化を受けるに因るといふが、此點は日本人が歐米に留學しても同樣の傾きがあるやうに思はれる。若し叶ふことならば、大勢同居の寄宿舍などよりも、善良な家庭に入らしむる方、當人に取りても遙に幸福にして、日本を眞解する便りともならうが、何分前にまいふ通り、家族の一員として起臥を共にさせるといづことは、彼我の風俗習慣が餘り違ひ過ぎて居る爲に、主客共に閉口するやうな場合が少からすあらうから、一寸希望して見ても實行難が伴ふことと察せられる

56	1922 年 3 月 30 日 03 版【標題】持地先生蒞廈賦此以贈【作者】歐陽楨
	大正 11 年 03 月 30 日 第 3 版 第 7842 號 廈門短信 ▲持地六三郎氏來廈　臺灣統治史編纂資料調查…… 持地先生蒞廈賦此以贈　小椿　歐陽楨初稿 天涯喜得遇詩人。同種同文更可親。　品學兼優欽碩彥。相詞爲祝健唫身。 一代才名仰大賢。相逢萍水鷺江邊。　聯唫索句風流事。自有詞人文字緣。 ……

57	1922 年 04 月 15 日 03 版【標題】吳越遊草（上）廈門次歐陽楨見示韻却寄【作者】持地六三郎
	大正 11 年 4 月 15 日　第 3 版　第 7858 號 吳越遊草（上） 東嶺　持地六三郎 廈門次歐陽楨見示韻却寄 脫却朝衣一野人。詩徵酒逐且相親。漫爲南北東西客。秀水名山寄此身。 篆隸眞行似昔賢。相逢握手鷺江邊。同文同種非虛語。文字交深翰墨緣。
58	1924 年 8 月 26 日 03 版【標題】東西南北
	大正 13 年 8 月 26 日　第 3 版　第 8722 號 　東西南北 廣東人の沙面勞働罷業は再び盛返し人種的反感は著しく高調して來たが同文同種の日本人には好感を表し埠頭人夫罷業も日本船には及ぼさないところから近來此方面に日本船の貨物輸送が歡迎され大持てとは意外である▲石炭の輸出て廣東と密接な關係ある基隆では罷業は却て喜ばれてゐると云ふから世の中は何が幸になるかわからぬ▲基隆港務所では來年度に百噸二百馬力の曳船を建造する計策があるさうだが牛稠口入江が築港されても球仔岸壁ができても狭い港內に大小多數の航洋船を收容するには曳船の力を藉る場合は多々益々多い理だが岸壁の汽船一隻の座席が百萬圓に當る基隆では其經濟的利用の上から言つても完全強力の曳船が必要であるが▲それよりも急務は港內荷役能率の增進で悠々緩々たる荷役振りは今も昔も變らぬのは現代的でない荷役力さへ增進すれば滯船時間も短縮し入港船の增加に應することができそれ丈け港灣價值を發揮し時節柄港灣擴張の漸進を緩和し得ることになる▲基隆でも實業大會を控へ全基隆商工業者を代表する適當な代表機關がないことを初めて悟つたらしく獨立した純民間機關として商工會の必要を論ずるものがあるのは結構である▲□は急げで何時もながら現狀維持など停滯した氣分に浸つてゐては社會の進運に後れる。
59	1926 年 5 月 19 日 06 版【標題】普通試驗問題（の三）支那語問題 和文支那語譯
	大正 15 年 5 月 19 日　第 6 版　第 9353 號 普通試驗 問題（の三） ……支那語問題

	和文支那語譯 一・一家族中の兄弟姉妹の間柄でさへ物に好き嫌ひがあるのだから**同文同種**の日華人間にも好き嫌ひの間違あることは何も怪むに足らぬであらう 將來相提携して福利を共にせねばならぬ兩國が相互に其好き嫌ひを諒解し合つて置くことは交際上にも商業上にも何より必要條件である ……
60	1926年9月16日04版【題目】敬步蔗庵總督瑤韻【作者】伯漁　陳其春
	大正15年9月16日　第4版　第9473號 欄：詩壇 敬步蔗庵總督瑤韻　伯漁　陳其春 天爵克脩人爵榮。躬膺重命宰南瀛。　政遵范老推恩廣。令異商君立法橫。 利國利民仁一視。**同種同文**表眞誠。　明公車駐甘霖降。遍灑鯤溟澤衆生。
61	1926年11月30日夕刊04版【題目】招待靑厓翁　蔗庵總督雅宴　全島官民會於東門　官邸五十餘人【作者】蔗庵、松軒、伯漁、碩卿、國年、炳煌、述三、純甫、綠野、東軒、成野、養齋、家珍、篁邨、雪漁、天籟、岳陽、梅樵、潤庵、壺溪、信齋、以南、種玉、石崖、茂笙、龍庵、榕庵、濤山、仲佐、純靑、古邨、淡水、子安
	大正15年11月30日　第4版　第9548號 招待靑厓翁　蔗庵總督雅宴　全島官民會於東門　官邸五十餘人 既報去二十八日曜日下午三時起。上山蔗庵總督乘國分靑厓。勝島仙坡兩詩伯歸自南部。張雅宴於東門官邸。招待兩詩伯及全島能詩官民六十三名。是日出席者主賓共五十餘名。定刻前來會者各於玄關入口。拈取柏梁體七陽韻字一字。及七絕上下平韻目一字。於是各就總督所示之七律詩先和。其次及於柏梁體及分韻七絕。而靑厓先生亦有卽事之七律詩及仙坡先生之後里庄早梅七絕。復共和之。興會淋漓。總督及兩詩伯。新就所遞交之詩稿。一一賜以寓目。復將柏梁體及分韻之詩。逐一榜於壁上六時宴罷。席上首由總督敍禮。略謂。　此囘靑厓仙坡兩先生。不遠千里。聯袂來臺靑厓先生爲余之師。而仙坡先生則余之詩學大先輩。兩先生於我國漢詩界之位置。及斯造詣之深。爲各位所熟聞。不待余論。今欲介紹兩先生於三臺名流。特開一超脫紅塵風雅之宴。蒙列位撥忙不辭遠路。惠然肯臨。爲余所最欣幸者臺灣住民。固同文同種。而且此三十年來共爲一國之國民。今得兩先生來遊。共結文字之契。竝余亦加入於翰墨場中一人。何幸如之今後若得基今日一夕淸緣。永結翰墨因緣於將來。則誠兩先生之賜。設備不周。尙望寬飮云□　終擧杯祝兩先生及一同健康。其次則勝島仙坡先生代理靑厓先生。述謝如左　此囘我兩人於月之一日應蔗菴總督閣下之勸。同舟來遊。爲官邸賓客。多蒙閣下。殷勤垂注。其後更歷遊東海岸。到處探奇訪勝。弔古石門及鵝鑾鼻賦詩。浴四重溪溫泉歷觀南部各處古跡。登阿里山。阿里山之勝概。洵屬世界第一次遊關子嶺。日月潭。及觀梅後里庄。於昨二十七日歸北。今夕更荷蔗菴閣下盛筵。

為介紹三臺名流。晤對一堂。至為榮幸。尚祈此後內臺文字因緣聯絡。永久交際。
復舉杯祝總督及一同健康終則瀛社社長洪以南氏。代表本島人一同。殷勤述謝。
其詞如左。　蔗菴總督閣下。乘青厓仙坡兩詩伯來遊。竝寵招余等。許追陪末席。
余等因而克拜接閣下及兩詩伯聲咳。親聆教誨。至為榮幸。茲謹代表本島人一同。
深深道謝。閣下人格高潔。為我國有數良政治家。何幸依聖天子拔擢。拜命為臺
灣總督。施極公平之善政於我臺灣。島民等咸感激莫措。閣下嗜好文學。於漢學
造詣之深。為余等不勝警慕之至。兩詩伯在我國。被尊敬為斯道泰斗之老大家。
今茲應總督閣下之勸。不辭遠路。飄然來臺。其間到處探奇訪勝。踏破南國山川。
則誠如仙坡詩伯所云。臺灣大自然。舉收入兩詩伯錦囊內。確係於臺灣藝文史上。
添一段光彩。為最堪特筆之處。臺灣新開地。文物典章。尚未具備。余等之作。
到底不足奉供高覽。然而余等夙與在臺之內地人詩人切磋研磨。文字之契。為極
真實而無偽也。今後臺灣文學。若得幾分進步。皆閣下及兩詩伯之賜。尚望今後
以誘掖後進之深心。不吝教誨終更對於閣下述謝。對於閣下及兩詩伯奉表敬意　於
是舉杯祝總督及兩詩伯健康。席上盛設漢席各食料理。盡歡至七時過退出

東門官邸雅集席上聯句　倣栢梁體

東門邸開翰墨場。（蔗庵）

風流經國衆相望。（松軒）

未能斫地似王郎。（伯漁）

萬里鵬程高且長。（碩卿）

一曲昇平樂未央。（國年）

將興家國見禎祥。（炳煌）

清白人傳有姓楊。（述三）

媿無春草生池塘。（純甫）

賓主聯歡聚一堂。（綠野）

黃村丹蕊繞舍香。（東軒）

瀛海拾珠肥奚囊。（成野）

兵洗天河徧萬方。（養齋）

斫地狂歌也不妨。（家珍）

一枝健筆搤三唐。（篁邨）

儘有葵心向太陽。（雪漁）

龍肝鳳髓有餘芳。（天籟）

半潭秋水落楓黃。（岳陽）

琴劍匆匆卸客裝。（梅樵）

青雲氣吐又眉揚。（潤庵）

只禱年豐穀滿倉。（壺溪）

羽觴飛月醉瓊漿。（信齋）

風騷樂趣異尋常。（以南）

	叨陪剪燭話連牀。（種玉） 詩家自古重三王。（石崖） 安且吉兮壽而康。（茂笙） 昇平有象自洋洋。（龍庵） 鐵石腸和錦繡腸。（榕庵） 水面無風起滄浪。（潯山） 席上吟詩趁晚涼。（仲佐） 男兒氣壯吐光芒。（純青） 絳霞掩映九霞觴。（古邨） 詩人溫厚又端莊。（淡水） 無限經綸腹底藏。（子安） 宵旰精勤有未遑。（石衡） 文章經濟重廟廓。（文山） 麗句清詞俗慮忘。（無我） 健筆如椽鑄鐵剛。（雲石） 尊前得句慰徬徨。（肇藩） 海島昇平國富強。（沁園） 家國安危賴助匡。（献堂） 吟聲飛墜入東廂。（宙堂） 年來詩境愧疏荒。（片山） 一堂濟濟正冠裳。（楸堂） 黃花黃葉絢秋光。（信山） 健筆縱橫似鳳翔。（東耕） 是非何用問彼蒼。（仙坡） 壽同金石惟文章。（青厓）
62	1932 年 3 月 8 日夕刊 04 版【標題】滿洲新國家　對同文同種臺灣人務欲拔擢登用人材　外交部長謝介石氏談
	昭和 7 年 3 月 8 日　第 4 版　第 11462 號 滿洲新國家 對同文同種臺灣人 務欲拔擢登用人材 外交部長謝介石氏談 奉天五日登本社特電。清末葉外交部次官謝介石氏當此回滿洲事變勃發之時卽暗地脫出天津。到吉林援熙洽氏。任吉林公署々長。努力於滿洲國家之組織。

東北行政委員會。甫告成立。謝氏爲吉林代表到□會議。被舉爲滿州政府外交部長。受小濱本社通信員往訪。謝氏在委員會對小濱氏。快談如左。

外交部長之名義。屬於新聞辭令。委員會不關係於新政府之人選。一切委之執政。俟執政就任後。始行決定任命。

余爲努力創造推戴宣統帝之新國家。其克就要職與否。不爲問題。若達建國目的。今後對三千萬民衆。務施行善政庸登人材。余與傅儀氏深有緣故。余決心願拋去要職。以拔擢東三省有爲人材。藉資滿洲國家發展

謝氏續言昨年旅行臺灣觀臺灣民治進步。令人驚嘆。臺灣人得改隸日本領土。爲無上幸福。滿洲國家。對於同文同種之臺灣人。亦務欲登用其人材。終言云介□紙。爲我故鄉人士道好云々。

63	1932 年 11 月 2 日 08 版【標題】謝外交總長爲滿洲國答禮專使來朝賦此以誌歡迎【作者】神戶　莊櫻癡
	昭和 7 年 11 月 02 日　第 8 版　第 11699 號
	詩壇
	謝外交總長爲滿洲國答禮專使來朝賦此以誌歡迎
	神戶　莊櫻癡
	東山不是等閒人。浮海重來作貴賓。欲爲同胞謀幸福。免敎大陸長荊榛。
	同文同種本相親。守望惟應計善隣。東漸能將西力遏。與君共作太平民。
	月二十六日接神戶櫻癡君見招因觸十年前東遊情事笑吟一絕書所藏世界平和記念宣紙小幅寄贈
64	1934 年 1 月 21 日 08 版【標題】詩壇 新年非常時【作者】許柱珠
	昭和 9 年 1 月 21 日　第 8 版　第 1244□號
	詩壇
	新年非常時　許柱珠
	銷沈經濟戒席榮。國際潮流日々傾。猛省安□原重責。勿因迎歲苟偷生。
	歐亞風雲幻萬端。日華彼此貴相安。同文同種同根本。勿使脣亡齒亦寒。
65	1935 年 4 月 12 日 08 版【標題】詩壇 迎蔣公使【作者】黃純青
	昭和 10 年 4 月 12 日　第 8 版　第 12582 號
	詩壇
	迎蔣公使　黃純青
	日□握手善交隣。同種同文兄弟親。不願鬩牆招人侮。須防背後有漁人。
	須□蓬域先□□□□
	自述詩見客卽□□□

66	1937 年 4 月 15 日 07 版【標題】日支は矢張り 同文同種の國 抗日運動に反比例し 日本書籍が全支で愛讀さる【作者】東京十四日發本社特電
	昭和 12 年 4 月 15 日 第 7 版 第 13310 號
	日支は矢張り
	同文同種の國
	抗日運動に反比例し
	日本書籍が全支で愛讀さる
	【東京十四日發本社特電】隣邦支那全土を□ふ執拗な抗日運動は日支關係に□ひ切れぬ□となつて了つたが意外にもこの反面日本語研究□が全支を風靡してゐる外語字講習會も多く其上各圖書館は多數の日本書を蒐集し全支に賣捌かれる我が新聞雜誌は在留邦人の□讀部數上りも中華人のそれの方が遙に多いと云ふ事實が最近外務省文化事業部の調査で判然するに至つた、英佛獨語を凌いで此澎□たる日本語熱は親日への一歩前進かそれともやまざる抗日の武器かこの事態に外務省文化事業部国際文化振興會等は日支親善の立場から愼重對策を練てゐたが愈々今まで比較的等閑視された支那を根本的に研究すると同時に支那に向つて日本文化紹介其他の工作で積極的に働きかけ日本に對する認識を深める一方支那側の誤解反感の一掃に努力すべく近く懸案の大学教授学生の正式交□支那語による日本文化紹介等に乘り出す事となつた
67	1939 年 5 月 20 日夕刊 04 版【標題】臺日漢詩壇 選者魏清德 次和雨軒□韻【作者】謝尊五
	昭和 14 年 5 月 20 日 第 4 版 第 14071 號
	臺日漢詩壇 選者 魏清德
	次釋戡先生和雨軒並呈
	次和雨軒□韻
	又向詩壇樹偉勳。況兼同種又同文。風生腕下□□□。旗□眞堪壯我軍。
68	1940 年 2 月 13 日 08 版【標題】新東亞【作者】駱子珊【選者】魏清德
	昭和 15 年 2 月 13 日 第 8 版 第 14338 號
	欄：臺日漢詩壇
	新東亞
	作者：駱子珊　選者：魏清德
	浩蕩仁風及遠陲。安寧秩序賴維持。　我疆我理精勤力。同種同文日滿支。
	化被春風資麗澤。光瞻象緯仰威儀。　日東帝國操牛耳。重整亞洲待設施。

附錄三：臺灣圖書館日治時期期刊影像 系統的同文同種之節錄內容

註：1.「□」指無法辨識字跡。2.「●、▲、ヽ、・、◈、＝、▽、■、◎、×、○」是原文使用之分節符號。3.「……」為筆者節錄，表示該段前後仍有行文。

編號	發刊年月日	刊物名稱	冊數／卷號	標　題	作　者	指涉國家
1	1898 年 12 月 20 日	《臺灣產業雜誌》	第參號	漫錄◎臺灣協會招待會、席上に於ける＝＝井ノ角さん		日、台

欄：漫錄
題目：◎臺灣協會招待會、席上に於ける＝＝井ノ角さん

帝國ホテル樓上、臺灣協會か招待會を催したる席上に於て、後藤殿か爲したる演說中、我々內地人と臺灣人とは同人種にして、顏色も同しく骨格も同しく毫も異なれる點なく、夫れに引變へ、和、佛、意、諸國民か各殖民地に臨みたるとは、大に相違する所あり、此等の徒をして、我々日本人に敬服せしめ、母島人には迚ても協はぬと云ふ、觀念を起さしむるとは實に必要てある、歐州人は此點に於て、大に好位地に立つて居ると述へらるヽや、例の揚け足を取るに妙を得たる谷間の蟹公、井ノ角氏は、內地人臺灣人の間に異なる点なきは、却て我々を利益する者にして、彼等をして我內地人へ同化せしめ、我天皇の大御德を謳はしむることか出來るのて無いか云々と、最とも得意氣に反駁せり、吾人は井ノ角氏の三百的口調に慊焉たると共に、井ノ角氏は矢張井ノ角たけの者と思へり、借問す、人種骨格の相同位ゐにて同化し得らるヽ臺灣人なるか、歐米人に接すると支那人に交ると、其感想の別如何、歐米人に接したるときは自然に畏服の念を生し、支那人に交るときは何となく輕侮の念を惹き起すにあらすや、坊間異人さんと云

		ひ、チヤン又は南京と呼ふ、味ひ來らは自ら悟了する所あらん、同文同種＝は卓上の議論のみ、我等は較もすれは、土人か內人を屈從し、輕侮するを憂ふる者なり、井の角氏たる者、須らく臺灣に於て二年乃至三年の實驗を爲し、而後臺灣の事を議論し可きなり、後藤殿か同演說の始めに於て、私□臺灣の事情に就ては極めて幼稚てある、只々兒玉総督閣下か、臺灣割讓以來熱心に調査せられたる餘澤に由りて、今日の任務に從事せりと云はるヽ者、故なしとせす、兎も角井ノ角先生のみならす、臺灣の事とし云へは何ても無い樣に、エラ張る先生の多きは、實に歎かはしき話なり、知らぬことを知つた顏する空論程、自他を□る者をあらす、井ノ角さん以て如何となす。				
2	1900 年 4 月 30 日	《臺灣協會會報》	第十九號	臺灣と福建		日、台、清
	欄：時論一束 題目：◎臺灣と福建（三月二十一日東京日々） 添田臺灣銀行頭取の談 …… 次は生計の程度の□ですが此れは私の經濟大意と云ふ詰らぬ著述の中に□書いて置いた通り今日は奢侈の弊の非常に增長して居るのであります是れは詰り戰後の經營とか戰捷の餘榮とか云ふ一時の空景氣の爲めに甚しくなつたので此弊たる□各人が主人として矯め□□□外はないが幾分が法律の力でも矯正することが出來る例へば奢侈品の課稅を重くして生產に關係あ□方の課稅を成ろべく輕くすると云ふ方針を取るならば多少の効□はありませう又左樣せればならない以上の三つが三つとも出來ねとしても其中の一つなり二つなりが出來ると多少改良しませう□れも出來ねと云ふ問は到底臺灣だけでも日本の商業は彼の土人にすら對立することが望めぬ視や厦門著くは今度の日清條酒に於て出來た各居留地に於てをつ實に憂ふべきの極であります我國に於て年・殖えて來る人口や製作品の捌口な外に求むる必要ありさ信つた所が何れ此等の同種同文而も接近の國より外にはありませぬ又此等の地方に段・事業を經營するのは大にしては東洋の平和小にしては支那の保全の爲めであります彼我公私の利益上東洋各地に踏み出さぬばなりませね然るに前申すやうな有樣が改良をせられなければ到底此の事□□ふべくして行ひ難い□になるのであります故に今後は區々たる內地の□合な止めて著實にして有力なる事業家が奮つて外へ出で汎く永遠の利益を圖り就中前申たし三つの點に付いては十分注意をして政府なり銀行なり一般社會の風潮なりが其の改良の方向ふと云ふ□に全力を注がなければならぬ立國の基礎も自然／＼と危くなるの憂があります是れ私が國外に出て南淸方面に參りて感□た大切なる要點□あります ……					

3	1912 年 10 月 18 日	《臺法月報》	第六卷第十號	母國人と殖民地人との關係	松岡正男	日、台

欄：雜錄

題目：母國人と殖民地人との關係

作者：マスター、オブ、アーツ　松岡正男

小標題：其一　母國人と殖民地人と□□□□□□を有する場合

……

　我が國の殖民地に於ける土著人は素吾等と文明の基礎を同ふし、所謂同種同文の民なること加奈太に於ける佛人、南阿聯邦に於けるボーア人と甚だ相似たるものあるが故に、英國の政策は直に移して我が國の對殖民地人政策となす可きかに就ては別に議論あり、今之を詳述するを得ざるも斯る議論は先づ殖民地獲得の歷史上の比較より始めざる可らず、例へ現在の事實を同ふするも、其發生の根本に於て異ならんか自ら採用すべき政策に於て異同あるべきは勿論なり。加奈太に於ける佛人は信仰を同ふする英人の爲に却て佛蘭西に反抗したる者すらこれありき、斯る事實は永く統治策上に影響すべきは明瞭也。たゞ對殖民地人政策時の便宜如何に從て變更すべきものに非ずして、正義を基礎として確乎不動のものならざる可らざるは云ふ迄もなし。

……

4	1925 年 10 月 1 日	《臺灣警察協會雜誌》	第壹百號十月號	中華民國に對する雜觀	片寄學人	日、中

題目：中華民國に對する雜觀

作者：片寄學人

（一）上海事件の發生後中國人によりて叫ばれたる日支親善

　上海事件發生以來、排日英の半面に於て、そこここで日支親善、日支提携の必要が叫ばれた樣である。

　今現代支那に於て張作霖と竝び稱せられてゐる馮玉祥の日支親善論、竝に現在支那に於て可成大きい勢力を持つてゐる學生の叫んだ日支親善團體が決議したる日支兩國經濟提携等を記述し、之等を通じて所謂支那人の抱いてゐる日支親善なるものゝ研究の一助にしたいと思ふ。

　勿論此の內で最も世人の注意を引いたのが馮氏の日支親善である。民國十一年度に於ける奉直戰爭に於て多大の働をなして、世間から注目せられ、更に又先頃の奉直戰に於て北京逆襲といふ大芝居をうつて、めつきり人物をあげた支那軍人中の異彩として又新人として、基督信者としての馮玉祥、そして張作霖や段祺瑞故孫文等の如くに我が邦に於て餘り知人を有して居らず、殊にある一部の人々からは排日派の一黨ではないかとさへ、見誤れてゐる馮氏が、日支親善の必要あることを痛感し、七月十九日在北京本邦新聞記者を態々張家口に招待して、日友親善の必要

を提唱したとのことである。元來馮氏の日本に對する感情は融和を缺いて
ゐる感がないでもないといはれて居つた樣である、それは彼が常德に居つ
た　當時、日本の奸商が阿片、モルヒネの密賣をやつて度々彼れに捕
らはれ、彼の日本人に對する惡印象をとどめさせたこと、竝に民國四年
五月の日支交涉事件などが彼に不快の感情を與へたのであるなどと傳へ
られてゐるが、然し彼の日本觀は更に一步踏み出して、日本は何故に今
日の強大を致したのであるか此の點を十分研究して支那に於ても之を倣
はねばならぬ、徒に仇敵視すべきではないというて居るさうである。先
づ彼の日支親善論を記述する前に、彼の生立ちと充實した彼の生活とを
記して、日支親善を提唱した彼の背景を飾つて見やう。馮玉祥氏彼もや
はり立志傳中の人である。安徽省巢縣の人であるが父は左官であつたさ
うで固より貧しい生活の中に生れた。彼は初等教育すら受けることが出
來なかつたが、十九歲の時軍隊生活に身を投じ彼の忠誠は早速上官の認
むるところとなり漸く下士官から將校に進んだのであつた、當時彼の月
俸は十八兩であつたが彼は其の內から大枚九兩を投じて教師を聘し大い
に文學に精勵したといふことである。實に此の點などは凡庸なありふれ
た軍人と違ふ所だと思ふ、彼が北京勤務となつて或る日のことである、
ふと教會に顏を出して牧師の說教を聞いて大いに悟るところがあり、
こゝに洗禮を受けて基督教徒となつたのである。而して彼は耶蘇も大工
の子自分も亦個人として一職工となつて勞働に從事し人間の本分をつく
したいとの希望を持つたのであるが、軍人といふものを捨ててまでとは
彼も決斷し得なかつたのである、ところが偶々活動寫眞で英國廢兵院の
勞働狀況を見て、軍人といへども勞働を兼ね得るといふことを知り欣然
として常德に歸つたのである。彼が現在に於てゞも自己管下にある地方
は道路の修繕河川の修理等に、軍隊を隨時使用して到底他地方に見得な
い迄に著々實績をあげてゐる、勿論かゝる彼は人民よりも厚い信賴を受
けて居ることはいふ迄もないことである、彼は常德に歸るや、皮靴、タ
オル製造の工場を設立して餘暇の兵士をして之に從事せしめ、此の外に
造林河川道路工事等大いに部下に對し職業教育を施し部下も之を德とし
て骨身を惜きず働いたといふことである、彼は又當に部下のもに對して、
自分が勞働しない限り自分が食すべき食なきものと知れ、というて居る
さうであるが自らも每日一時間づつ勞働に從事して部下に範をたれてゐ
るさうである、何事によらず實行主義を以つて著々其の實績をあげてゐ
る彼である。以上の記述によつても解る通り彼の生活は寸分隙のない緊
張し切つた生活である。彼の今度提唱した日支親善なるものも、輕々才
子が出まかせに口走つた樣なものでないと吾々は深く信じてゐる。殊に
彼が態々邦人記者を張家口迄招待して叫んだ日支親善論である、其の結
果が如何なる形態をそなへて出現するか吾々は大きい希望を以つて期待
して居る、左に彼の親善論の大略を記して見ると。

　由來日支兩國は東亞の善隣たるべく、同文同種の國民で唇齒輔車の關
係にある、英國が東亞民族の壓迫を志し侵略の毒牙を益々露骨に現はし
つゝあることは、早晩黃白人種の衝突に導くものであると考へられる。

英國の新嘉坡城築は其の東亞に對する野心遂行の準備であり吾々黃色人種に對する一大脅威である、新嘉坡築城が日支の孰れに準へるのであるかと問はれるなれば其れは勿論日本に對するものだと斷言する、英國は支那の侵略を以つて足れりとせば新嘉坡に築城して魔手を日本に伸ばさんとするものである、日本も支那も共に英國に對する警戒を忽にしてはならない、兩國は共通の危機に面せるもので此の點からいうても日支親善、日支の提携が必要と信ずるのである。眞實なる理解に依る親善關係を速に□らす一手段と考へて、余は近く機會を捉らへて代表を日本に送り日本朝野との接觸を計らうと思つてゐる、次に今回支那學生及び勞働者の團體運動の背後に共產主義の手が廻り、然も其の中心に余が立つてゐるかの樣に傳へられてゐると聞いてゐるが實に心外な話である。事件發生以來の團體の運動は何れも愛國の至情に驅られての運動であつて、裏面に共產黨の活動する餘地などは殆んどないと思ふ、余自身が共產黨として中心たるが如きことは絕對になく余は元來非共產派なのである、支那には孔孟の學說を初め易經其の他に依つて共產の學說が早くから傳へられてゐる、若し共產主義者たらんと欲せば西洋文化の厄介にならなくとも支那古來の學說を奉ずることで十分である、何を好んで西洋文化を謳歌し赤化するの要あらん、近來支那では自分の野心を達せんが爲に他を排除する武器として赤化又は共產主義なる言葉を輕々に人に加へることが流行してゐる、最近余に對する世間の□も畢竟此の範圍を出でないやうに思はれる、禁酒禁煙條件基督教信奉が赤化のではあるまい、余を赤化せりなどと稱する一部の方面では同一の筆鋒で段執政をも赤化せりと傳へて居るが實に笑ふべき邪說である、(此の間數行は主に馮氏と段執政の關係なるを以つて省略す)余は西北督辨として西北の開拓に當るを以つて任としたい西北の開發は土匪討伐と交通機關の發達に依り農業と牧童とを以つて目的とするが夫れには自然人材と資本とを要する、人材は三箇月前迄は廣く世界に求むる積りであつたが、今日に於ては同人種の日本に之を求めたいものである、資本も出來る夫日本の資本を歡迎したいが、國權を害する樣な條件であつてはならない、支那の國際的地位を迅速に高めることは、困難で日本の例を見ても當然踏むべき順路を略する譯には行かない、不平等條約撤廢の如きも先づ內を整へてかゝることが必要で此の點では日本から多くを學ばなくてはならぬ、內を整へる第一方法として國民の自覺發奮を促す爲先づ教育の普及を計る要がある、次に西北の地方からも將來多少の留學生を日本に送ると共に日本からも亦人材を特に派遣せられんことを希望する、云々。

　次に記載するのが留米支那學生桂崇基が上海事件勃發と共に留米學生代表として歸國の途上本邦に立寄つた際、日本人士に告ぐるの書として發表したので現代支那に於て相當な否侮るべからざる勢力を有し、且今後の支那を擔つて立つべき青年學生の言として大いに聞いて置くべき必要があると思ふ、本文は上海に於て發刊されて居る申報に記載してあつたもので其の大意を譯載することにしたのである。

　日本各界の人士に告ぐ、由來日支兩國は同文同種國土交錯唇齒相依る

の關係にある、然るに日本の軍閥と資本家とは敵國に對し侵略政策をとつて居り、遂に東亞兩文明巨邦が互に猜忌を抱く樣になつたのである、之實に吾が日支兩國民の不幸のみであらうか、且又東亞和平の幸福をもたらすべきものであるであらうか、即ち今回のボイコット事件に徵して之を論ずるなれば、之亦日本の紡績工場に其の端を發して居り、遂に日本をして此の騷動圈內に捲き込むに到つたのである、之れ實に吾人の遺憾に堪へないことである、元來日本が支那を侵略せんとするところにものは、隣國に薄く自國に厚き心情を抱く所以に外ならない、故い異族と團結して同種族のものを壓迫するのである、即ち支那が外國との交涉に遭遇する每に日本が歐洲列强と一致の行動をとつて居るにのであるが、然しかゝる政策は、表面的に之を觀察すれば、或は日本にとり些少の利益する所あらんも一方面に於ては同文同種の感情を失し、他方面に於て、列强が其の毒燄を東亞に張るの機をつくり、實際上に於ては損失を受くるところ鮮なからざるものがある。況んや歐米各國は帝國侵略主義を持して五洲を蠶食して、黃色人種を奴隸視せんとしつゝあるにおいてもやである、若し中日兩國が共同一致急起して其の侮を禦ぐにあらざれば、東亞民族をして常に歐米列强の壓迫の下に立たざるを得ざらしむるに至るであらう、米國の新移民規則、英國の新嘉坡に於ける軍港建設問題の如き、其の目的果して何處にあるであらうか、卑しくも目を有するものは之を知らざるものあらざるべしである、吾人は外國に旅居して、靜觀默察して見るに、白人の黃色人種を輕視することは、殆んど天性をなして居るものである。吾人東亞民族は一致共同して之に當るの必要あるを深く信ずるものである、即ち東亞民族中日兩國は相互に提携して共に、東亞に於ける列强の特種勢力を除くべきである、但し中日兩國の提携の能否、東亞民族何做の能否は全く日本帝國の態度如何によつて決定するものである、之れ吾人が日本政府に對し遠大なる眼光を以つて速に支那侵略政策を放棄し以つて提携の誠意を表示せられんことを切望する所以である。今回の敵國に於ける帝國主義反抗は民族自覺、竝に不平等待遇に對する反抗であつて、眞に外人を嫉視するところのものではないのである、其の經過に就いては已に新聞紙上の報ずるところであるが故に贅言せざるも、唯吾人は言はざるを得ざるものがあるのである、即ち同事件が發生するや外國人は支那に於て領事裁判權を享有し支那政府の管轄を受けざるも可なるが爲に、橫行慘殺毫も憚るところがないのである、而して外人の支那に於て領事裁判權を享有するといふことは、實に不平等條約に基くところのものである、故に敵國朝野上下は一致して根本的解決方法を以つて此の不平等條約の撤回をなさんと欲して居るのである。日本は此の問題に對し大いに同情の意を表することゝ思ふが吾人の希望する所は、日本は僅に單に同情を表するに止まらずして、此に機會に於て自發的に不平等條約を取消し、以つて各國の魁とならんことを希望する次第である、而して日支親善なる語をして單に口頭語に止めず、兩民族の友誼をして金石の其のことからしめたいものである云々と。

　次が最近新聞紙に於て傳へられたところのものであつて所爲廣東商務

總會、東華實業團、廣東市民公會等の各團體が廣東の經濟を發表して、支那民眾の利益幸福を增進するには、日本と經濟的提携が必要である、それには先づ其の第一步として、臺灣と經濟的に接近して置くべきである、卽ち廣東の咽喉を扼して居る香港が經濟封鎖を如何に持續したからといふて、何等の苦痛も影響も受けずに廣東の重要產物たる絹絲を、臺灣を中繼として米國に輸出するか臺灣よりの日本汽船を廣東に直接入港せしめて之を搬出するの便利もあり、且つ亦廣東に於て缺乏してゐる石炭、砂糖、米などを臺灣より供給を仰ぐことが出來、其の他の必需品の貿易は兩地の經濟的向上發展と共に國利民福の基礎となるのであるといふ見解から產み出されたものであつて、廣東に於ける日本人の企業を歡迎するとか、日本汽船に特別の便宜を與へるとか、廣東に於ける日本人の土地粗借を認め移住を歡迎するとか、頗る有利的な好意的な決議文を數項に涉つて發表し、廣東省民各新聞等が大いに同意を表してゐるといふことであるが筆者は未だ此の方面の詳細なる報を聞かぬことを遺憾として居る。何れにせよ日支兩國民が漸次民族的に自覺し、一人でも多くの人から日支親善を聞くといふことは眞に以つてよろこばしい次第である。

……

5	1933 年 2 月 20 日	《霸王樹》	第一卷第二號	屑籠から 文字と言葉	水原庵	日、中

題目：屑籠から
——文字と言葉——
作者：水原庵

所謂漢字は日本でも支那でも用ひらるゝためよく日支兩國は同種同文の國だと申す。然し同一の文字でも其讀み方も違へば其意味の異る場合も少くはない。また漢字の體をなすとも後代の作字にかゝり一寸手近の字典類に見出しかぬるもの或はまた邦語ながら其道以外の者にとり其意の解し難きものもある。そこで年來觸目し筆錄したるものから順序もなく書いて見る。屑籠から拾ひ出したものとて新鮮味のあらう筈は元よりないがそれでも若し溫故知新の一助とも相成らんには筆者望外の幸榮と申すものです。

……

6	1937 年 1 月 1 日	《南瀛佛教》	第十五卷第一號	謎の支那を解く	藤井草宣	日、中

題目：謎の支那を解く
作者：藤井草宣

……

小標題：語言不通の同文同種
それでは支那の各省は悉く相一致せないもののみから成り立つてゐるかといふと、又た大いに共通したところがある。「大同」である。たとへば文章であるが、（1）漢文、（2）時文、（3）尺牘、（4）白話文の四

つの文體が用ひられてゐる。

漢文は即ち古典の文章□あろから、何處へ行つても學者ならば意味は通用してゐる但し其の發音は一致しない。

時文は、普通の言文一致であつて、新聞雜誌に用ひらるゝものである、是亦、大體に於て其の用途は漢文と同じであるが、演說の時にも用ひられ且つもつと廣く普遍的に使はれてゐる。

尺牘は手紙であるが、これは特殊なる文體で、明朝の時に出來た中□的感じのする四言體のものが正式となつてゐて言文一致に近くこれに似た文體のものに古い小說がある。而して

白話文即ち現代の日語體のものに至つては、北□語を大體に於て標準語としてゐるが、然し全く其の地方々々によつて異つてものとなつてゐる。就□、廣東白話の如きは、他省の支那人で□分らないのである。竝に二三の例を示せば、

一、香港は——北京語では、シヤンチヤンであるのに、廣東語ではホンコンである。

二、閘北は——日本人はコーホクといひ上海居留日本人はザホクといふ。然るに北京語ではチヤーペーイであり本場の上海語ではサツポーである

三、蔣介石は——世界廣しと雖も、とれをシヨーカイセキといふは日本人のみである。北京語ではチヤンチエシイであり、蔣自身の出身地たる浙江省の昔ではチヤンカイセクである。

天童□は——テントンシヤと北京語でいふが同地ではテドンシヤンといふ天はテであつてンを略してゐる。

これでは、日本と支那とは、何が「同文同種」だと云ひたくなる。これでは支那の其の土地の昔をそのままローマ字で表したものを讀んで發音してゐる西洋人の方が、反つて正しい支那昔を使ふことゝなつてゐるともいへる。吾々は支那が餘りに近い爲めに反つて差違點を看過してゐる傾が多々あるのである。

此外に、日本と同文同語であつても、現在普通に用ひられてゐる意味が頗る違ふものが澤山にある。一寸思ひついたものゝみ八九舉げてみる。

一、告訴＝申上げる、お話する、告げる

二、東洋、東洋人＝日本、日本人（多く上海で用ふ）

三、貴＝高價なこと

四、便宜＝安値、安價のこと

五、利害＝甚しいこと、ヒドイこと

六、打算＝思ふこと、考へること

七、火車＝汽車（鐵道は鐵路といふ）

八、汽車＝自動車

九、快車＝急行列車

十、城＝城壁のこと（萬里長城の城の如し

7	1937 年 11 月 16 日	《台灣佛化》	第一卷第六號十一月號	時局に對する吾等の覺悟	零哉居々人	日、中

題目：時局に對する吾等の覺悟

作者：零哉居々人

　　氷と炭の相容れないことは何誰もよく知り拔いてゐる事實である。これが現下の日支事變に□然としてゐる。ソ聯の赤化思想、その運動には世界の殆んど全部が事實困つてゐるのである。況しても我が國と彼とは氷炭相容る能はざるところである。赤化の魔は吾等の生活を根本的に覆すものである。平和をして擾亂たらしむるものである。我等は否全人類は斷乎として此の赤魔を徹底的に排擊し清掃して淨清和平の世界を樹立することを期さなければならない。

　　支那は我が隣邦であり、しかも古來國交に私交に最も深く且同種同文の國で、全く兄弟にも□る親みを感するものである。故に日支親善は一層深密にと云ふ我が國本來の國是であつたことである。手を携へ合つて東洋平和を保たんとしてゐるのである。

　　然るに、支那は何時とはなく赤魔のむしばむところとなり、それ等の教唆するところとなり、ついには南京政府までも此等の赤魔に□み、これを利用して、我方が慈導親善を求むれば、求むる程□面、排日、抗日、遂に侮日を以つて事をこゝに及ほすに至つたのである。全く詮方もないことである。せてこの上は何處までも大慈悲を以つて徹底的に毒藥を排除し、純正無垢のものとせなければならない。これこそ眞當の菩薩行である。いゝころ加減では後に又その毒素の害の擴まる憂れがある愛すればこそその外科的手術を必要とする。

　　そこで銃後を護る我々はよく考へなければない。毒素の清掃となると一寸簡單には片づかない。相當に確りとした態度大地をウンと踏みしめ、無□矢□に呼吸をはづますことを注意して、よく息切れのせぬやうに努めなければならぬ。それには、何と□つても確乎たる宗教的信念の行持こそ絕對必要である。

　　國家がこの戰時體制に際して國を擧げて「國民精神總動員」を計だてられたことは正しくこれがためであると思ふ。すぐ息切れのするよいなものに意氣や成功はあり得ない。筆者の不斷に叫ぶことであるが――發心と決心なれば誰もし、何時もすることである。成らぬが□心するが肝心である――この時局に於いて各自の行持せなければならないところはこの東洋平和の實現化の爲めには確かと大地を踏みしめて、息切れのせぬことを期するにある。しかしてそれには、確乎たる宗教的信念に俟たねばならぬ。況しても吾等佛徒しては、正法への不惜身命と云ふ大聖釋尊の事實を此の機會に於いて一層深刻に體得すべきである。

8	1938 年 1月 1日	《まこと》	第二九八號	僞らぬ眞實の叫び 平和に惠まれゆく 北平の小學生から	蘇秀蘭	日、中

題目：僞らぬ眞實の叫び 平和に惠まれゆく 北平の小學生から

副標題：我等は救はれた 進まうアジアの光明へ

作者：蘇秀蘭

　　軍閥の壓政から北支の民衆を解放してくれた日本軍に感謝し東亞永遠の和協を力說してゐる北京市立北魏胡同小學校の蘇秀蘭君は高一の男生徒ですが、日本の五年生に相當するもので文章にも一段と磨きがかゝり名文が次々と並んでゐます

　　親愛な日本の友へ——我々兩國は煙波漂々たる海洋を隔てゝ居ります、私はその海洋の西岸なる一つの老衰した國家——中國に生長してゐます、私は皆さんの國家が羨ましくてならないのです、私は貴國の人々に對して十分なる尊敬を拂ひます、お國の人がすべてよく苦練にたへまじめに仕事をするからです、申すまでもなく科學、醫學、工業、商業など各方面にあいて精密、明瞭な研究があり、發明があつて、我々中國人がいまのやうに落伍してゐるのとは似ても似つかぬものです、親愛な友邦の小さいあ友達よ、皆さんはそんな美しさに滿ちた天國に生長し、溫暖な氣候と、豐富な物產を持つてをられる、また天然の美しい風景がある、それ等の一切合財は皆さんをうつとりさせるほどのもので、皆さんは天に惠まれた子だといつてもよいでせう、貴國の皇軍はいまや遠く海を渡つて中國にやつて來られ。あるひは負傷して鮮血を流し、數多の金錢を費し、何千何萬といふ生命を捨てゝ、弔民伐罪の義舉を全ふされ、東亞の平和をはかつてをられます。これは萬惡極まりなき軍閥の壓迫下から私達を救つて下さることで私達はあなた方にどう感謝してよいかわかりません、親愛なる小さい友よ！私は皆さんに喜ばしい報知をしようと思ひます、この事變で軍閥は華北から驅逐され、私達を水深火熱の苦しみの中から救ひ出してくれました私達は既に暗黑の地獄から光明輝く天堂へと躍進したのであります、皆さん！我々は同文同種の國家であります、我々は現在なほ年は若いけれども將來は必ず東亞の協和を荷負ふべき任務を持つてゐるのです、最後に私は誠心をこめて願はなければなりません、東隣友邦の小さい友よ、アジアの光明のために努力しようぢやありませんか、アジアの光明のために奮闘しようぢやありませすか、將來我々は世界を背負つて立たねばなりません、未だお話したいことは殘つてゐますが筆を置きます、皆さんの進步を祝福しつゝ

　　中國の小さき友なる

蘇秀蘭

9	1938 年 2 月 8 日	《臺灣自治評論》	第三卷第二號	在臺華僑諸君に望む	一記者	日、華北臨時政府

題目：在臺華僑諸君に望む

作者：一記者

　　之れ曩に在臺華僑が打つて一丸となり臨時政府を擁立するに至つたところの報告であり、亦決議文である。

　　今ヤ我中國ニハ臨時政府樹立セラレ、從來ノ蔣政權ノ罪惡ヨリ我中國ヲ救ハントス、誠ニ我中國ノ爲、大東洋ノ爲慶賀ニ堪ヘザル處ナリ。國民黨政府ハ民衆ヲ欺瞞スル事十有餘年、共產黨ヲ容抱シ遂ニ最モ親善ヲ計ルベキ隣邦ニ事ヲ構へ、ロニ焦土抗戰ヲ呼號スルモ、百戰百敗忽チニシテ國力ヲ失ヒ、將士ノ半數ヲ失ヒ、多年國防ニ名ヲ託シテ消耗セル金錢數十億、而モ其ノ大部分ヲ着服シ、金ヲ外國ニ運ブニ名ヲ藉リテ、貯蓄ヲ爲シタル事天下周知ノ事實ナリ。

　　今ヤ首都既ニ失ヒテ自ラ收拾スル事能ハズ、茲ニ中華民國二十六年十二月十四日、北京ニ於テ臨時政府ノ樹立ヲ見、直チニ民衆國家ヲ回復シ統治ニ專念、絕對ニ共產主義ヲ排除シ、以テ東亞ノ道義ヲ發揚シ、完全ナル日、滿、支ノ親善ヲ□リ、產業ヲ開發シ民生ノ向上ヲ□ラントス。

　　之ハ正ニ支那民衆十數年來ノ念願ノ達成セラレタルモノニシテ、我々在來華僑ハ臨時政府ニ共鳴シ、絕對ニ之ヲ支持スルニ至リタル所以ナリ。

決議文

　　我等ハ中華民國臨時政府ノ政策ニ共鳴シ絕對ニ之ヲ支持スルコトヲ表示ス。

　　同時ニ國民政府蔣政權ニ對シ卽刻ニ之ガ絕緣ヲ宣言ス。

×××

　　斯の如く在臺華僑が率先して本大會を開催して、國民政府と絕緣し、臨時政府への支持を聲明するに至つた事は、東洋の歷史惹いては世界の歷史に一大エポックを印したものであつて、誠に東亞永遠の榮光の爲め、同慶に堪へない所である。

　　之れが一時的の感情や戲れでなく、久遠の理想を貫いた、華嬌諸君の大生命でなければならぬのである。

×××

　　諸君は臺灣にゐたが爲め、平和の建設者として歷史的事業に參與し、東亞の進むべき道を知つたのである、その偉大なる認識は、要するに日本と云ふ仁政の下に保護されてゐたからである。

　　諸君のこの幸福感に引換へ、香港、或は又南洋方面に在留してゐる我日本同胞は、如何なる現狀にあるかと云ふ事を知つて貫ひ度いのである。勿論支那本國に在留してゐる我同胞は、事變勃發と同時に着のみ着の儘で引揚げたのであるが、香港及南洋は諸君の知れる如く支那の領土ではなく、英國、或は和蘭の領土である、にも拘らずこの土地に在留してゐる我日本人は、此の臺灣に於ける諸君の如く經濟的にも、精神的にも保護されてゐないのである。

××ｘ

　　外地に於ける我同胞の不幸と、諸君が幸福に惠まれてゐる現狀とを對照したならば、諸君は日本に於て生命と財產を安全に保護されて居ることを、心より感謝せねばならぬのである。

　　日本の言葉に「犬は三日飼へば三年恩を忘れぬ」と云ふ言葉があるが、この言葉通り犬の主人思ひである事は、諸君も能く知る所であらう。況んや諸君は萬物の靈長である。犬に劣つてはならないのだ、諸君の子供は毎日公學校に通ひ、日本の教育を受けてゐるのである。

××ｘ

　　此の日本の地に於ては誰も諸君の子供に危害を加へるものはない筈である。一切は今、現に諸君が臺灣に居ると云ふ事實の上に物語るものがあるであらう。感謝と感激の涙は出る時に出すべきものであつて「男子感激に泣く」これこそ眞の男である。諸君は萬物の靈長である。今日本の姿を知り自分の進むべき立場を自覺して、何が感激であるが、その現實をハツキリ認識して進まねばならぬのだ。

　　南洋方面では殺害、暴徒、傷害なとが頻りに行はれる、それに英國の警察も、和蘭の警察も、知らぬ顏をしてゐるのである。

××ｘ

　　之等の殺害、傷害、暴徒事件は何れも無智か有智か知らないが、世に云ふ南洋華僑の手に依つて爲されるのである。斯樣な戰慄すべき問題が、此の世紀の世に於て實行されると云ふことは、人間の所作ではなく、鬼畜にも劣つたものである。

××ｘ

　　又彼の地ではデマ新聞に躍らされる華僑が澤山ある。今日も明日もと爆竹騷ぎや何時暴徒がと云ふ事が往々ある、從つて、各々正當防衛の武器を用意して、警戒しなければならぬので、戰場と何等異るところがない、民度と文化の低い國に居れば、斯んな迷惑を蒙ることになる、それと違つて民度の低いものが文明國に來れば、恩澤に浴することになる。南洋の英、蘭に於ける我日本同胞は戰慄を感じて居るのである。臺灣在住の華僑諸君の現狀はどうであるか。

××ｘ

　　諸君の生命、財產は保護されてゐて、而も安心立命の境地に立つて事業を經營して、生活の營みが出來てゐるのである。それは日本が大文明國であつて、日本國民の一人々々に武士道的大精神があるからであ官る。人と民眾とがこの大精神を以て、諸君を抱擁して居るからである。日本國民の此の精神こそ、王道樂土を不動の方針としてゐる仁政であり、畏れ多くも　上天皇陛下の大御心である。

×××

　　日本國民はすべて、陛下の此の大御心を體してアジアの平和の爲め、世界の平和の爲め努力して居るのである。殊に諸君とは同文同種の國柄として、日本は好意と努力とを與へてゐるのである。それに諸君の指導者達は歐米に依存して、日本の眞意を解せず、事每に非禮な態度を取つて來たのである。

　　それでも日本は隱忍自重して、只管日支の親善を圖らんとして來たのであるが、却つて日本の此の態度を仇にして、暴戾不遜をあへて繰返した爲め、遂に現下の支那事變を誘致したのである。

×××

　　斯くの如く諸君の指導者達は、日本の眞意を解し得なかつたが、諸君が日本の眞意を解して、日支親善の爲め一大聲明を點火したことは、畢竟するに諸君の幸福となるのである。

　　諸君が日本の仁政に浴して、日本國民の心を、姿をハッキリと知り得た爲め、諸君は大きな幸福を握つた事は、時代の幸運兒であつて、臺灣に今日迄在住した事に依つて、日本の本當の姿を知り得た譯である。日本の本當の姿が判つたと云ふ事は、歸するところアジアの平和、世界の平和を云ふ、此の大理想が判つた事である。

　　諸君の今の氣持、今の精神こそ、人類永遠の福祉を築くものであつて、諸君が今の氣持を成長さして行けば、繁榮の源泉となり、世界の人類に對して平和の宣言を爲す事になるのである。

　　諸君が、熱と、意氣と、自分を愛する叫びを我臺灣より起したと云ふ事は、臺灣の誇りであるのみならず、この臺灣が又一方世界平和に金塔不磨の先驅を爲す、人類救命の聖地であることを物語るものである。

×××

　　華僑諸君──諸君が時代に目覺めて起したその偉大なる事業は、諸君のみで獨占すべき性質のものでない、諸君の兄弟姉妹である即ち支那四億の民眾に分ち與ゆることを本意とせねばならぬ事業である。

　　而して諸君の支持する臨時政府の健全なる發達を圖ると共に、眞に明朗な民族自決の獨立國家たらしめねばならないのである。

×××

　　そして諸君が眼を轉じて大きくアジアを見るところは、白色人種の支配下に在つて、黃色人種の兄弟達が苦んでゐる姿が映るのである。

　　道は遠き樣で近きにある、理想は不可能の樣で可能である、何れも諸君の眞面目な、眞劍な努力に俟つて居るのである。

10	1938 年 8 月 1 日	《臺灣大アジア》	第五十一號第三版	日本民族の大陸還元	白柳秀湖	日、中

題目：日本民族の大陸還元

作者：白柳秀湖

……

小標題：遠くの親類より　近くの他人

　かやうに考へて來ると、漢民族とわれ／＼日本民族とは斷じて『同種同文』ではない。たゞ日本人がそのことばを記述する必要上、はじめ支那の文字を借りて使つて、それから段々に今日の文化が發展して來て居るといふだけのことに過ぎぬのだ。むしろ『異種異文』と申す方が當つて居るだが異種異文であるから仲よくして行けぬといふことはない。仲よく手をつないで共存共榮の途がたどれぬといふことはない。世の諺にも『遠くの親類より近くの他人』とある。われ／＼は今、支那四億の民衆をその權勢慾の爲に、焦土地獄に突き落さうとして居る英・米・依存主義軍閥の兇暴と戰つて居るのだ。斷じて支那の民衆を敵とするものではない。しかしわれ／＼が將來支那民族との提携を問くしてゆく上には、民族及びその文化の本質を正しく認識するといふことが何より必要のことだ。『同種同文』でもない漢民族を『同種同文』と穿きちがへて手をさしのべるよりも、われ／＼日本民族の血液の中には、有史以前からすでに苗族の血も、漢民族の血も多量に取入れられて居る筈だ。われ／＼の血液の中には、たしかにかれらに對する觸媒の手が多量にひそんで居る。われ／＼は今、かれらに對するその觸媒の手を探出して、更めてかれらに固き握手を求めると同時に、われ／＼と正眞正銘『同種同文』に相違ない朝鮮人・滿洲人・蒙古人・トルコ人・ツングウス人・に對しては、古代支那の王道文化、すなはち孔子の原始儒學として現はれて居る、あの簡易素朴な教學、それはわれ／＼日本人の血液に流れて居る現實主義哲學そのものである。『論語』の教へが、實は漢民族本來のものでなく、われ／＼ツラン民族のものであつたといふ事實を明かにして、日本民族大陸還元の基礎理念とすることが、何よりの急務ではないか。

11	1938 年 9 月 10 日	《臺灣自治評論》	第三卷第九號	人類平和の築成に持久して時艱克服に邁進を要す	南治生	日、中

題目：人類平和の築成に持久して時艱克服に邁進を要す

作者：南治生

……

小標題：同文同種の國民が何故戰を交へたか

　先づ支那を考へたならば、支那は我が國と同文同種の國であつて、我が國は建國三千年の昔から支那とは、切つても切れぬ仲良しであつた。

佛教にしても、印度に發生したものを、支那を通じて我が國に渡來せしめ、日本に於てはじめて實を結ばしめたのである。

又支那人は顏や身體にしても同じ黃色同種であるところからしても、何萬年何千年の昔に於ては、恐らく血族關係があつたかも知れないのである。

この同文同色の國民が、何故戰はねばならないのであるか、この原因に就いて言へば、いくらでもあるが、蔣介石が例の孫逸仙に代つて、支那の天下をとるに及んで、彼が何を第一に目論んだかである。それは國論の統一といふことであつた。

自分の權勢を築かんが爲めに、國民の頭卽ち國民總ての心を、自己の政權に集中させることに、腐心した結果、故意に擇んだ題目が抗日侮日の政策であつて、全く天人共に許すべからさる暴戾不遜の態度であつたのである。

そしてこれには金がかゝるところから、英、佛、米其の他に依存することを得策としたのであつたが、爾來これを援助して來たのが英、佛、米等の國である。

これら列國は表面では慈善を裝つてゐるが、なか／＼只の姿ではなく、蔣の要望に乘じて、まづ第一に鐵道を敷かせ、それにからまる權利を掌中に納め、或は港灣を整備さして、それによる關稅を擔保とする等、一事が萬事拔目なく漁夫の利をむさほり占めて來たのである。

しかも蔣はこれにも飽き足らず世界人類の齊しく共同の敵とすべき、ソ聯とまで手を結んで、排日、抗日の手段を強化して、反日的暴擧を敢えてするに至つたのである。

……

12	1938 年 11 月 1 日	《臺灣地方行政》	第四卷第十一號	讀者論壇 車中雜感	新巷 猪腰生	日、台

欄：讀者論壇

題目：車中雜感

作者：新巷　猪腰生

某日某地へ旅行の歸り途に或社□に乘り込むと、ｏｏｏｏ見□りの歸りらしい非常な混雜振りである。車內を見□はすと、□ふ側には在鄉軍人の方が着席□て居る、こちらの隅にはカフエか料理屋の美人連が席取りさわぎをしてゐた。中通りには內臺男女老幼とぎつしり、全く立錐の餘地なきまでに詰めてゐた。

やがて汽車は動き出して□らく進むと、脚下に座を占めてゐた青年氏は居眠りを始め出しコクリ／＼と隣りの奧樣の方へ□かつて來た。この奧樣は會社でも相當地位のあるらしい品の高い奧樣でしたが、迷惑さうに然し默つて自分の子供の側へ身をかゞめてよけてゐた。

これを見た私はかう考へた。吾々は新附の民だ。話にきくと英國の印

度統治は、印度人に對しては同車を許さない。印度人の教育は勿論衛生施設さへも講じてやらないさうだ。それに臺灣はどうでせう。同車はおろか、こんな無理をされても奥樣は何一つ苦情を言はずに堪忍されてゐる。まつたく相すまないと思ふ。吾々は仕合せだ、有り難い。御上の一視同仁の御聖旨を國民全部がよく體得し實踐してゐる。それに引き換へて本島人はどうであらう。吾々もよく經驗することであるが、今日の如き○○○○の見送りには、此頃は何處も内臺人を問はず熱誠こめてやつてゐるやうだ。吾々もこの雰圍氣の中へ入ると相當感激も湧き熱烈になつて來る。しかし一般に□り途につくと何となくその氣分が薄らぐやうだ。併しこれを以て本島人は精神が出來てゐないと斷定してしまふことはそれは早計だと私は申し度い。私は今朝も或地で青年團大會を見て來たが、その熱烈さは學校の教練には負けない。否むしろ自己の未熟拙劣をかくす爲めによけい緊張してゐるかも知れぬ。

　彼や此やと思ひ合して私はかう感じた。内地人と云ひ本島人と云ふがこの兩者は昔から血のつながりがあるのだ。西洋でいふやうな民族關係ではない。所謂同文同種ではないか。本島人でも教化し善導すれば、血書軍夫志願のやうな見上げた魂が現はれて來る。要は教化だ、指導だ。卽ち國語を普及して内臺人の意志の疏通を聞り、禮儀作法を訓練して内臺人の感情を融合すればこの車内の風景は大都變つて來るだらうし、本島人にも兵役義務でも□せばその差別は一掃されるものと思ふ。

　この島民の教化□導は今が潮時である。所謂刻下の急務である。今や支那膺懲の聖戰は大陸の長期建設となつて來た。この際臺鮮の教化の完成は滿支への發展の楔となりひいては東洋平和の確保、八紘一宇の大理想の實現となるのだ。吾々事務擔當者の使命の重大なるを痛感する。お互に緊褌一番ふんどじをひきしめて精進しやう。

| 13 | 1939 年 1 月 1 日 | 《臺灣公論》 | 第四卷第一號 | 年頭の辭 | | 日、中 |

題目：年頭の辭【臺灣公論一九三九年第四卷第一號】

　日本人は兎の敏捷さに於ては相當なものだが、龜の鈍重さに於ては支那人に一步を讓るものがある。龜といふ文字は支那では大層輕蔑され、名前にそんなのが附いてゐると人間の仲間には入れられぬことになる。隨つて、支那傳來の思想である十二支の中にはそれが入れてないのである。ところが日本では、龜は鶴と相並んで十二支の仲間にこそ這入らぬが、吉兆の隨一に數へられ、三々九度のお目出度にはなくてはならぬものになつてゐる。それほどに日本と支那とは、その風俗習慣の上にも根本的に違つた點がある。一概に『同文同種』とはいつても、さう簡單には行かぬのである。聖戰の眞意義を貫徹し大陸經營の功を全からしむるのには、兎の敏捷もさることながら、龜の忍耐力はより以上に大切である。狹い島國とは違つた茫漠たる大陸はさう一氣に駈けぬけられるものではない。途中で一眠したり、もうよいと思

つて油斷したりしたときには、鈍重な龜があとからやつて來て、いつの間にか追ひ越してしまはぬとも限らない。吳れ〳〵も油斷は禁物である。最後の勝利は寸分の油斷があつてはならぬと同樣に、徒らにセカ〳〵した焦燥の氣分に駈られてもならない。支那人が龜を輕蔑するのは自分たちの性格と似通つた點があるからだらうと思はれる。日本人が龜を瑞兆とするのは、その理由はわからぬが、自分たちの缺點を補ふ龜の重さを他山の石として學ぶところあらむとするのではあるまいか。

| 14 | 1939 年 1 月 1 日 | 《臺灣地方行政》 | 第五卷第一號 | 年頭の辭 | 花蓮港廳長 高原逸人 | 日、滿、中 |

題目：年頭の辭
作者：花蓮港廳長　高原逸人

　　戰捷に輝く昭和十四年の新春を迎ふるに當り十三萬廳民と共に謹んで聖壽の萬歲を壽ぎ奉り、竹の園生の彌榮と邦家の興隆とを祝福致し得ますことは、吾等日本國民にのみ與へられたる光榮であり、吾等日本國民のみ享受しうる幸福でありまして、誠に欣喜感激に堪へない所であります。

　　今や支那事變も　天皇陛下の御稜威の下皇軍將兵の赫々たる武勳により第二の首都漢口及廣東の攻略成り茲に北支、中支及南支の大部分卽ち所謂支那中原の地を我が手中に納め蔣政權をして遂に西北及西南の一地方軍閥たるに過ぎざるに至らしめたのでありまして、茲に帝國は十一月三日の聲明により東亞の安定を確立すべき新秩序を建設すべく、日、滿、支を一體として政治、經濟及文化の互助連關を基調とする東亞協同體による長期建設の第一步を踏み出す事になつたのであります。

　　事變發生以來畏くも　天皇陛下には深く時局を御軫念あらせられ、御政務に、御軍務に益々御多端を加へさせられ、宵衣肝食の御精勵は恐懼感激に堪へないところであります。

　　皇后陛下に於かせられては、曩に出征及應召の軍人遺家族の爲めに畏くも內帑の資を御下賜あらせられ有難き御歌を賜り、又名譽の負傷を蒙つた傷病兵の身の上に深く御同情あらせられ、陸海軍病院に行啓親しく御慈愛こもる御慰問を賜りましたことは、感激の新なるところであります。

　　秩父宮殿下をはじめ奉り各宮殿下には、金枝玉葉の御身を以て或は帷幕に或は第一線に將兵と艱苦を共にせられ御身を以て範を垂れさせ給ふことは、國民の齊しく恐懼致して居るところであります。

　　顧ふに支那問題は今や根本的な解決の途上にあるのでありまして、抗日と共產黨の傀儡化せる支那は凡て抹殺されなければなりません。而して其の後に來るべきものは東洋民族の本然の姿に立ち還つた近代國家支那でなければなりません。

　　我が國は支那を歐米の隷屬化より救ひ、同文同種の日滿支の提携により東洋永遠の平和を確保し共存共榮の大理想を實現せんとして來たのであります。然るに蔣政權は新支那建設の指導精神を抗日に求め、滿洲事變の實物教訓を受けたるにも拘らず、其の迷妄救ふべくもなく却つてこの事實を逆用して國民意識を抗日に教育し煽動したのであります。

　　其の勢の趨くところ排日は侮日となり、侮日は抗日となり、遂に列國の援助と自國軍の實力を過信して今次の事變を勃發せしめたのでありますが、無敵皇軍の威力により徹底的に打擊を與へられても依然として抗日の迷夢より醒めず、長期抗戰を絕叫してゐるのでありまして、帝國は十一月三日の聲明に明らかなる如く、國民政府が其の抗日容共の迷夢より覺めず、帝國の眞意を理解し、親日防共の新政權に合流せざる限り、此を徹底的に膺懲するものでありまして、此の意味に於て戰時體制は何時迄も繼續するのであります。更に蔣政權の沒落と共に支那に於ける赤化勢力は急激に進展するやも知れず、又支那に莫大なる權益を有する歐米諸國の中には蔣政權の援助を斷念せず、其の動向逆賭すべからざるものがありまして時局は益々重大性を加へつゝあるのであります。……

15	1939 年 3 月 20 日	《まこと》	第三四二號	同種同文の不祥事　永遠に絕滅せん	日、滿、中

平沼首相放送
題目：同種同文の不祥事　永遠に絕滅せん

　　平沼首相は四日午後七時半から首相官邸のマイクを通じて、去る三日から一週間の預定で現地陸、海、外當局並に南北兩政權の手で華々しく展開しつゝある東亞新秩序建設運動に呼應して、左の如き演說を行ひ、大いに鼓吹するところあつた、なほ同演說は支那語に翻譯して廣く中外に放送された

　　およそ永遠の平和は　世界共通の理想でありまして　日本帝國が今次支那事變を□□として　東亞の天地をして永遠に　平和の理想境たらしめんとして努力しつゝあるゆゑんのものも　畢竟全東亞民衆の□□に副ふべき□□完成のために外なりません　申すまでもなく日本、滿洲、支那の三國はアジアにおける同文同種の國家として　地理的にも　歷史的にも共存共榮の必然的關係に結はれて□ります　互に□より相扶けて　東亞の□□を□るべき運命に圖かれてゐるのであります　日、滿、支三國がこの□るべからざる關係を明白に□□することが　最も重要なことであります　東亞新秩序の建設に關する帝國の方針は　さきに近衛前內閣總理大臣が中外に聲明した通りでありまして　日、滿、支三國が相携へて東亞永遠の安定を確保することを終局の目標とするものであります　これがために日、滿、支三國は政治、經濟、文化等各□にわたつて互助□□の關係を□立し　東亞における國際正義の確立　共同防共の達成、□文化の□□　經濟結合の實現を期せねばなりません　滿洲國はいよ／＼新興國家體制を□□

□化致しまして 現に東亞新建設の一□として 重要なる□務を果しつゝあるのであります 隣邦支那のおいても更生の機運が はうはいとしてみなざりつゝあるのを 感ずるのでありますが 帝國としては帝國と提携するに足ろ 新興支那中央政權の成立發展を期待して居るのであります 事變發生以來 帝國が戰場に幾多の□き生靈を失ひ 多大の國帑を費してしかもなほ目的貫行に 一路□進するゆゑんのものは 支那をして眞の支那たらしめ 東亞をして眞の東亞たらしめ以て同種同文の民族が 血で血を洗ふが如き不祥事を 將來永遠に絕滅せんがためであります

　　帝國と支那□の共存共榮は 互ひに獨立國たろの面目を保持することと 勿論でありまして 帝國はこれがために今次の事變に 忍び得ざる犧牲を□んでをります 支那を他國の植民地化するが如き歐米依存の唯物思想は 支那全國土から 絕對に□□せねばなりません それにつきまして重要なのはアジア共通の思想□□ つまり東洋道德の復興 防共陣營の強化が何よりも切實に必要であります……

16	1939 年 4 月 1 日	《臺灣地方行政》	第五卷第四號	廣東復興誌序	西村高兄	日、中

題目：廣東復興誌序
作者：西村高兄

　……
　　支那再建に對し帝國が採らんとしてつゝある態度は新聞紙上其他によつて省察すると、民衆宣撫に、資源開發に、產業振興に、北、中、南の各地域によつて夫々濃淡を異にし南支處理の態度は殊に消極的の内容外觀を表明して居るやうに感ぜられるが、然し乍ら之は支那の有する量を充分認識し且南北の人文地文を究め盡してゐる帝國の賢明なる爲政者が帝國の人的物的兩資源の總力を最も合理的に配分する爲に考慮せられて居る態度の表現であつて「同種同文・同意提携・東亞事業 共存共榮・共期復興・中日國家」と云ふことは北中南何れも同一方針であるべく、又之無くして眞の支那再建は不可能である譯である。遮莫旣にルビコンは渡られて陸續として日本民族は其の精神も技能も體力も總力を動員して興亞の聖業に精進して居る時之が分擔に有力な地位を與えられたことに無限の責任を感じつゝ勇往邁進する以外に方途はないのである。
　……

17	1939 年 9 月 1 日	《臺灣地方行政》	第五卷第九號	歡迎廈門市政府員一行來臺	鈴木秀夫	日、中

題目：歡迎廈門市政府員一行來臺

　　臺灣地方自治協會では、本島視察のため來臺の廈門特別市政府員一行十八名を、八月十七日臺北鐵道ホテルに招待、大食堂に於て盛大なる歡迎午餐會を開催した。

斯くてデザート、コースに入るや、本會鈴木常任幹事起つて、別項の如き歡迎の辭を述べ、之に對して團長廈門特別市建設局長盧用川氏の謝辭あり、主客共に大いに□を盡して午後二時散會、日支親善の上に大いに裨益するところがあつた。(カットは當日の記念撮影)

……

小標題：團長盧用川氏謝辭

……

本國に置きましても、蔣政權の行ひ來りましたことは申譯ないことばかりであります。只今鈴木地方課長殿からお話もありましたやうに、之等の遠因は皆蔣介石の禍れる抗日、排日、侮日教育の爲であり、近因は英佛ソ等援蔣第三國の魔手に躍らされた結果であります。

中國人は長い間これ等第三國人から迷はされて來ました。彼等は中國と日本と結ぶことを極度に恐れ、之を妨害することによつて極力兩者の力を弱めんとし、あらゆる奸策を弄して來たのであります。

然し乍ら今や中國人は大いに目覺めて來ました。殊に我が廈門市民などの自覺は著しく、最早決して欺されたり、迷はされたりするやうなことはなく、大いに時局を認識し、日本と眞に提携して興亞の大業完成に向つて全力を傾けて居ります。

日支は同文同種、特に廈門を臺灣は一衣帶水の間にありまして今後の關係は一層密接なるものがありませう。

今回私達は臺灣をお訪ねし、普く各方面を見せて戴き大いに得るところがありましたから、廈門市民によくこの實狀を傳へ、大廈門市建設に一層の努力を致したいと存じます。

何卒この上ともに、臺灣の御指導と御支援を切にお願ひする次第であります。